国家社会科学基金（管理学）一般项目“管办评分离背景下大学社会评价体系和机制研究”（项目编号：16BGL172）成果

大学社会评价体系与机制研究

余小波　陆启越　著

科 学 出 版 社
北　京

内 容 简 介

当前我国高等教育改革进入深水区，管办评分离改革深入推进。大学社会评价是管办评分离改革的重要一环，是深入推进管办评分离改革亟须解决的一项重大课题。本书从体系和机制入手，从宏观的视角系统探讨了大学社会评价的基本问题、核心理论和体系建构；从微观的视角深入研究了大学评议、大学排名和大学认证；从比较的视角对比分析了美国、英国、日本和中国台湾地区大学社会评价的经验及启示，为我国大学社会评价的完善提供了理论依据和实践指导。

本书适合高等教育评价领域的研究人员和学者阅读，亦适合高等教育办学者和管理者阅读。

图书在版编目（CIP）数据

大学社会评价体系与机制研究/余小波，陆启越著. —北京：科学出版社，2020.12

ISBN 978-7-03-067900-0

Ⅰ. ①大… Ⅱ. ①余… ②陆… Ⅲ. ①高等学校-社会评价-研究 Ⅳ. ①G647.1

中国版本图书馆 CIP 数据核字（2020）第 271708 号

责任编辑：朱丽娜 冯雅萌 / 责任校对：樊雅琼

责任印制：李 彤 / 封面设计：润一文化

科 学 出 版 社 出版

北京东黄城根北街 16 号

邮政编码：100717

http://www.sciencep.com

北京虎彩文化传播有限公司印刷

科学出版社发行 各地新华书店经销

*

2020 年 12 月第 一 版 开本：720×1000 B5

2020 年 12 月第一次印刷 印张：16 1/4

字数：287 000

定价：99.00 元

（如有印装质量问题，我社负责调换）

目　　录

导论 …… 1
第一章　大学社会评价的基本问题 …… 17
　第一节　大学社会评价的内涵与特点 …… 18
　第二节　大学社会评价的表现形态与构成要素 …… 24
　第三节　大学社会评价的地位与作用 …… 31
第二章　大学社会评价的核心理论 …… 39
　第一节　大学社会评价理念 …… 40
　第二节　大学社会评价主体 …… 49
　第三节　大学社会评价标准 …… 58
第三章　大学社会评价的体系建构 …… 67
　第一节　体系建构的必要性与可行性 …… 68
　第二节　体系构成要素与基本框架 …… 75
　第三节　体系建构的原则与方法 …… 79
第四章　大学评议 …… 89
　第一节　大学评议的内涵与表现 …… 90
　第二节　大学评议的发展与现状 …… 95
　第三节　大学评议的完善路径 …… 106
　第四节　案例分析——某明星学术门事件 …… 110
第五章　大学排行 …… 117
　第一节　大学排行的内涵与表现 …… 118
　第二节　大学排行的发展与现状 …… 123
　第三节　我国大学排行的完善路径 …… 137

第四节　案例分析——ARWU …… 141

第六章　大学认证 …… 147

第一节　大学认证的内涵与表现 …… 148

第二节　大学认证的发展与现状 …… 153

第三节　大学认证的完善路径 …… 160

第四节　案例分析——大学审核评估透析 …… 164

第七章　大学社会评价的实现机制 …… 171

第一节　运行机制 …… 172

第二节　动力机制 …… 181

第三节　约束机制 …… 191

第八章　大学社会评价的境外经验及启示 …… 203

第一节　美国大学社会评价的经验及启示 …… 204

第二节　英国大学社会评价的经验及启示 …… 216

第三节　日本大学社会评价的经验及启示 …… 227

第四节　中国台湾地区大学社会评价的经验及启示 …… 236

结语：构建大学社会评价体系，完善大学社会评价机制 …… 246

后记 …… 253

导　论

一、研究背景及意义

（一）研究背景

长期以来，在我国教育领域中，管理主体、办学主体、评价主体的边界比较模糊，政府既是教育政策的制定者，又是学校的举办者和管理者，同时还是学校教育教学质量的评价[①]者，集管理者、办学者、评估者三种角色于一身，行使教育决策、执行、监督等职能。管办不分、管评不分的状态制约了学校办学的自主性，影响了社会参与教育的积极性，不利于政府管好应该管的事，也不利于教育事业的健康发展。《国家中长期教育改革和发展规划纲要（2010—2020年）》首次将教育“管办评分离”以固定表述的形式纳入政府文件；十八届三中全会颁布的《中共中央关于全面深化改革若干重大问题的决定》强调要深入推进管办评分离，扩大省级政府教育统筹权和学校办学自主权；2015年，教育部出台的《教育部关于深入推进教育管办评分离 促进政府职能转变的若干意见》进一步明晰了政府、学校、社会的权责边界。深入推进管办评分离，就是要厘清政府、学校、社会之间的权责关系，构建起政府管教育、学校办教育、社会评教育的基本格局，形成政府依法管理、学校自主办学、社会各界参与和监督的教育公共治理体系，是全面推进教育领域综合改革、实现教育现代化的重要举措，是优化教育治理体系和治理结构，落实学校办学自主权，发挥社会专业组织监督和评价效用的必然要求。

---

① 为行文方便，本书中的“评价”和“评估”不做统一。

大学社会评价是高等教育领域实施管办评分离的重要一环，是完善政府宏观管理、推进高校自主办学和引导社会参与教育治理和评价的有效途径，是高等教育领域全面提高教育质量、深入推进管办评分离改革亟待解决的一项重大课题。改革开放以来，随着我国高等教育的不断发展和社会力量的日益壮大，大学社会评价迅速发展，评价活动日益活跃，评价形式与类型也更加复杂多样，在高等教育建设发展和质量保障中发挥着越来越大的作用。但目前学界对大学社会评价缺乏应有的关注和重视，对于什么是大学社会评价，大学社会评价的理念、主体、标准是什么，如何构建大学社会评价体系，怎样有效开展大学社会评价等许多基本问题还没有形成明确、清晰的认识，不利于大学社会评价活动的有效开展，也制约了管办评分离改革的有序推进。

（二）研究意义

本书从体系和机制入手，对管办评分离背景下的大学社会评价活动进行系统研究，有利于引导民众对大学社会评价形成正确的认知，促进教育评价中介机构的发展与完善，提高大学办学的质量和效益，助推管办评分离改革的顺利实施。因此，本书研究具有重要价值。

第一，理论上，本书研究有利于全面揭示大学社会评价的本质和规律，进一步拓展我国教育评价的研究领域，对于丰富和完善教育评价理论具有十分重要的意义。20 世纪 80 年代以来，世界各国高等教育发展迅速，各主要发达国家的高等教育进入大众化和普及化阶段。随着规模的扩张，质量日益成为世界高等教育领域关注的热点问题，如何保障高等教育质量成为世界各国共同关心的话题，相关理论研究迅速发展。受世界高等教育评价发展的影响，再加上我国高等教育改革发展的迫切需要，教育评价理论在我国得到迅速发展。1985 年 6 月，原国家教委高教二司在黑龙江省镜泊湖召开了高等工程教育评估专题讨论会，全国 38 所高等学校和 7 个部委、4 个省市教育管理部门的代表参加了会议①，就高等教育评估的目的、作用、理论和方法以及高等工业学校办学水平的评估方案等进行了探讨。这是我国有领导、有组织、有计划地开展教育评估研究的开端。随后，教育评价理论研究在我国蓬勃开展起来，组织机构逐步建立，专业研究队伍不断壮大，相关论著陆续出版发行，专业性的刊物及专栏越来越多。

但我国的教育评价理论还处在发展初期，特别是一直以来高等教育作为我国计划经济体制的一部分，我国对其采取的是集权式管理模式，政府和教育行政部门

---

① 罗福午，王心丰. 当前高等工程教育评估工作的几个问题[J]. 清华大学教育研究，1986（2）：19-24.

门拥有管理高等教育的绝对权力，高校的办学自主权有限，社会力量也很少介入高等教育事务中来。在这种背景下，高等教育评价以政府部门的评价为主，高校的自我评价效力有限，以社会力量为主体的社会评价在我国大学评价中基本处于缺位状态，大学社会评价没有受到理论界应有的重视。本书从社会评价的角度，重点探讨大学社会评价的体系和机制，从理论上开辟了我国教育评价研究的一个全新领域，有利于开阔我国教育评价的研究视野，深化评价内在机制的研究，对于丰富和发展我国教育评价理论具有十分重要的意义。

第二，实践上，本书研究对于有效开展大学社会评价活动、深化教育领域的综合改革、提高高等教育质量具有十分重要的价值。评价作为保障高等教育质量的有效手段，一直以来受到世界各国的普遍关注和重视，特别是发达国家结合各自的国情和特点，形成了各自的质量保障与评价模式，如以美国为代表的强调以社会中介组织认证评价为主的模式、以英国为代表的强调以准官方的质量保障机构为主的质量审核模式、以日本为代表的强调以第三方评估机构为主的社会评价模式等。这些模式均对世界各国高等教育质量的发展产生了广泛影响。

我国的高等教育评价传统上以政府的评价为主，改革开放以来，随着我国高等教育的不断发展和社会力量的日益壮大，大学社会评价迅速发展，如街谈巷议、媒体舆论、民众满意度第三方质量报告、排行排名、合格评估及审核评估等，形式多样，在高等教育质量保障中发挥着越来越大的作用。但同时我们必须看到，由于大学社会评价的体系和机制还没有真正建立起来，我国大学社会评价还存在着评价主体专业性不强、评估标准不科学、信息来源不通畅等问题，政府、高校和民众对大学社会评价还存在着各种质疑，大学社会评价的权威性和公信力还十分有限，管办评分离改革任重而道远。本书以管办评分离背景下的大学社会评价体系及其实现机制为研究对象，集中研究大学社会评价的本质和规律，探索我国大学社会评价的有效体系，揭示大学社会评价的内在机制，不仅有助于我国大学社会评价的健康发展和高等教育质量的全面提升，而且对于管办评分离改革在高等教育领域的顺利推进，以及我国高等教育治理体系和治理能力的现代化建设，均具有十分重要的意义。

二、研究现状

教育理论、教育发展和教育评价研究，是当今教育科学研究的三大领域。改革开放以来，我国教育体制改革不断深化，特别是进入 21 世纪后，随着高等教育大众化、普及化的迅速发展以及社会力量的日益壮大，大学社会评价日益活跃，类型更加多样化，相关研究也从无到有逐步发展起来。但目前学界直接以大学社会评价为题进行的研究不多，不少研究是以排行排名、第三方评价、外部评价、社会中介组织评价等名义展开的，大学社会评价还没有真正成为一个专门的研究领域。目前，相关研究主要涉及大学社会评价的内涵、价值意义、评价主体、评价标准、类型、现状问题、比较研究等方面。

（一）大学社会评价的内涵研究

从哲学评价论角度来看，关于社会评价，有三种代表性的观点：一是社会性评价，即在意识水平上对客体正负价值的高级反映形式，区别于生理、心理等低层次水平的反应；二是社会主体的评价，即从一定的社会角度来考察和评定现象的社会价值，判明现象对社会的作用之善恶、美丑、功过及其程度，区别于狭义的个人评价、群体评价；三是对社会的评价，即以社会现象为客体的评价，区别于对自然客体的评价。李德顺认为，以上关于社会评价的三种观点并不是相互排斥的，而是相互交叉、相互补充的。它们既反映着社会评价活动的复杂性、多维性，也表征着社会评价研究的不同重点和不同思路。①

关于大学社会评价内涵的专门研究不多，主要散见于部分学者的相关研究中，对其理解也各有差异。一是从评价主体的角度理解大学社会评价。陈新汉认为，社会评价的主体不再是政府，而是家长及社会各界的、非官方的群众组织与民间机构。②孟宣廷和袁永红强调评价机构的专业性，认为社会评估就是通过独立于政府和学校之外的专业性评估机构或中介机构进行的评估。③陶西平强调评价机构的独立性，认为社会评价是具有一定权威的社会团体，不受国家及任何教育管理部门的委托，独立地对学校教育活动进行的一种评价。④二是从评价性质的角度理解大学社会评价。王景英强调评价与社会整体发展的关联性，认为教育的社会评价是以教育系统外部的社会力量为主体，以社会发展和人民群众的需要为尺度，对教育行为或现象进行价值判断的活动。⑤王屯重视评价者自身需要的满足，认为社会评价指的是社会上独立的民间机构或团体从各自的需要出发，建立一套

① 李德顺．价值论[M]．北京：中国人民大学出版社，1987：312-313.

② 陈新汉．社会评价论——社会群体为主体的评价活动思考[M]．上海：上海社会科学院出版社，1997：45.

③ 孟宣廷，袁永红．论高等教育的社会评估[J]．理工高教研究，2005（6）：19-20.

④ 陶西平．教育评价词典[Z]．北京：北京师范大学出版社，1998：95.

⑤ 王景英．略谈对教育的社会评价的理解[J]．现代中小学教育，1996（5）：23-24.

指标体系，对大学进行综合的价值判断，并通过一定的媒介将评价结果向社会公布。其主要表现形式也就是大众所熟知的大学排名。[①]三是从评价内容的角度来理解大学社会评价。有的人认为，教育社会评价就是泛指社会上的个人、团体、企业等对教育领域里的一切事物进行的评价，涉及教育领域的方方面面。但李守福认为，社会评价主要是对学校的教育质量和办学水平做出评价，必须把大学评价的内容重点放在大学的产出——大学的社会成果上，主要是教师科研成果的社会化水平和学校毕业生的社会工作能力水平。[②]

以上三个角度的分析，有的是从第三方评价角度的解读，有的是从外部评价角度的理解，还有的其实就是指大学排行，尽管它们都在一定程度上反映了大学社会评价活动的特性，具有一定的合理性，但由于缺乏整体的关照，都还不算是对大学社会评价内涵的全面、准确的表达。

（二）大学社会评价的价值意义研究

如果说改革开放初期，高等教育还主要依赖政府和高校的质量评价，人们对社会评价还存在诸多疑惑的话，现如今，高等教育质量应该主要接受社会评价开始成为人们的共识，为研究者所重视。例如，李守福认为，高等教育的社会评估是政府转变职能的需要，能够构架起高校与政府、高校与社会之间的桥梁，有利于社会各界对高等教育进行广泛的参与和监督，以社会需求为导向，密切联系市场，还有利于增强学校之间的竞争力，形成内在压力，促进自我发展。[③]孟宣廷和袁永红认为，大学应重视社会评价，因为大学社会评价是以大学的社会成果为主的评价，有利于促使大学去努力贴近社会、贴近市场，更好地为社会发展服务。[④]蔡正涛认为，社会机构作为政府、高校之外的第三方参与到高等教育质量评价之中，能够在政府组织的评价机制不适应社会多样化需求的情况下，弥补政府评价的不足。[⑤]余小波等从大学治理的角度强调，社会评价介入大学治理有利于平衡政府与大学之间的权力结构，促使政府的管理方式由直接管制转向宏观管理；有利于缓解大学办学与社会需求之间的矛盾，促进大学有效地关注社会需

① 王屯. 符号资本在大学社会评价中的作用探析[J]. 清华大学教育研究，2010（3）：22-28.
② 李守福. 论大学的社会评价[J]. 比较教育研究，2003（5）：1-5.
③ 李守福. 论大学的社会评价[J]. 比较教育研究，2003（5）：1-5.
④ 孟宣廷，袁永红. 论高等教育的社会评估[J]. 理工高教研究，2005（6）：19-20.
⑤ 蔡正涛. 高等教育质量社会评价体系重构[J]. 中国成人教育，2015（8）：42-44.

求；有利于引导大学之间的公平竞争，促使大学由无序竞争走向合作共赢。[①]马成东和刘鑫军认为，建立社会评价体系是高等教育办学社会性的必然要求，是高等教育生存和发展的客观需求，是政府与教育主管部门职能转变的必然要求。[②]佟林杰和孟卫东认为，构建第三方评价体系能够促进我国高等教育内涵式发展与高等教育评估国际化发展。[③]瞿振元强调发挥社会评估的作用，认为加强中立性、专业性和非营利性的专业化教育评估机构的建设，保证社会评估的相对独立性，既是质量保障的手段，也是我国高等教育治理体系中的重要环节。[④]许士荣强调，我国的大学评价正处于转型之中，以政府行政主管部门为评价主体的大学评价应该让位于以社会中介机构为评价主体的大学评价。[⑤]

还有的学者从发达国家的经验中看到了社会评价对大学的重要性。杨晓波和费爱心基于美国高校教育质量外部保障的经验分析，认为高校进行社会评估能使高校教育质量得到改进，并促进学校向公众负责，使教育消费者获得更多信息。[⑥]Eaton 在《美国认证概述》中提到，认证是由非政府、非营利组织机构进行的高校质量审查，是高等教育的外部质量审查过程，不仅有保护美国公众健康和安全以及为公众利益服务的作用，也能让高校得到质量改进。[⑦]Harvey 在《英国质量评估的历史和批评》一文里提到市场力量给高等教育带来"效率和效益"的问责制，高等教育外部质量评估能使英国高等教育更符合国家社会和经济需求，确保高等教育对公共资金负责，并能够应对高等教育的国际化与全球化。[⑧]

值得注意的是，研究者在肯定大学社会评价作用的同时，也有一些人对社会评价形式之一的大学排行持怀疑甚至反对的态度。他们认为，现在的大学排行在排行主体资格、排行数据来源、指标设置以及排行结果等方面都还存在着一定的问题，可能会误导社会、学校、家长和学生。例如潘懋元认为，以综合排行去评价单科或多科类高校尤其是特色型大学，不仅不能有效反映这些高校的教育质量，

---

① 余小波，陆启越，周巍. 社会评价介入大学治理：价值、路径及条件[J]. 大学教育科学，2015（4）：23-27.

② 马成东，刘鑫军. 我国高等职业教育社会评价体系构建研究[J]. 产业与科技论坛，2011（23）：98-100.

③ 佟林杰，孟卫东. 我国高等教育第三方评价体系构建研究[J]. 当代教育论坛，2013（3）：25-28.

④ 瞿振元. 建设中国特色高等教育治理体系推进治理能力现代化[J]. 中国高教研究，2014（1）：1-4.

⑤ 许士荣. 我国大学评价的现状、问题与对策[J]. 中国高等教育评估，2015（3）：10-15.

⑥ 杨晓波，费爱心. 美国高等教育质量保障机制探析[J]. 黑龙江高教研究，2008（5）：68-71.

⑦ Eaton J S. An overview of U.S. accreditation[R]. Washington: Council for Higher Education Accreditation, 2006: 3.

⑧ Harvey L. A history and critique of quality evaluation in the UK[J]. Quality Assurance in Education: An International Perspective, 2005, 13(4): 263-276.

而且容易造成消极影响——诱导不同的大学追求统一的办学模式，带来脱离实际、千校一面的后果。[①]随着大学排行的普及和人们观念的转变，也有越来越多的研究者对大学排行持一分为二的态度。例如，张旺认为，随着大学排名的不断流行和多样化，大学排名对高等院校的决策和发展战略的制定与实施、人事招聘及组织结构、资源分配和资金募集、学生择校和高校招生、高校教育教学质量保证等方面都产生了积极影响，而这些积极影响以大学排名的科学性和合理性为前提。[②]李文兵认为，大学排名对高等教育及社会的发展具有服务功能、评价功能、激励功能、联系功能，并发挥着为政府决策提供参考、引导社会教育投资流向、促使高等教育国际化的作用。[③]张应强认为，大学排行榜是媒介时代的一种学术服务性产业，其营造的媒介——迷思场域对包括高校在内的各利益相关者都会产生影响。但高校完全可以理性利用大学排行榜，使之“为我所用”，将大学排行榜的排名取向改造为建设取向，着力开展高校内涵建设，促进高校内涵发展。[④]

由上可见，包括大学排行在内的大学社会评价的价值，正在被越来越多的人所认识，它在高等教育质量保障中的作用也被充分肯定。但由于现有研究主要是从教育系统本身出发，是基于高等教育质量发展的思考，对其价值的认识还有待更宽广的研究视角，还需要有教育系统之外的意义关照。

（三）大学社会评价的评价主体研究

大学社会评价的主体既不是政府，也不是高校，而是社会，但社会是一个十分宽泛的概念，作为大学社会评价主体的社会到底是谁？范围如何确定？早期人们认为，这个社会是指介于政府和高校之间的专门评价机构。例如，李守福认为，大学社会评价的主体是相对独立于大学和教育主管部门之外的第三者，既可以是由同类型大学共同组织起来的专门评价机构，也可以是社会上的其他机构。[⑤]陈士俊和薛乃卓认为，应建立由政府支持、民间组织的大学评估中介机构来进行大学评价工作。与完全官方和完全民间的评估机构相比，半官方评估中介机构更能满足各方面的需要。应由教育部委任一家权威性的大众传媒机构或国家级科学研究机构来进行，因为由教育部委任的民间社会机构来评价大学更能被社会接受，

① 潘懋元. 一流大学与排行榜[J]. 求是，2002（5）：57-58.

② 张旺. 大学排名对高等院校的影响[J]. 高教发展与评估，2012（1）：19-28.

③ 李文兵. 试论大学排名的作用与功能[J]. 中国石油大学学报（社会科学版），2010（1）：99-103.

④ 张应强. 理性利用大学排行榜促进高校内涵发展[J]. 河北师范大学学报（教育科学版），2020（2）：9-13.

⑤ 李守福. 论大学的社会评价[J]. 比较教育研究，2003（5）：1-5.

更能反映社会需要，更具独立性、客观性与公正性。[①]

随着社会评价活动的不断丰富和研究的不断深入，越来越多的研究者认为，除了专业评价机构外，大学社会评价主体还包括其他社会力量。例如，张洋认为，我国高等教育社会评价发展至今，社会评价主体得到多元化发展，主要表现是社会评价中介机构的数量不断增加，以媒体、网站等为主体的民间大学排行榜也迅速发展，用人单位开始通过对高校毕业生的综合素质的评价和结合自身的优势来选拔和吸引人才，家长参与评价的意识也不断加强。[②]余小波等认为，人人都有评价大学的权利，但并不是谁都适合做大学排行，为保证大学排行的客观公正性和专业权威性，实施大学排行的应该是具备相应资质的社会中介组织，如负责任的新闻媒体。[③]肖雪芳指出，大学社会评价主要包括三大主体：一是社会上独立的个体，如学生、家长等；二是社会群体，主要是用人单位和新闻媒体等；三是社会评价中介机构。[④]

由上可知，尽管大多数学者认为大学社会评价主体的多元化已成为一种发展趋势，但除专业性的教育评价中介机构之外，还有哪些大学社会评价主体？它们在社会评价中又发挥什么样的作用？学界对此缺乏系统、深入的研究。

（四）大学社会评价的评价标准研究

评价标准主要通过评价指标体系、权重及具体内涵反映出来，评价结果的可信度在很大程度上取决于评价指标体系设计是否合理、权重分配是否恰当、内涵规定是否准确，特别是评价指标体系决定着大学社会评价活动的科学性、公正性、合理性，直接影响着评价结果的可信度与公信力。因此，评价标准的研究也主要集中在对指标体系的研究上。一些学者站在宏观角度提出建议，认为制定一套合理的指标体系，必须借鉴国外经验，立足国情，建立分类评价机制；正确处理定量与定性、数量与质量、科研与教学等指标之间的关系；国家应加强数据库资源的建设等。例如，裴云认为，指标体系的价值体现在完整性、精确性、流畅性三个方面，这三者可以作为指标体系设置的原则。[⑤]游成梅和李文中认为，建立科学的评价指标体系应该遵循以下方法和步骤：一是深入研究和了解被评价对象；二是列出研究目标的相关因素，并进行筛选，去掉次要因素，选择相关性最大的

---

① 陈士俊，薛乃卓. 试论大学排名及其评价主体的选择[J]. 科学学与科学技术管理，2001（6）：73-76.

② 张洋. 我国高等教育社会评价主体多元化研究[D]. 长春：东北师范大学，2008：7-11.

③ 余小波，陈怀芳，沈明明. 也谈大学排行[J]. 大学教育科学，2010（4）：34-38.

④ 肖雪芳. 我国大学社会评价多元主体构成的研究[D]. 长沙：湖南大学，2012：20.

⑤ 裴云. 对大学排行指标体系的分析[J]. 中国地质大学学报（社会科学版），2003（5）：63-66.

指标因素；三是搭建规范的指标结构，应用系统工程的相关方法对这些因素进行归类并分配权重。这样就形成了一套综合、合理的指标体系。①谢安邦和童康认为，大学排行应该围绕大学发展的核心指标展开，构建大学发展性排行指标与评估体系。②王洪才从利益相关者角度出发，提出根据“全覆盖、非冲突、非重合、可量化、典型性”五原则来提高评估指标体系的科学性。③

指标体系、权重及内涵的具体设置与人们对大学社会评价的理解直接相关，受研究者的评价理念及目的的影响，也成为大学社会评价标准研究关注的热点。例如，赵婷婷等认为，不同的大学排行虽然有不同的指标体系，但总的来说，都有三类指标：社会声誉类、办学条件类、学生服务支持类。从指标体系分析入手不难看出，不同大学排行的指标体系从根本上说是由其目的决定的。④余小波和陈怀芳认为，指标体系的设置理念才是大学社会评价的灵魂，它在思想层面上对社会评价标准的确立起决定性作用，并最终影响到评价的结果。目前社会上流行的几大排行榜各有差异，这实际上与它们各自所持的排行理念的不同密切相关。当然，不同的大学排行榜在指标体系设置理念上也存在许多相同的地方：一是以满足社会信息需求为主要评价目的；二是以重点大学为主要评价对象；三是以大学的主要职能为基本评价维度；四是以教育投入、教育产出为主要评价环节。⑤

评价标准是评价的尺度，既十分重要，又难以把握。大学社会评价具有评价标准的多样性，已有研究更多是从大学排行的指标体系、权重及内涵规定来分析社会评价标准问题的，对其他社会评价标准的研究较少，特别是对大学社会评价标准的总体研究不多，缺乏宏观层面上的原则思考和综合把握。

（五）大学社会评价的类型研究

大学社会评价种类繁多，如何进行类型的划分，成为目前研究的热点问题。有研究者根据社会评价方式的不同进行划分。例如，阮守武和梁樑将社会评价划分为直接方式和间接方式两种。前者是指直接将全体社会成员的评价进行某种方式的集结，其最典型的方式是全民公投；后者是指社会委托某一个或若干个机构

① 游成梅，李文中．“中国大学排行”问题分析及评价指标体系构建[J]．北京化工大学学报（社会科学版），2003（4）：41-44，50．

② 谢安邦，童康．我国大学排行研究与实践的进展及评析[J]．高等教育研究，2006（6）：83-86．

③ 王洪才．大学排行榜：现状、困境与展望[J]．复旦教育论坛，2007（6）：45-50．

④ 赵婷婷，赵雅莹，宫美凤．大学排行及其指标体系研究[J]．中国大学教学，2007（2）：86-91．

⑤ 余小波，陈怀芳．国内大学排行指标体系设置理念的比较[J]．高教发展与评估，2011（3）：25-31．

代表社会进行社会评价。[①]有研究者根据评价组织的不同进行划分。例如，杨晓江根据评估主体机构的性质对社会评估做了分类：一类是由企事业单位用人部门独立组织和发起的对毕业生质量的评价；另一类是由社会专业协会或学术团体组织的社会评估。同时，他将国外的教育评价中介机构分为三类：半官方型、民间联合型和民间自律型。[②]陈兴明等把我国高等教育第三方评估组织分为两类：第一类是纯民间的完全第三方组织；第二类是不完全第三方组织，即具有第三方评估功能又隶属于政府部门直属单位的半官方评估组织。[③]还有研究者依据社会评价中介组织游离于高等教育系统或政府部门的程度进行分类。例如，贾群生依据游离于高等教育系统的程度，将中介机构分为偏重于政府的、偏重于高校的和中间的三种类型。[④]张建新和刘康宁依据游离于政府的程度进行分类，把评估机构分为官方（政府性）、半官方（偏政府性）和民间性三大类中介组织。[⑤]

但也有人并不满足于上述的类型划分，希望类型划分能够反映出社会评价的内在要素，能够进行某种模式的归类。例如，赵婷婷和张彦通根据高等教育规模的扩张和高等教育管理制度这两大影响高等教育评价模式的因素，将高等教育评价模式分为英国的保证模式、中国的评估模式和美国的认证模式。[⑥]周光礼从外部评价的角度，将大学评价划分为高校设立时的认可评价、高校设立后的认证评价和以大学排行为主要形式的社会评价三类。[⑦]张晓鹏认为，目前世界高等教育界最有影响的评估模式主要有认证评估、分等评估、审核评估三种。[⑧]施建祥也认为，认证评估、等级评估和审核评估是当前影响最大的三种评价模式。认证评估为达标评估，等级评估为水平评估，而审核评估也称审计式评估，它既不直接评估教育质量，也不直接评估某一个教师，而是通过评估学校内部质量保障体系来间接评估教育质量。[⑨]

---

① 阮守武，梁樑. 社会评价模型研究[J]. 运筹与管理，2005（4）：147-153.

② 杨晓江. 关于教育评估中介机构的界定[J]. 江苏高教，1998（5）：16-19.

③ 陈兴明，李璇，郑政捷. 我国高等教育第三方评估组织发展现状研究[J]. 黑龙江高教研究，2018（7）：73-78.

④ 贾群生. 中介机构：新的观点[J]. 辽宁高等教育研究，1997（2）：95-98.

⑤ 张建新，刘康宁. 半官方高等教育学术评估中介机构模式探讨[J]. 玉溪师范学院学报，2008（2）：43-49.

⑥ 赵婷婷，张彦通. 高等教育评价模式的理论探讨[J]. 高等教育研究，2008（1）：38-45.

⑦ 周光礼. 高等教育质量评估体系的有效性：中国的问题与对策[J]. 复旦教育论坛，2012（2）：10-14.

⑧ 张晓鹏. 国际高等教育评估模式的演进及我们的选择[J]. 中国大学教学，2009（3）：89-93.

⑨ 施建祥. 管办评分离体制下我国高等教育评估转型研究[J]. 上海教育评估研究，2015（2）：1-5.

类型研究是大学社会评价研究的一个重大突破，为后续的深入研究开拓了新的发展思路。分类依据不同，大学社会评价的类型划分就不一样。但究竟怎样的分类是合理的和有充分解释力的？类型划分的理论基础和现实依据是什么？这些还有待进一步的深入研究。

（六）大学社会评价的现状问题研究

我国大学社会评价的发展时间不长，还存在许多问题，现状研究也主要集中在对问题及其原因的分析上。这方面的研究有两个比较集中的点：一个点是第三方评价；另一个点是大学排行。关于第三方评价的现状研究较多，成为研究者关注的焦点。孔宇航和武超红认为，我国目前并没有形成真正意义上的高等教育第三方评价体系，存在的主要问题有：高校参与热情度较低；政府干预较多；评价机构数量过少且缺乏专业性，难以得到认可。①陈兴明等认为，我国高等教育质量保障体系建设的法律制度还不健全，第三方评价机构的权利与义务没有相应的规定保障，导致评价机构的专业性不强、权威性缺乏；另外，不少社会评价机构还存在独立性不足的问题，评价工作对政府的依附性过强，阻碍其向完全第三方转变。②冯虹和刘国飞强调，第三方评价需要机构和外部环境的协调配合，需要政府、学校和社会的思想观念转变，需要科学有效的制度建设、完善的市场机制设计以及第三方评价机构自身竞争力提升等方面来共同实施。③王报平和仇鸿伟认为，我国发展第三方评价，需要广泛借鉴美国、日本等国家的成熟经验并结合我国的具体国情，培育专业的且独立的评价中介机构，建立健全法律体系，发挥公共政策的宏观指导作用。④郑智伟和曹辉研究了大学第三方评价公信力的问题，认为目前高等教育第三方评价的公信力存在独立性难以保证、专业性有待提高、科学性仍需考察、公正性有待商榷及效用性利用不足等问题。⑤王晶晶认为，目前民间第三方评价存在评价专业性不足、公正性与公益性评价难度大的问题，制

---

① 孔宇航，武超红. 我国高等教育第三方评价的问题及潜在风险[J]. 中国高等教育评估，2017（1）：3-6.

② 陈兴明，李璇，郑政捷. 我国高等教育第三方评估组织发展现状研究[J]. 黑龙江高教研究，2018(7)：73-78.

③ 冯虹，刘国飞. 第三方教育评价及其实施策略[J]. 教育科学研究，2016（3）：43-47.

④ 王报平，仇鸿伟. 高等教育第三方评价：美国与日本的启示与借鉴[J]. 科研管理，2015(S1)：477-482.

⑤ 郑智伟，曹辉. 高等教育第三方评估及其公信力构建[J]. 河北师范大学学报（教育科学版），2018（3）：104-109.

约了民间第三方评价机构的发展。[①]

大学排行是最常见的大学社会评价，影响较大，争议也多，还不能得到社会的普遍认可，成为大学社会评价现状研究的另一个集中点。邱均平和张蕊认为，我国现行大学社会评价的主要问题涉及“谁来评”、不同类型大学的可比性、大学评价的指标体系及权重、评价的数据准确性等问题。[②]王英杰认为，大学排行有着重科研轻教学、重数量轻质量和重大学纵向差别轻横向差异的问题。[③]王佳佳等认为，当前大学排名体系存在着一定的价值导向偏差问题，具体表现为人才培养定位的精英化导向、教学资源配置的规模化导向、教学活动过程的边缘化导向等。[④]韦骅峰认为，大学排行的社会公信力不足的现状背后，折射出的是当前我国高等教育第三方评估机构面临缺少行业准入标准和监管，缺乏资金、数据和专业评估人才，以及职能缺失、专业评估能力缺乏等困境。[⑤]王建华强调，竞争性排名能够排出的只能是名次上的“世界一流”，而排不出卓越的大学和道德的领袖。[⑥]但也有人认为只要运用得当，大学排行对大学建设和发展还是有参考价值的。例如，林建华认为，实现高等教育内涵式发展，需要理性认识大学排行的作用。尽管大学排行有诸多问题和局限性，但的确为我们提供了很多关于大学发展状态的信息，如使用得当，是可以帮助我们发现问题的。[⑦]陈晓珊认为，大学排行对大学行为既有正面影响，也有反面影响。为增强大学排名的正面影响，应不断更新大学排行理念、完善指标体系设置、构建监管运行机制、完善数据搜集系统。[⑧]

总之，大学社会评价现状的研究以问题分析居多，并主要集中在第三方评价和大学排行的研究上。研究者认为，客观上相关法律制度保障的缺失和主观上评价机构的专业性不强等，是目前大学社会评价诸多问题产生的主要原因。

---

① 王晶晶. 民间第三方教育评估机构公信力的构建[J]. 中国教育学刊，2016（1）：45-49.

② 邱均平，张蕊. 我国大学评价的现状、问题与对策[J]. 科技进步与对策，2004（2）：95-98.

③ 王英杰. 大学排行——问题与对策[J]. 比较教育研究，2008（10）：1-5.

④ 王佳佳，高若瑜，杨春梅. 大学教学质量排名的价值导向偏差及其匡正[J]. 高校教育管理，2017（6）：103-108.

⑤ 韦骅峰. 从大学排名看我国高等教育第三方评估现状与出路[J]. 上海教育评估研究，2018（4）：6-10.

⑥ 王建华. 大学排名的风险与一流大学的建设[J]. 高等教育研究，2019（2）：1-9.

⑦ 林建华. 理性认识大学排名在实现高等教育内涵式发展中的作用[J]. 中国高教研究，2018（1）：1-2.

⑧ 陈晓珊. 大学排行榜对大学行为的影响[J]. 当代教育科学，2016（21）：56-58.

（七）大学社会评价的比较研究

大学社会评价在国外发达国家有较长期的发展和积累，形成了许多有益的经验和启示，国外大学社会评价的比较研究也是研究的热点，主要涉及宏观和微观两个层面的比较研究。宏观比较主要集中在各国大学社会评价模式的研究上。例如，赵春晖和安应民认为，从评价的实施机构来看，美国以民间评价与鉴定组织为主，英国以高等教育拨款委员会和高等教育质量委员会组织为主，俄罗斯以院校评估国家检查总局组织的鉴定委员会为主，而日本则是以民间评估与政府评估相结合为主。①贺君认为，由于西方各国市场经济模式的不同，大学评价也存在三种类型：美国的合作模式——政府不直接参与评估活动，而是与民间评估组织密切合作、相互支持，高等教育评价的实施主要依靠民间评估机构来进行，依靠社会影响来实现评估政策导向；法国的集权模式——政府控制评估的整个系统和各个环节，高等教育评估由总统直接领导的国家评估委员会负责实施；英国的指导模式——政府建立中介性的质量评估机构或对校外质量评估实施元评估。②进一步的研究也发现，上述的模式区分只是相对的，不同模式之间日益呈现出相互融合的趋势。例如，马廷奇和伍萱指出，自 20 世纪 80 年代以来，随着高等教育管理体制改革的深化、市场主导力量的增强，以及高等教育质量管理理念和技术的更新，各国高等教育评估制度呈现出渐趋共性的发展特征，主要表现为政府职能的转变、中介组织的建立、评估方法与技术的更新，以及评估结果的合理应用等方面。③蒋冬梅和潘艺林指出，近年来国外高等教育评估凸显出一些共性特征和趋势，如利益回避制度、学生参与、对评估本身的监督等，给我国提供了启示。④

微观比较主要围绕大学排行指标体系展开。目前我国大学排行最突出的问题之一就是，排名指标的科学性和稳定性不高，通过与国外先进的排名经验及趋势的比较，可以获得诸多有益的借鉴和启示。例如，谢安邦和童康对比分析了国内大学排名与国外发达国家大学排名在排名理念与指标体系方面存在差异的原因，提出借鉴国外先进的排名理念来构建我国的大学发展性排名指标与评估体系。⑤

① 赵春晖，安应民. 国外大学评价的现状分析与研究[J]. 科学学与科学技术管理，2004（2）：114-116.

② 贺君. 西方发达国家高等教育评价制度及其特点[J]. 当代教育论坛，2005（7）：153-155.

③ 马廷奇，伍萱. 西方国家高等教育评估制度模式的实践特征及其发展趋向[J]. 北京科技大学学报（社会科学版），2010（4）：25-30.

④ 蒋冬梅，潘艺林. 国外高等教育评估的制度性特征分析[J]. 江苏高教，2011（5）：143-145.

⑤ 谢安邦，童康. 我国大学排行研究与实践的进展及评析[J]. 高等教育研究，2006（6）：34-39.

宣小红等通过对《美国新闻与世界报道》(U.S. News & World Report，U.S. News)、《泰晤士高等教育》(The Times Higher Education，THE)、《麦克林》、广东管理科学研究院武书连课题组和深圳市网大教育服务有限公司（以下简称网大）的排行评价指标体系进行了比较分析，提出了提高我国大学排行评价指标体系的信度和效度的策略。[①]杨迎平和闫青通过比较网大、中国校友会网和 U.S. News 大学排行指标体系，得出中美两国指标体系的差异表现在学术、学生、指标类型和区分度四个方面。[②]郭丛斌等基于“高等教育机构排名的柏林原则”，从指标多样性、权重分配、文献数据来源、声誉数据来源、涵盖的学科数量等维度对 THE 的“世界大学排名”、QS（Quacquarelli Symonds，夸夸雷利·西蒙兹公司）的“世界大学排名”和 U.S. News 的“全球最好大学排名”等世界大学排名体系指标设计进行分析。[③]邱均平和董西露以上海软科教育信息咨询有限公司（以下简称上海软科）的“世界大学学术排名”（Academic Ranking of World Universities，ARWU）、武汉大学中国科学评价研究中心的“世界大学排行榜”、THE 的“世界大学排名”和 U.S. News 的“全球最好大学排名”为研究对象，比较了它们的评价目的、指标体系和权重分配及其影响，解释了各自的特点，并针对世界大学评价的改进和用户如何使用排行榜提供了一些建议。[④]

可见，目前对国外大学社会评价的比较研究，既有宏观模式的比较，也有微观指标体系的比较；既有综合整体的比较研究，也有具体国别的比较研究。这些研究多以发达国家，特别是美国、英国、法国、日本等为主，近些年也开始关注中国港澳台地区的大学社会评价，这些国家和地区具有较发达的大学社会评价体系，形成了较完备的社会评价制度和较成熟的社会评价活动，有许多经验值得学习和借鉴。

综上所述，随着我国高等教育的进一步发展和高等教育质量保障活动的不断深入，大学社会评价的作用越来越受到人们的重视，相关研究也逐渐增多，在大学社会评价的理论研究、实践研究和比较研究等方面都取得了一定的研究成果。但总体来看，目前理论界对大学社会评价的研究还十分有限，主要表现在：对大学排行的研究多，对社会评价体系的整体研究少，大学评议还没有进入研究者的

① 宣小红，林清华，谭旭，伊凡. 大学排行评价指标体系的比较研究[J]. 教育研究，2007(12)：47-54.

② 杨迎平，闫青. 中美大学排行指标体系：差异及启示——基于网大、校友会网和《美国新闻与世界报道》排行指标体系的分析[J]. 教育理论与实践，2015（15）：7-9.

③ 郭丛斌，张优良，傅翰文. 世界大学排名指标体系的合理性分析——基于 THE、QS 和 US News 大学排名的比较研究，教育评论，2018（12）：8-13.

④ 邱均平，董西露. 五种世界大学排行榜比较研究[J]. 管理与评价，2018（3）：1-6.

视野；对作用价值的研究多，对内在机制的研究少；对当前现状问题的研究多，对面向未来的前瞻性发展研究少；对国外做一般介绍性的研究多，结合中国国情“量身定做”的研究少；等等。前人研究的积累是本书研究的基础，而当前研究的不足又为本书研究预留下了广阔的研究空间和可能。本书从大学社会评价体系与机制的研究切入，旨在突破以往研究在广度和深度方面存在的不足。

三、研究内容与方法

本书的研究对象是管办评分离背景下的大学社会评价体系及其实现机制，主要涉及如下核心概念：一是“管办评分离”，就是要改变政府集管理、办学和评价于一身的传统教育管理体制，构建起政府管教育、学校办教育、社会评教育的基本格局，使政府、学校和社会各安其位，各自扮演好自己的角色；二是“大学社会评价”，是除政府和高校之外的社会力量对高校的人才培养、科学研究与社会服务等满足社会需要的程度做出价值判断的活动；三是“体系”，是指由若干有关事物相互联系的系统构成的一个有特定功能的有机整体，是由不同系统组成的系统；四是“机制”，是把事物的各个部分联系起来，使它们协调运行而发挥作用的具体运行方式。

（一）研究目的

本书从大学社会评价基本问题的研究入手，通过对国内外大学社会评价现状的系统考察，探索大学社会评价的相关理论和政策问题，力求揭示大学社会评价的本质和规律，推进我国大学社会评价体系和机制的建设，从而为高等教育的质量建设和高等教育领域深入推进管办评分离改革提供理论支持。

（二）研究内容

本书的研究对象是管办评分离背景下的大学社会评价体系及其实现机制，主要内容包括综合研究、专项研究和比较研究三大块，其中综合研究主要从整体上对大学社会评价的基本问题、核心理论、体系建构、实现机制进行研究；专项研究分别对大学评议、大学排行、大学认证这三大类大学社会评价进行专门研究；比较研究主要探讨美国、英国、日本以及中国台湾地区大学社会评价的经验及启示。本书的基本研究结构见图 0-1。

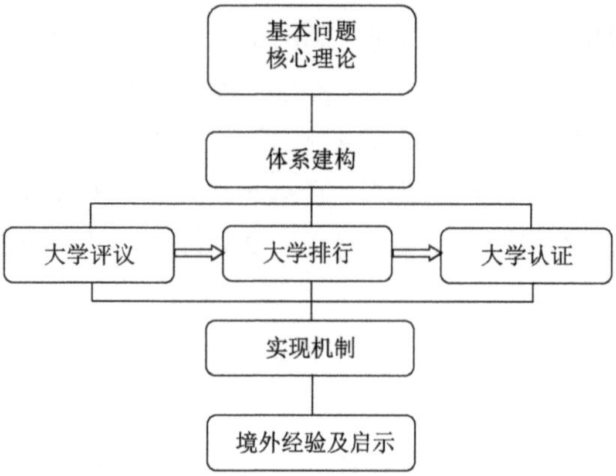

图 0-1 基本研究结构图

（三）研究方法

1）研究思路：在总体研究思路上，本书突出如下四点：一是在管办评分离的背景下研究大学社会评价，把理论研究与政策研究、现实研究相结合，突出体现理论为实践服务的研究宗旨；二是紧扣体系建构研究大学社会评价，把本然、实然与应然研究相结合，突出体现追求真理的研究品性；三是围绕核心问题研究大学社会评价，把教育科学的常规研究方法与多学科研究方法相结合，突出体现研究的创新精神；四是基于我国国情研究大学社会评价，把境内研究与境外研究相结合，突出体现研究的中国特色。

2）具体方法：本书主要采用文献资料、问卷调查、比较研究、政策研究、理论研究及多学科的研究方法。其中，基本问题的研究采用文献资料、理论研究等方法；理论部分主要采取文献资料、比较研究、理论研究、政策研究等方法；发展现状研究采取历年资料分析、问卷调查、实地考察、专家咨询、典型案例等方法；比较研究除借助现代信息技术、通过网络检索资料外，还采取直接与国外机构合作等方式；体系建构及实现机制的研究主要结合教育学、管理学、社会学、政治学、系统科学等多学科方法进行研究。

第一章 大学社会评价的基本问题

什么是大学社会评价？与政府评价及大学自我评价相比，它有何特点？当前大学社会评价有哪些具体表现形态？其构成要素有哪些？管办评分离改革背景下，高等教育质量保障为什么要引入大学社会评价？其地位、作用是什么？这些问题是本书研究的基础，是进一步研讨大学社会评价体系和机制的前提条件。

第一节　大学社会评价的内涵与特点

一、大学社会评价的内涵

大学社会评价是本书研究的最基本概念，对它的准确把握是本书研究的关键，是整个研究深入展开的前提条件。教育概念的界定一般沿用属加种差的定义方式来进行，评价、教育评价这两个概念是与大学社会评价概念最邻近的属概念，对大学社会评价概念的准确界定，需要首先清晰界定评价、教育评价这两个上位概念。

（一）评价

从字面上解释，评价就是评定价值，是一种对客体满足主体需要程度的价值判断活动。《现代汉语词典》中对评价的解释是“评定价值高低”[①]。评价的英文为 evaluate，在英语词源学上与 value（价值）紧密联系，前缀 e-表示“出，出来”的意思，可见，评价具有引出和阐发价值的意思，是掌握事物或活动的价值的行为。评价本质上是一种价值判断，是评价主体根据价值主体的需要，衡量价值客体是否满足价值主体的需要，以及在多大程度上满足价值主体需要的一种判断。

在评价系统中包含两层关系：一层是评价关系，这是评价主体与评价客体之间的关系，是评价主体以一定的评价标准，对评价客体（价值关系）进行衡量所形成的评价关系；另一层是价值关系，即评价的客体，是评价所要揭示的价值主体与价值客体之间的关系。评价系统中的这两层关系如图 1-1 所示。

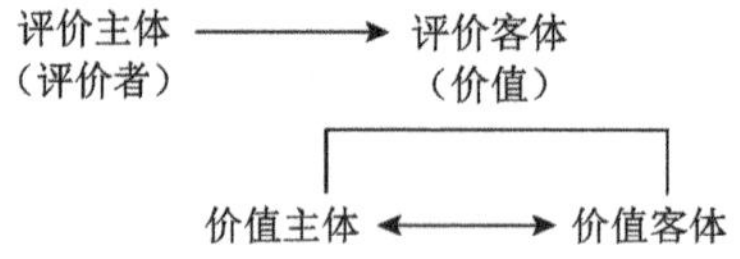

图 1-1　评价活动的关系结构

① 中国社会科学院语言研究所词典编辑室. 现代汉语词典（第 7 版）[Z]. 北京：商务印书馆，2016：1009.

关于评价，还有许多与之相似的概念，如评估、评鉴、评审、审核、认证、评定等，它们又与英文中的 evaluation、assessment、review、accreditation、audit、appraisal 等概念相互对应，与评价概念形成较为复杂的关系。这些概念都在教育评价领域被广泛使用，特别是评价与评估相互通用的现象十分普遍。有人认为评估包含评价，有人认为评价包含评估。“教育评估与教育评价概念不加辨别地使用是较为普遍的。尤其在教育考试机构中，普遍将 assessment 和 evaluation 不加区分地都翻译为评价。”[①]陈玉琨在考察了教育管理学中的几个常用概念后指出，对管理人员的考核评价，西方一般使用 appraisal 这个词，有人把它译作“考评”，这是很贴切的；evaluation 在我国大陆教育理论界译作评价，有时译作评估，似已成为习惯；在我国台湾教育学界普遍译作“评鉴”，也有译作“评量”“评价”的。他建议将“评定”（assessment）这个词用于对学生个体的评价，将“考评”（appraisal）这个词用于对教育者（教师和教育管理人员）个体的评价，将“评估”这个词用于对教育机构和教育方案等的评价，将“评价”（evaluation）作为包括上述三个概念的总称。[②]

总之，关于评价及其相关概念，在工具辞典及评价实践活动中，人们往往是互做解释或相互通用的，一般通过将它们置于一定的使用语境下加以比较与辨析而获得其意义理解。笔者基本认同陈玉琨的观点，即把“评价”作为通用性的概念，将“评估”“评审”“评鉴”“评定”“考评”“鉴定”“认证”等均置于“评价”一词的名义下以获得意义的统合。

（二）教育评价

1940 年，泰勒在著名的“八年研究”基础上，首次提出“教育评价”的概念。他认为，评价过程在本质上是确定课程和教学大纲在实际上实现教育目标的程度的过程。[③]泰勒也因其对教育评价研究的开创性贡献，被世人称为“教育评价之父”。教育评价这个概念自提出后，经历了一个逐步发展的过程。从现有文献看，目前关于教育评价的定义较为统一，即“从本质上说，评价是一种价值判断的活动，是对客体满足主体需要的程度的判断。教育评价是对教育活动满足社会与个体需要的程度作出判断的活动”[④]。评价是人们对价值客体是否满足了价值主体

① 涂艳国. 教育评价[M]. 北京：高等教育出版社，2007：6.

② 陈玉琨. 教育评价学[M]. 北京：人民教育出版社，1999：24-26.

③ 黄光扬. 教育测量与评价[M]. 上海：华东师范大学出版社，2002：17-19.

④ 李冀，等. 教育管理辞典[Z]. 海口：海南人民出版社，1989：151.

需要以及满足程度的判定，所有的评价活动都是有价值取向的，因此，价值判断是教育评价的核心。教育评价实质上是人们对教育价值的认识过程，是教育价值观的具体反映。教育价值包括个体价值和社会价值两方面，教育评价要同时关注社会发展和受教育者个人发展的需要，价值判断的标准也应该建立在协调两方面需要的基础上。

作为当今教育科学研究的三大领域之一，教育评价的研究范围十分广泛。根据层次不同，教育评价可分为初等教育评价、中等教育评价与高等教育评价；根据主体不同，教育评价可分为自我评价、政府评价、社会评价和同行评价等；根据内容不同，教育评价可分为学校评价、教师评价、学生评价；根据性质不同，教育评价可分为终结性评价、形成性评价；等等。高等教育的社会评价是上述划分中不同评价层次和主体相结合的产物，是社会作为评价主体对高等教育活动满足社会和个体发展需要的程度的判定。因此，有研究认为，所谓高等教育的社会评价，就是区别于政府和学校的第三者评价，以教育质量或教育服务的体验者身份和角度来评价高校的办学水平、办学成果，反馈社会对它的反映和要求，使教育真正与社会发展相适应，使社会真正客观、公正地关注高等教育。①

（三）大学社会评价

大学评价是高等教育评价的重要组成部分，具有高等教育评价的一般特性，但又有自己的特殊性，与高等教育评价主要以活动为评价对象不同，大学评价更多是以大学组织为对象的评价。日本学者庆伊富长指出，所谓大学评价是测定和决定大学所具有的价值及其机能效果的过程。②大学评价主要有来自政府、学校和社会三个方面的评价，即政府评价、大学自我评价和大学社会评价。如何理解大学社会评价？本书研究现状部分已分别从主体、性质和内容三个方面，对目前学界的相关研究进行了整理和归纳。应该说，学界对大学社会评价不同维度的解读有一定的合理性，对我们正确理解大学社会评价的内涵有一定的帮助，但还不够全面和准确。

如何全面和准确地理解大学社会评价的内涵呢？我们认为，首先，大学社会评价本质上是一种价值判断。评价就是评定价值，是对客体满足主体需要程度的价值判断活动，这是所有评价活动共有的，否则就不是评价了。其次，大学社会评价的主体是除政府和高校之外的社会力量。这些社会力量既可能是个体的，也

---

① 孟宣廷，袁永红. 论高等教育的社会评估[J]. 理工高教研究，2005（6）：19-20.

② 庆伊富长. 大学评价——评价的理论与方法[M]. 王桂，译. 长春：吉林教育出版社，1990：10.

可能是团体的；既可能具有一定的权威性，也可能并没有多少权威性；既可能是民间的，也可能是半官方半民间的组织或机构；等等。再次，大学社会评价的对象是大学组织，是大学活动的条件、过程及成效。大学社会评价涉及大学教育的方方面面，具体体现在人才培养、科学研究与社会服务等方面，重点是关于学校办学水平和教育质量的评价。最后，大学社会评价主要以满足社会需要为目的。大学社会评价的主体来自社会，评价以满足社会需要为目的，不论评价者是社会的代表机构、公众还是个人，他们在评价大学时，主要以社会的价值标准为准绳，或站在社会整体的立场上进行评价，或依据社会个体的需要进行价值判断。李德顺认为，社会评价是指从一定社会的角度来考察和评定现象的社会价值，判断现象对社会的作用之善恶、美丑、功过及其程度。社会评价是以社会身份反映现象的社会价值。这里的“社会身份”，表明评价者不论是社会的代表机构、公众还是个人，都应站在一定社会整体的立场上说话，以该社会的价值标准为评价标准。[①]

综上所述，我们认为，大学社会评价就是除政府和高校之外的社会力量对高校的人才培养、科学研究及社会服务等满足社会需要的程度做出价值判断的活动。

在理解大学社会评价这一概念时，还需要注意当前存在的三种含糊不清的误用现象。一是把大学社会评价等同于大学排行。这是目前学界比较普遍的一种看法。例如，大学社会评价指的是社会上独立的民间机构或团体从各自的需要出发，建立一套指标体系，对大学进行综合的价值判断，并通过一定的媒介将评价结果向社会公众公布，其主要表现形式也就是大众所熟知的大学排行。[②]大学社会评价指的是社会上独立的民间机构或团体从各自的需要、角度出发，依据一定的评价指标对大学进行的价值判断，通过一定的媒介将评价结果公布出来，就是大众所熟知的大学排名或称大学排行榜。[③]排行只是大学社会评价的一种表现形式，除了排行之外，大学社会评价还包括大学认证、审核、评估、评议等。

二是把大学社会评价等同于第三方评价。第三方评价是目前国内教育评价理论研究关注的一个热点问题。普遍的观点是，由学校自己作为评价主体进行的评价称为第一方评价；由教育行政部门作为评价主体实施的评价称为第二方评价；第三方评价是政府、高校之外的教育评价中介组织开展的专业性评价，可以是独立第三方和委托第三方。大学社会评价并不局限于专业性的教育评价中介组织的

---

① 李德顺. 价值论[M]. 北京：中国人民大学出版社，1987：238.

② 王屯. 大学社会评价中大学分层的探讨[J]. 学术论坛，2010（4）：208-212.

③ 谢健. 我国大学社会评价的发展研究[D]. 重庆：西南大学，2007：5.

评价，还包括非专业的民众评议、媒体舆论等。尽管它们的专业性没有那么强，评价的组织、操作的规范没有那么严格，但它们是大学社会评价的重要组成部分，在大学评价中发挥着十分重要的基础作用，而这一部分评价恰恰是目前理论研究没有足够重视的。

三是把大学社会评价等同于外部评价。大学评价有来自大学内部和外部两个方面的评价。来自大学内部的评价是大学自我评价，来自大学外部的评价既有政府评价，也有非政府的社会评价。目前大学评价的突出问题就是政府方面的评价对大学评价产生的影响较大，在一定程度上影响了社会力量介入大学事务。以外部评价替代社会评价，在观念上属于误解误用，在实践上的危害更大。

以上三种主要表现，反映了人们对大学社会评价内涵理解的扩大化和缩小化两种不同的倾向，尽管两者的表现形式不同，但其实质却是一样的，都是关于大学社会评价的片面观点和看法。

二、大学社会评价的特点

大学社会评价的特点主要是相对于政府评价和大学自我评价而言的。政府评价是指国家教育行政部门依据国家的教育目标，对高等学校的教育教学工作进行的评价，具有强制性、权威性、广泛性和统一性等特点。大学自我评价是指高等学校自身根据学校制定的教育教学目标，对学校内部的各项教育教学工作进行的评价，具有基础性、主动性、灵活性和持续性等特点。与政府评价和大学自我评价相比，大学社会评价具有自身的特点。

其一，主体的多元性。无论是政府评价还是大学自我评价，评价主体都是单一的，或者是政府教育行政部门，或者是高校自身。社会力量作为高等教育质量的评价主体，涉及面很广，除了包括社会上专业的民间机构和团体外，还包括社会上广泛的独立个体或群体，如家长、校友、用人单位、新闻媒体、行业协会、专业学会和基金会等。实际上，社会上的任何人都可以自由表达自己对高等教育质量的观点和看法，都可以针对大学教育质量做出自己的价值判断。这是因为大学教育直接或间接地与社会多种力量发生联系，牵涉到社会多方群体的利益和需求。大学社会评价的主体是复杂的、多元的，政府和高校之外的任何社会团体和公民个人都可以是大学社会评价的主体，民众评论和街谈巷议等这类自发进行的社会评价更是如此。只是有些规范的社会评价，如排行排名、合格评估等，由于其专业性的需要，只适合由专门的教育评价中介机构来做，不是普通的个人和团队能够承担的。

其二，目标的多样性。一般来说，政府评价就是帮助政府了解大学运行的情况，目的在于对大学实施有效的监控和管理；大学自我评价主要是帮助学校进行自我诊断，目的在于提升学校的管理水平和办学质量。与政府和学校的评价不同，社会需要是大学社会评价的主要追求。社会是由多元主体构成的，多元主体的需求必然是多样的，这就决定了大学社会评价目的的多样性。它既可能是为回应社会对大学的问责，满足社会对高校运行的知情权和自由表达权；也可能是为满足家长、考生及社会用人单位对大学的选择和员工选聘的需要。当受到政府或高校委托时，帮助政府实施有效的质量监控和帮助学校进行自我诊断，也是大学社会评价的重要目标。

其三，内容的复杂性。大学社会评价的主体既包括专业的教育评价中介机构，又包括用人单位、新闻媒体、社会慈善机构等社会团体，还包括家长、校友、教育捐赠人等社会个体。评价主体不同，需求各异，使得大学社会评价的内容也十分复杂：既有综合的学校办学水平的评价，又有特定的学科专业评价；既有学术水平的评价，又有人才培养质量的评价；既有分等排序的排行评价，又有合格标准认定的认证评价；既有投入产出的绩效评价，又有资源条件的实力评价或产出能力的成果评价；等等。

其四，标准的差异性。政府评价主要从管理的角度，强调投入和产出的效率，大学自我评价主要从人才培养角度，突出教育的质量标准，而大学社会评价的标准具有差异性。社会上不同的个体、群体、组织的利益各不相同，对学校教育质量有着不同的需求，主体的多元性、目标的多样性、内容的复杂性以及高等教育本身的复杂性，使得大学社会评价难以使用统一的指标体系和标准来进行评价。例如，关于好大学的标准，评价主体不同，关注的侧重点各异，评价标准也不一样。家长看重学校的社会声誉，重视学生毕业后能否找到好工作，有好的发展前途；用人单位重视学校能否给予学生良好的职业态度和职业能力的训练，强调毕业生的工作适应性和岗位实际表现；学校所在地区关注的是学校教育对当地经济和社会发展的作用，对当地物质文明、精神文明所做的贡献；而专业评价中介机构则更看重学校的综合实力、整体水平和学生的全面发展；等等。

其五，过程的复杂性。主体的多元性和目的的多样性决定了大学社会评价过程存在着繁简差异。一般而言，民众评论、街谈巷议等自发的社会评价大多出于民众自身利益的考虑，多从表面上直观地对大学进行评判，表现出明显的感性式的特点，这种社会评价的过程相对比较简单。但排行排名、合格评估、审核评估等有组织的专业性评价，从评价准备到评价的具体实施，以及评价结果的分析等，都需要有理性的思考和专门的计划。例如，合格评估一般就包括评估申请、院校自我评估、专家实地考察、评估认证决策和周期性复评等五大步骤。排行排名也不是一个简单的过程，它需要确立标准，建立指标体系，形成评价方案，之后就是广泛收集数据信息，进行比对，形成价值判断。因此，过程的复杂性也是大学社会评价的重要特点之一。

第二节　大学社会评价的表现形态与构成要素

随着教育评价活动的日趋活跃，大学社会评价的多样化趋势日益明显。民众对大学的街谈巷议、媒体舆论、用人单位的评价、满意度调查、排行排名、教育评价中介机构的合格评价、审核评价和优选评价等都是大学社会评价的表现形态。大学社会评价的构成要素主要有评价主体、评价客体、评价标准和评价方式四个方面。

一、表现形态

（一）街谈巷议

街谈巷议一般指大街小巷里人们的议论，也可泛指民间的舆论。它是指除了工具性的传播媒介，如电视、报纸、网络等之外的所有公众群体的议论，主要以口语表达的方式进行。街谈巷议是大学社会评价的最基本表现形式。参与街谈巷议的个体或群体是有一定目的和原因的，他们会基于自身的心理状态以及外界的环境变化，发出不同的舆论“声音”。街谈巷议是一种非正式的民间意见表达形式，参与评议的主体是个人和非正式群体，没有统一的组织，舆论环境多属于非正式场合，在时间上具有随机性，传播手段主要是口头传播，因而它具有分散性、自发性和非正式等特点。由于口耳相传、口语表达传播本身的特点，街谈巷议有许多不规范之处，如街谈巷议具有不易长久保存信息、信息的表达极易受情绪影响、效率较低等劣势，在传播的过程中，还可能会产生信息传播的误差。街谈巷议的主体往往是分散的个人和利益群体，组织结构松散，公众仅仅因某一高等教育质量话题而集合在一起。因此，在短期内，街谈巷议式的意见表达对大学可能并不会造成很大影响，或者影响甚微，但这种分散式的意见表达能够在一定条件下、在某个节点聚合，形成舆论压力，在无形中营造一种全民关注高校质量的氛围。它能够对高校产生一定的监督效果，促使高校内部坚守质量生命线，注重人才培养、科学研究以及社会服务的水平。

（二）媒体舆论

舆论是一种公众意见与议论，这种意见的形成会受到意见个体或群体心理状态的影响，舆论背后潜藏的是公众的心理倾向与社会的价值导向。舆论会对高等教育质量及大学组织的运行产生影响，这种影响主要是通过对高等教育质量问题、状态以及现象进行评论与发表意见，甚至是进行披露与批评来实现的。舆论的形态既有前述街谈巷议式的口耳相传，也有借助各种传播工具进行的评论。依据所借助的媒介手段或工具的不同，又可以将舆论划分为两类：一是传统媒介舆论；二是现代网络舆论。

传统媒介舆论指的是依托报纸、杂志、电视、广播等传统新闻媒介对高等教育内部事务进行报道，监督教育质量，从而引导其向有利方向发展。从狭义上来看，传统媒介舆论监督中其实有很大一部分是指传统的媒体新闻报道，以及由此形成的新闻舆论监督。在我国新闻宣传体制中，新闻传媒机构是党和政府的喉舌，承担着政府“宣传员和组织者”的作用，其运作与活动基本是由上而下的。传统媒介代表主流媒体发声，以正面宣传为主，积极引导高等教育质量舆论的走向，具有很高的政治地位和政治权威性。

现代网络舆论是指人民群众通过互联网了解、关注高等教育事务，广泛交流意见和建议，从而对高等教育活动进行评价。它依赖互联网的各种功能而实现，是传统媒介舆论在网络信息化条件下的拓展。我们今天所处的是信息时代，互联互通的现代网络在社会生活中发挥着巨大的作用，可谓是无处不在、无时不有。互联网被称为“一切媒介的媒介”，网络舆论监督作为一种新兴的舆论监督方式，有着其他舆论监督无法比拟的优势。现代网络的广泛灵活性和即时交互性打破了传统新闻媒体在舆论监督上的垄断地位，信息传播途径更加多样，为民众提供了自由表达的平台，普通民众可以更方便、更真实地表达自己对高等教育发展的意见或看法。

（三）满意度调查

满意是一种心理状态，是一种主观评价，是客户的需求被满足后的愉悦感，是客户对产品或服务的事前期望与实际使用产品或服务后所得到的实际感受的相对关系。如果用数字来衡量这种心理状态，这个数字就叫作“满意度”。满意度是通过对评价分值进行加权计算，从而得到的测量满意程度的一种指数概念。满意度调查进入中国后，从最初的服务落实度调查到感知质量调查，再到满意度指数模型调查，不断与多种研究技术和理念相结合，发展出满足不同需求的满意度调研技术。高等教育满意度指通过高等学校的学生、教师、用人单位以及学生家长等对毕业生、科研成果等学校“产品”和学校教育教学服务满意程度的主观感受，来评价高等学校提供服务的质量。

高等教育是一个特殊的行业，涵盖了学生、学生家长、教师、用人单位和社会等多个直接或间接的顾客，所以研究者从不同的测评对象角度研究了高等教育服务的满意度。我国已经开展了多种类型的高等学校满意度调查，但总体来看，目前以毕业生满意度调查和用人单位满意度调查为主。毕业生满意度调查是高校毕业生在接受完高等教育后，将对高等教育服务质量的实际感知和预期期望进行对比而产生的一种心理状况，是评估一所高校教育服务质量的重要指标，能使高校更清楚地了解和认识自身的发展情况。用人单位满意度调查则是从用人单位的角度对这种心理状况所做的调查。从用人单位的角度来看，教育质量是教育产出满足要求的程度，主要通过教育的最终产出——毕业生来体现。用人单位作为高校毕业生的接收者和使用者，是高等教育的间接顾客，能清楚了解和客观评价高校毕业生的综合表现，而毕业生在用人单位的综合表现在很大程度上反映了毕业高校的教育质量和办学水平。

（四）排行排名

排行又称排名，是当今世界各国开展比较普遍的大学社会评价。大学排行最早兴起于美国。1983 年，U.S. News 杂志推出的“全美大学排名”是一个重要标志，对世界各国产生了广泛影响，随后，其他国家也开始建立自己的大学排行。例如，1986 年，英国《泰晤士报》第一次发布了英国大学排行；1989 年，德国《明镜》周刊首次发布了德国大学排行；1991 年，加拿大《麦克林》杂志首次公布了加拿大大学排行；1993 年，日本《钻石周刊》开始发布日本大学排行。此后，这些国家中又有多家机构相继发布了各类排行。[①]我国大学排行起步于 20 世纪 90 年代初期，国内影响较大的大学排行主要有广东管理科学研究院武书连课题组发

① 林晓晴，程莹，刘念才. 国际大学排名发展的历史、现状与趋势[J]. 世界教育信息，2007（11）：22-24.

布的“中国大学评价”（以下简称武书连榜）、网大发布的“中国大学排行榜”（以下简称网大榜）、中国校友会网发布的“中国大学排行榜”（以下简称校友会榜）、武汉大学中国科学评价研究中心发布的“中国高校竞争力评价”（以下简称中评榜）等。大学排行一般由民间团体和社会中介组织实施，通过建立一整套规范的评价指标体系，根据指标体系收集参评学校的相关数据信息，然后对所有参评学校逐项打分，加权汇总后进行排序，再利用相关媒体公布排行榜。排行较评议更加规范，评价对象主要是大学的人才培养、科学研究和社会服务的情况，其指标体系也主要依据这三方面内容进行设置，评价标准体现出统一与多样相结合的特点，即同一大学排行榜的评价标准是统一的，而不同排行榜由于排行目的不同，评价侧重点各异，其指标设置及权重分布各不相同。

（五）合格评价

合格评价（conformity assessment）又称合格评定。根据国际标准 ISO/IEC17000《合格评定词汇和通用原则》的定义，合格评价是指与产品、过程、体系、人员或机构有关的规定要求得到满足的证实。广义的合格评价包括认证、检测、检查（检验）和认可等活动；狭义的合格评价通常指认证、检测和检查等活动。其中，认证、检测和检查的对象是产品、服务、过程、体系、人员等，而认可的对象则是从事认证、检测和检查活动的机构。合格评价的主要目的是给用户或消费者提供信任，即确定或证实材料、产品、服务、安装、过程、体系、人员或机构已经符合相关要求。

大学的合格评价一般是对新建院校开展的一种评估形式。在我国，1994 年起国家教育委员会（现更名为教育部）就曾对 1978 年以后新建的普通高等学校开展了本科教学工作合格评估。当前的合格评估对象主要是 2000 年以来未参加合格评估的新建本科院校，这些院校约占普通本科院校数（不含独立学院）的 40%，已成为我国高等教育体系的重要组成部分。[①]合格评价的核心内涵是“四个促进，三个基本，两个突出，一个引导”。“四个促进”是指促进办学经费投入，促进办学条件改善，促进教学管理规范，促进教学质量提高；“三个基本”是指办学条件基本达到国家标准，教学管理基本规范，教学质量基本得到保证；“两个突出”是指突出服务地方（行业）经济和社会发展，突出培养应用型人才的办学定位；“一个引导”是指引导参评学校构建并逐步完善内部质量保障体系，形成不

① 教育部高等教育教学评估中心. 合格评估实施办法及指标体系[EB/OL]. http://www.heec.edu.cn/pgcenter/yxpg/hg_shpg/zcwj/index.html.[2020-03-02].

断提高教学质量的长效机制。

在我国，尽管合格评估及后面的审核评估都是由教育部主导的评价，但具体组织实施评估的是教育部高等教育教学评估中心。该中心与教育部下属司局管理部门不同，不具备行政管理的职能，是一个半官方性质的专业评估机构。它受政府的委托来开展评估，体现了高等教育认证的中国特色。

（六）审核评价

审核是指为获得审核证据并对其进行客观的评价，以确定满足审核准则的程度所进行的系统的、独立的并形成文件的过程。审核主要是对管理体系（如成本管理体系、质量管理体系和环境管理体系等）的符合性、有效性和适宜性进行的检查活动。就审核的方式来说，审核具有系统性和独立性的特点。系统性是指被审核的所有要素都应被覆盖；独立性是指审核活动独立于被审核部门和单位，以确保审核的公正和客观。审核通常包括两方面：内部审核，也称第一方审核；外部审核，包括顾客审核（也称第二方审核）和认证机构审核（也称第三方审核）。

当前我国大学实施的审核评价是在总结以往评价经验的基础上推出的。我国于2003—2008年对全国高等院校进行了本科教学工作水平评估，这对于我国高等教育办学基本条件和办学质量的提升起到了很大的作用，但是在评估本科教学工作水平时，“用一把尺子衡量所有学校”，无法促进高校个性化、多样化的发展。审核评价以成果为导向，坚持“用自己的尺子量自己”，重视学校的自我评估，将评估的重点放在高校本科教学质量保障体系建设上，更注重学校的特色发展和内涵建设。

审核评价的目的在于督促高校按国家规定的质量标准办学，提高本科教学质量保障水平，引领高校科学定位、分类合作、多元发展、特色办学。与合格评价不同，审核评价的对象是参加过院校评估并获得通过的普通本科学校，重点考察学校办学条件、本科教学质量与办学定位、人才培养目标的符合程度、学校内部质量保障体系建设及运行状况、学校深化本科教学改革的措施及成效等。审核评价最终要形成写实性报告，不分等级，评估周期为五年。审核评价主要看被评估对象是否达到了自身设定的目标，是否有自律机制，特别强调“五个度”，即学校办学定位与社会需求的符合度；高校四项职能对办学定位的支撑度；人才培养各环节之间的吻合度；教学资源对人才培养的保障度；学生、社会和政府对人才培养质量的满意度。

二、构成要素

关于教育评价系统的构成要素，目前理论界有三要素说、四要素说、五要素说等观点。三要素说认为，教育评价系统由评价者（评价的主体要素）、评价对象（评价的客体要素）和评价手段（评价的中介要素）三要素构成。[①]四要素说认为，评价活动主要由评价目的、评价者、评价标准、评价对象四要素构成。[②]五要素说认为，评价主体、评价目的、评价手段、评价客体、评价结果是构成评价系统的要素。[③]汇总相关研究，认可度较高的要素主要包括评价主体、评价客体、评价标准和评价方式四个，它们也是构成大学社会评价的基本要素。

（一）评价主体

评价主体是主导评价活动的人或团体，即评价者。教育评价活动的主体要素主要有政府、社会和学校三类。其中，社会评价作为高等教育质量评价的重要组成部分，具有主体多元性的特点，除了包括专业的教育评价中介机构外，还包括家长、校友、用人单位、新闻媒体、行业协会和慈善基金会等。

以上是关于大学社会评价主体的一般概括。实际上，大学社会评价是十分复杂的，不同社会评价的主体构成各不一样。例如，街谈巷议、媒体舆论、民众满意度等评议机制的主体多元而广泛，任何个人或组织都可以发表关于高等教育质量的意见和看法。排行是一项专业性很强的活动，客观上要求具备“胜任”的基本条件，即客观公正性和专业权威性。要满足上述条件，必须是具备相应资质的社会中介组织。目前，国外大学排行的评价主体一般都是新闻媒体，如美国的U.S. News发布了“全球最好大学排名”、英国的THE发布了“世界大学排名”、德国的《明镜》发布了“德国大学排行榜”、日本的《朝日新闻社》发布了“日本各类大学排行榜”等。在我国，作为民间排行榜的制作者，广东管理科学研究院武书连课题组、网大、中国校友会网和武汉大学中国科学评价研究中心等尽管不是新闻媒体，但也都是具备一定条件的社会中介组织。合格评估和审核评估等有更为严格的要求，需要经过认可或授权了的专门评价机构作为评价主体，整个评价过程都是在专门评价机构的要求和指导下进行的，评价的标准、程序、规范等都是由认证机构制定和组织实施的，即使是被评学校的自我评估，也离不开专门

① 肖新发. 评价要素论[J]. 武汉大学学报（人文科学版），2004（5）：523-528.

② 连燕华，马晓光. 评价要素系统结构分析及模型的建立[J]. 研究与发展管理，2000（4）：17-20.

③ 文庭孝. 科学评价系统研究[J]. 重庆大学学报（社会科学版），2007（6）：66-69.

机构的统一指导。

（二）评价客体

评价客体是评价活动所要揭示的对象。大学组织中的所有活动、事物、人员、组织机构等都可以是社会评价的对象：从活动的角度看，主要包括大学的人才培养、科学研究和社会服务等；从事物的角度看，主要包括各种学科专业、课程教学资源、研究基地、教学项目等；从人员的角度看，主要包括学生、教师、教学辅助人员、学校管理人员等；从组织机构的角度看，主要包括高校、院系、班级等。

评价客体是与评价主体相对的，评价主体不同，评价客体也有区别。排行的对象主要有院校排行和学科排行、综合排行和单项排行。院校排行一般涉及院校人才培养、科学研究和社会服务三大基本职能。单项排行则名目繁多，有“核心竞争力排行”“杰出校友排行”“毕业生质量排行”“大学师资排行”“最具媒体影响大学排行”“高校国际化水平排行”“校友捐赠排行”“高校绩效排行”等，范围十分广泛。社会中介组织的认证属于一种规范的合格评价，主要判定一所学校或专业是否达到了最基本的质量要求，一般分院校认证和专业认证两大类。院校认证考察一所学校整体办学质量和水平是否达到了规定的质量要求，专业认证则重点考察学校的某一专业的教育质量和水平。

（三）评价标准

评价标准是应用于评价对象的价值尺度，是评价活动所要遵循的价值准则，影响着评价的性质和质量，是评价活动赖以进行的依据。社会评价主体不同，需要不同，观点不一，评价标准也不同，指标体系及权重分布也各有差异。以排行为例，由于排行主体、对象、指标体系、设置理念及具体方法上的差异，国内外大学排行的标准各不一样，即便是同一项指标，其权重分布也有差异。国内广东管理科学研究院武书连课题组的大学排行十分看重科学研究这一指标，赋予其较高的权重，而 U.S. News 的“全球最好大学排名”没有科研排行，只有人才培养的指标；在人才培养指标中，国内广东管理科学研究院武书连课题组的大学排行榜重视人才输出指标，对教育投入和过程指标关注不多，而 U.S. News 的“全球最好大学排名”对输入和过程指标给予了较多的关注。

再以认证为例，国家不同，认证类别不同，认证标准也不一样。在美国，院校认证主要是对学校的办学目标、物质条件、经费来源、师资质量和师资队伍建设、教育质量、学生工作、少数民族学生比例、毕业生就业情况、毕业生实际工作能力、办公及体育设施、各级管理水平、总体办学效益、多元化等方面进行评估。专业认证以专业为中心，主要以专业使命、教学计划、师资、物质资源、教与学、研究与学术、服务、学生及其学习产出、专业的强项和弱项分析、专业改进措施等为评估内容，其中最主要的是教学计划、师资和学生及其学习产出等。

（四）评价方式

大学社会评价主要有两种不同的评价方式：一种是规范的方式，包括确立评价目标，确定评价标准，建立指标体系，选择评价对象，通过专门的评价机构组织评价；另一种是不太规范的方式，无需建立专门的指标体系，主要是通过个人观察了解及人际间的相互影响来进行。

民众对大学的街议、媒体的评论、网络的舆论甚至是用人单位的评价等，大多采取相对不太规范的评价方式。例如，家长一般通过实地考察学校、倾听同事或朋友对学校的评论，以及登录学校网站获取学校信息等方式来对某所高校做出评价；用人单位主要通过招聘员工及已招聘员工在岗位工作上的表现等，对高校的教育质量进行评价。排行排名是一种客观评价，与主观感受的评议不同，它特别强调数量化评价，对所有项目都要进行量化计分，是间接量化的客观评价方式。与评议和排名一般不进入学校进行实地考察不同，社会中介组织的合格评价、审核评价主要采取院校自我评估和专家实地考察相结合的方式进行，是最为规范的社会评价。专家实地考察是合格评估和审核评估十分重要的环节，同行专家大多由教育界的教师和管理人员、工商界的专家和学者以及社会公众组成，他们的任务是针对院校或专业的自评报告进行沟通和交流，并深入学校中进行实地考察，就存在的“模糊点”进行讨论，以确定学校或专业是否达到了认证标准要求的程度。

第三节 大学社会评价的地位与作用

近年来，我国高等教育领域深入推进管办评分离改革，社会力量特别是专业性的教育评价组织在高等教育评价中的地位日益受到重视，在高等教育质量保障中发挥着越来越重要的作用。

一、大学社会评价的地位

大学社会评价是国家高等教育治理的重要手段，是高等教育领域深入推进管办评分离改革的重要一环。从我国高等教育的发展来看，在大学的评价实践活动中，大学社会评价，特别是社会中介组织的专业评价经历了由评价旁观者到评价积极参与者的地位转化过程，并将成为大学评价的主要依据力量。

长期以来，我国高等教育领域“管、办、评”三位一体，政府既是高等教育政策的制定者，又是高校的举办者和管理者，不但对学校实施外部行政管理，而且控制着学校内部办学事务，同时还是学校教育教学质量的评价者，集管理者、办学者、评估者三种角色于一身。在这种集权管理体制下，政府作为高等学校评估的重要主体，统领我国大学评价制度的规划与实施。这种政府集权的评估模式在特定的历史背景下确实有利于推动高等教育评估活动的迅速开展和评估制度的快速建立，对于保证高等教育教学质量曾起到重要作用。但这一模式也存在诸多弊端，其中一个重要的表现就是，政府直接组织开展的评估活动，在一定程度上制约了社会评估中介机构的发展，影响了评估的科学性和公正性。

随着我国社会主义市场经济的不断完善及政府职能的逐渐转变，教育评价中介机构应运而生，社会力量逐步参与到高等教育评价中来。1992 年，我国开始建设社会主义市场经济体制以后，教育体制的三个基本要素——学校、社会和政府之间的关系发生了变化。在新的教育体制中，高等学校在面向社会自主办学的同时，不仅需要接受来自政府主管部门的检查评估，更需要接受来自社会用人部门的评估，也迫切需要建立沟通高等学校与社会、政府三者联系的中介机构，需要开拓大学社会评价的新路子。自此，我国的高等教育评估中介组织经历了从无到有、从小到大，再到逐步专业化的过程，社会评价高等教育受到公众的关注。例如，上海市高等教育评估事务所（1996 年）、江苏省教育评估院（1997 年）、辽宁省教育评价事务所（1999 年）、云南高等教育评估事务所（2000 年）、广东省教育发展研究与评估中心（2000 年）、教育部学位与研究生教育发展中心（2003 年）、教育部高等教育教学评估中心（2004 年）等一些具有一定学术权威性和相对独立性的教育评价中介机构相继建立。另外，以大学排行为主要职能的各种民间评估中介机构也逐步发展起来。

《国家中长期教育改革和发展规划纲要（2010—2020 年）》《中共中央关于全面深化改革若干重大问题的决定》中明确提出“推进管办评分离”，《教育部关于深入推进教育管办评分离 促进政府职能转变的若干意见》专门对此做出具体部署。所谓管办评分离，“管”是指对教育的管理，是政府的职能；“办”是指具体的办学活动，是学校的职责；“评”是指对教育的评估，由社会中介机构承担。三者之间的权责边界既清晰又相对，既相互制约又相互支持，从而形成政府管教育、学校办教育、社会评教育的教育公共治理新格局。高等教育的管办评分离，意味着政府、学校与社会在法律的框架下恪守各自边界，发挥各自应有的功能，展现不同的优势，从而实现善治、良治和共治的理想。这是尊重政府、大学、社会三方特性的内在要求，并能有力地推进国家高等教育治理体系和治理能力现代化，落实大学的办学自主权，充分释放社会专业组织的监督和评价效用。①

在管办评分离的背景下，政府虽然仍依法享有对高校办学水平、效益和教育质量进行评估的权利，但不再直接开展评估活动，而是将具体的评估业务委托给教育评价中介机构实施。政府仅仅充当“管理者”的角色，主要进行宏观管理、监督、指导和服务，实现由原来的“全能型”“集权式”政府向“管理型”“服务型”政府转变。随着市场体系的完善和高校自主权的增强，高等教育评价主体逐步开始多元化，这在客观上促使政府的评价职能发生转变，由最初的直接参与“做评价”转变为间接“管评价”，通过完善相关法律法规来规范高等教育评价，通过教育经费拨款来规范引导高等教育评价。②在我国高等教育“管办评分离”改革背景下，教育评价专业组织在高等教育评价中的地位日益受到重视，承担着教育督导评估、决策咨询、信息管理、考试认证、资格评审等功能。

2013 年 11 月，党的十八届三中全会首次明确提出“推进国家治理体系和治理能力现代化”。党的十九届四中全会颁发的《中共中央关于坚持和完善中国特色社会主义制度 推进国家治理体系和治理能力现代化若干重大问题的决定》，更是从党和国家事业发展全局与长远出发，对坚持和完善中国特色社会主义制度、推进国家治理体系和治理能力现代化做出了全面部署。高等教育治理体系和治理能力现代化是国家治理体系和治理能力现代化的重要组成部分，是深化高等教育领域综合改革的总要求。在高等教育治理体系中，政府、社会和高校是高等教育治理的共治主体，社会是参与高等教育治理的重要依托力量。大学社会评价作为社会参与高等教育治理的重要方式，能有效地遏制我国大学行政化的趋势，平衡政府与大学之间的权力结构，缓解大学办学与社会需求之间的矛盾，并引导大学之间的良性竞争。

随着我国社会组织的不断发展和完善，以及管办评分离改革的深入推进，大

① 周海涛. 高等教育“管办评分离”的缘由与路径[J]. 国家教育行政学院学报，2014（3）：3-8.

② 史秋衡，等. 高等教育大众化阶段质量保障与评价体系研究[M]. 广州：广东高等教育出版社，2012：170.

学社会评价在高等教育治理中的地位和作用将日益显现，社会评价，特别是社会中介组织的专业评价将成为大学社会评价的主要依靠力量。如果说在未来我国大学评价中，政府主要行使主导功能，学校主要发挥基础作用，则社会必将发挥越来越重要的核心功能和作用。

二、大学社会评价的作用

大学社会评价作为高等教育评价的一种，也具有鉴定、诊断、激励、导向、管理及教育等基本评价功能。在高等教育质量保障中引入大学社会评价意义重大，它在完善政府宏观质量管理、推进高校质量发展和引导质量保障全社会动员等方面发挥着重要作用。

（一）完善政府宏观质量管理

长期以来，我国高等教育管理的格局是“管、办、评”一体化，政府集“运动员”“裁判员”“教练员”于一身，包揽了高等教育运行及管理的一切事务。改革政府包揽一切的传统高等教育管理体制，是当前我国高等教育改革面临的重要任务。党的十八届三中全会做出的《中共中央关于全面深化改革若干重大问题的决定》强调，要“深入推进管办评分离”。深入推进管办评分离，实质就是要构建政府、学校、社会之间的新型关系，使政府、社会和学校各安其位，各自扮演好自己的角色，从而形成政府管教育、学校办教育、社会评教育的基本格局，这是发达国家高等教育的成功经验，也是我国高等教育改革的必然选择。推进管办评分离的关键是政府要放权，不仅是中央向地方放权，政府向学校放权，还有一点就是政府向社会放权，即允许社会力量介入高等教育事务中来，建立高等教育的社会评价机制，这是推进管办评分离改革必不可少的重要条件。政府管什么呢？其主要管教育方面的法律法规、政策方针、规划计划、公共财政和信息服务，规范市场和社会行为，引导和支持学校发展。政府怎么管呢？其应最大限度地减少对微观事务的管理，重在宏观管理、间接管理，由办教育、评教育向管教育转变，并努力实现由管理向服务的转变。

社会评价机制介入高等教育领域，可以从根本上改变政府原来的角色定位，彻底改变传统的政府一元评价模式，发展成为一种新的、以社会评价为主的模式，这有利于政府从具体的高等教育评价事务中跳出来，从全局出发把握高等教育的质量方向，真正履行好高等教育管理者的职责。社会评价介入高等教育领域，可以从不同角度为政府相关部门提供多方面的质量信息，诊断高等学校在教学、科研、行政管理等方面存在的问题，为政府宏观调控高等教育提供参考依据，有利于促进高等教育管理决策的科学化。社会评价介入高等教育领域还可以在政府与高校之间发挥“代理人”和“缓冲器”的作用，缓解政府与高校之间的直接矛盾与冲突。特别是专业性的教育评估机构在高等教育评估活动中发挥着重要作用，它们既可受政府委托，向高校提出基本质量要求，又可代表高校向政府提供建议，对政府的政策制定产生影响。专业的教育评价和社会评价，是促进教育科学发展的重要保证。管办评分离，需要强化国家教育督导，委托社会组织开展教育评估监测。①

（二）推进高校质量发展

高等教育质量主要体现在人才培养质量上，人才培养质量具体由高校的教育教学活动实现，社会评价对高校的教育教学活动具有积极的推进作用。与高等学校自我评价重在进行自我诊断不同，来自第三方的社会评价能有效避免陷入“当局者迷”的困境，可以更加客观公正地做出价值评判。如同医生看病一样，社会评价能够帮助高校查明情况，让高校能更准确地了解自己与评价目标的差距及其在同类学校中的位置，能够诊断出学校工作中的哪些部分或环节做得好，应加以保持和提高，哪些地方存在问题，原因何在，如何改进和完善等。社会评价密切了高校与社会的联系，使社会公众能够更好地了解高校的实际情况，将高校的质量问题置于公众的视野之中，发挥社会公众对高校的监督作用，也使高等学校能更清楚地了解社会需要，采取有效措施，提高教育质量，更好地服务社会。

大学社会评价还有利于引导高校之间的质量竞争。评价离不开比较，比较会形成压力，产生动力，激励人们不断进取，努力争胜。市场经济的基本法则就是公平竞争、优胜劣汰、适者生存。社会评价常常是不同学校之间的比较，如大学排行就是这样，它有利于引导高校之间的竞争，能够激发被评学校的内在潜力，提高其工作的积极性和创造性，达到提高教育质量的目的。社会评价的结果对于先进者是积极的肯定，会强化成功经验，使先进者“百尺竿头，更进一步”，以取得更大的成绩；对于落后者则是一种有力的鞭策，提醒其如果再不奋起直追就会被落得更远，甚至会被淘汰。

促进高校多样化办学也是大学社会评价的重要功能。当前我国高校存在着的

① 中国教育报编辑部. 构建管办评各安其位的共治格局——三论深化教育领域综合改革[N]. 中国教育报，2014-01-17.

一个突出问题就是模式单一、千校一面。为适应现代社会的需要，高校必须走多样化的发展之路，努力办出特色。而要引导高校走多样化的发展道路，建立多样化的高等教育体系，从根本上是要建立多样化的评价标准。①教育行政部门的评价目的、原则、价值取向和标准主要体现政府的意志，无法兼顾社会需求的多样性。高校为了迎合行政主管部门的评估，必然会使自身的价值取向与行政部门保持一致，这样势必会导致对高等教育发展多样化要求的忽略，同时也抑制了高等教育的个性化发展。②社会评价具有主体的多元性和标准的差异性等特征，有利于引导高校向多样化的方向发展。

（三）引导质量保障全社会动员

高等教育质量受多方面因素的影响和制约，提高高等教育质量，需要社会各方面的共同参与和努力，需要动员全社会的力量。以社会评价为抓手，引导社会力量介入高等教育领域，是实现高等教育质量全社会动员的有效途径。这是因为，首先，大学社会评价能吸引社会公众对高等教育的关注和重视。大学在它产生的初期，只是为了满足部分人闲逸的好奇。随着社会的发展，大学逐步走出“象牙塔”，与社会各方面形成了广泛而密切的联系。在高等教育大众化和普及化的今天，大学教育的质量如何、效率怎样、办学实力强不强，越来越为社会各方所关注，但大学组织的复杂性，加上现代社会信息猛增，一般社会公众不可能，也没有必要都去全面深入地了解大学。社会评价以满足社会需要为目的，为人们打开了更多了解大学的窗户，特别是大学排行榜简洁直观，满足了一般社会公众希望了解大学的普遍诉求，能有效吸引社会公众的眼球，引导社会对大学的关注和重视。

其次，大学社会评价有利于营造良好的质量氛围。良好的质量氛围是形成共享价值观的基础，只有当社会上“质量第一”的思想观念深入人心，为人们所共享时，只有当社会全体成员具有了强烈的质量意识时，高等教育质量保障才具备必要的思想基础和前提条件，质量保障活动也才能真正有效地开展起来。大学社会评价不仅可以引导社会对质量的关注，还可以营造良好的质量氛围。它能将教育质量至上的意识积聚、沉淀成为人们熟悉的特定模式，产生巨大的心理效应，

---

① 王洪才. 大众高等教育论：高等教育大众化的文化-个性向度研究[M]. 广州：广东教育出版社，2004：171.

② 贺祖斌. 高等教育大众化与质量保障：高等学校教学质量保障体系的建构与实践[M]. 桂林：广西师范大学出版社，2004：145.

感染和教育每一个社会成员，在社会上形成人人重视质量、个个推崇质量的良好氛围，进而增强教育系统内部提高质量的紧迫感和使命感，推进大学教育高质量发展。

最后，大学社会评价还可以引导社会教育投资的流向。公共教育财政支出的紧张是目前世界各国高等教育面临的普遍问题，各国高校都千方百计地吸纳社会资金，以广泛积聚办学资源和增强办学实力，同时社会上也有一些个人、慈善基金会或企业，希望通过捐助来促进教育事业发展。但他们的教育捐助或投资不是盲目的、无条件的，社会资源投入对不同学校是有选择性的，特别是在市场经济条件下更是这样。大学社会评价的结果可以为社会资源投入提供选择的参考，甚至有些企业和基金会也会有自己的一整套评价体系，并将其作为教育捐助流向的依据，以保证教育资金效益的充分发挥。

第二章

大学社会评价的核心理论

大学社会评价涉及为何评、谁来评和评什么等基本问题，这些问题既是大学社会评价的核心要素，也是大学社会评价体系建构的基础。本章主要从大学社会评价的理念、主体和标准这三个维度入手，重点研究为何评、谁来评和评什么等大学社会评价的核心理论问题，为后续研究提供基本理论支撑。

第一节　大学社会评价理念

在价值世界里，理念是抽象的东西，看不见摸不着，但人们可以用“灵魂的眼睛”去感受和体验。德国哲学家黑格尔认为，“理念就是思想的全体”，“理念自身就是一种辩证法”，“因此理念就是真理，并且唯有理念才是真理”。[①]

一、评价理念的基本问题

（一）大学社会评价理念的内涵

“理念”一词源于古希腊语（eidos），最初含义为“形相”“外观”“通型”。在苏格拉底看来，“理念”一词有“观念”“类型”“宗旨”“本性”等含义。后来，“理念”一词被英语（idea）引用之后，又被赋予了新的含义，包含“精神”“信仰”“理想”“认识”“观点”“使命”等。因此，在西方话语体系中，理念一词出现了诸多的解释。在柏拉图、康德和黑格尔看来，“理念”是一个含义比较广泛的上位概念，既包含了认识、观念、思想、构想、理想（预想）、信念、精神、理性、理智等含义，又包含了目的、目标、宗旨、原则、规范、追求等意蕴，是一个具有集合性、完整性、观念性的理念总体。

《辞海》中对“理念”一词的解释有两条：一是“看法、思想，思维活动的结果”；二是“观念”，通常指思想，有时亦指表象或客观事物在人脑里留下的概括的形象。[②]但在人们的实际使用中，理念一词有别于观念和信念，它指绝对正确的观点，可以用道理、真理来形容。有学者认为，“理念”是一个精神、意识层面上的上位性、综合性结构的哲学概念，是人们经过长期的理性思考及实践所形成的思想观念、精神向往、理想追求和哲学观点的抽象概括和观念体系。具体来说，理念是信念和理想的合称，回答了事物是什么和事物应该是什么的问题，不仅仅是理想上的认识，更是一种理想的追求，是指人们对某一事物

① 韩延明. 大学理念论纲[M]. 北京：人民教育出版社，2003：49.

② 陈至立. 辞海[Z]. 上海：上海辞书出版社，2019：1763.

或现象的理性认识、理想追求及其所形成的观念体系。[①]

大学社会评价理念就是指人们通过大学社会评价实践逐步形成的对大学社会评价活动的理性认识、理想追求及所秉持的价值观的集合。理性认识是对大学社会评价的基本看法和理性审视，包括大学社会评价的含义、本质、宗旨、使命、职能等；理想追求是对大学社会评价的构想与展望，包括评价的信念、目标、责任与未来走向；价值观是大学社会评价所坚持的指导思想和奉行的评估哲学，指向评价应该坚持什么。在评价理念中，价值观是起导向作用的核心。教育评价理念是指人们依据某种价值观，根据自身需要，对教育活动做出选择和判断时所持的一种倾向。[②]

（二）大学社会评价理念的功能

理念是属于观念层面的理性认识和理想追求，是大学社会评价的灵魂，反映了大学社会评价的理想、追求和信念，也决定了大学社会评价的标准选取、实施操作和方式方法的选择，在思想层面上对大学社会评价起决定性作用。

1. 目标定位功能

大学社会评价理念是在长期的发展中浓缩出来的带有发展指向性的思想、观念和信仰，具有指导大学社会评价朝着理想目标前进的功效和能力。在大学社会评价中，对任何评价对象所做的价值判断，都是依据一定的评价目标、评价标准进行的，有什么样的评价目标，被评价对象就会注重哪个方面的工作，有什么样的评价标准，被评价对象就会朝什么方向努力。大学社会评价理念反映和体现了评价的价值取向，包括评什么和怎么评，评价理念所包含的价值取向、评价目标、评价标准等有力地引导着整个评价过程，起着“指挥棒”的作用，发挥着导向功能。从实际上看，大学社会评价理念建构了大学社会评价的观念体系，支配着大学社会评价活动，有什么样的大学社会评价理念，就有什么样的大学社会评价模式。

2. 调控功能

大学社会评价理念作为一种理论化、系统化的高等教育评价观，可以成为衡量大学教育质量的标尺，有助于人们发现大学办学过程中的偏差，进而采取纠偏措施，保证大学教育的健康、有序发展。同时大学社会评价理念通过精神的引领、思想的引导、规则的示范、文化的融合、价值的选择等，从更高的层次上引导大学社会评价活动，规范和调控大学实践活动，推动高等教育的发展。随着大学社会评价理念的更新和发展，其调控功能将在大学社会评价实践活动中进一步显现，

① 韩延明. 理念、教育理念及大学理念探析[J]. 教育研究，2003（9）：51-59.

② 王汉澜. 教育评价学[M]. 郑州：河南大学出版社，1995：32.

并在我国高等教育实践中发挥重要作用。

3. 引领导向功能

潘懋元教授认为，大学理念虽然是一个上位性、综合性的高等教育哲学概念，但它不仅反映高等教育的本质，而且涉及时代、社会、个体诸方面的因素。从“理念”切入，不但可以更好地把握高等教育的本质、功能、规律，而且可以更好地理解高等教育规律如何制约和支持人们对高等教育的认识与追求。[①]大学社会评价理念也是如此。大学社会评价理念作为大学社会评价的核心思想、观念或信仰，反映着大学社会评价的本质和规律，制约和支持着人们对大学社会评价的认识与追求，并最终落实和体现在大学社会评价实践活动中，服务于大学社会评价的有序开展，对社会评价活动发挥重要的引领和导向作用。

大学社会评价理念是大学社会评价的灵魂，是大学社会评价价值系统的导向性因素，在思想层面对大学社会评价起决定性作用。从理念入手，有助于我们更好地认识高等教育评估的目的，在评估活动开展之前就在观念上形成某种预期结果和理想的摹本，有助于我们更好地发现高等教育评估的规律，理性看待并重视教育价值关系的基本运动与发展变化，有助于我们更好地造就高等教育评估文化，并使评估文化服务于高等教育质量的管理与生成。[②]

二、大学社会评价的主要理念

人们在一定时期内形成的评价理念，就是人们在一定教育价值观的指导下进行教育价值判断和教育选择的体现。[③]在评价理念中，价值观是起导向作用的核心和关键。大学社会评价活动纷繁复杂，囊括了多个价值主体，各价值主体之间相互作用，必然会交织成复杂的价值关系，形成多种评价理念。英国学者埃里克·阿什比认为，影响高等教育发展的主要力量有三种：市场力量（市场或公众需求）、政府力量（国家政策或国家计划人才需求）、高校力量（高等教育系统本身的内在发展逻辑）。[④]根据本书研究的需要，我们在这里将市场并入社会之中，作为相对于政府和高校来讲的“第三股力量”。在大学社会评价中，由政府、高校、社会三大主体的需求而衍生出的三大主要评价理念分别是教育理念、

① 潘懋元. 多学科观点的高等教育研究[M]. 上海：上海教育出版社，2001：11.

② 张继平. 从冲突走向和谐——高等教育评估价值取向的社会学分析[D]. 武汉：华中师范大学，2011：43.

③ 王卫东. 现代化进程中的教育价值观——西方之鉴与本土之路[M]. 北京：中国社会科学出版社，2002：35.

④ 阿什比. 科技发达时代的大学教育[M]. 滕大春，滕大生，译. 北京：人民教育出版社，1983：13-14.

管理理念和服务理念。需要强调的是，三大主体的需求不是唯一的，只是它们必然会立足于自身属性及利益，优先考虑某种需求，从而成为塑造某种评价理念的主要力量。

（一）教育理念

教育理念以满足大学利益需求为主。大学作为学术组织和高等教育办学实体，具有人才培养、科学研究、社会服务和文化传承创新等多重功能，这些功能共同构成了大学的教育价值，特别是人才培养是大学最基本的功能，也是大学教育价值的最根本体现。大学社会评价就是应该满足大学主体的内在需要，履行立德树人的神圣使命，发挥大学在培养人才、创新学术和服务社会等方面的作用，提高人的生命本质力量，促进人的全面发展。

首先，大学社会评价能促进大学教育质量的提高。不同于政府的统一标准，大学社会评价从不同角度对大学进行评价，特别是大学单项指标评价的出现，将引导大学向多元化、特色化方向发展。大学社会评价可帮助人们分析大学发展的现状和趋势，引导大学走内涵式发展之路，而不是注重规模和外在形式的变化。此外，大学社会评价通过分析国内外大学各方面的情况，帮助大学从特定的视角对自己的办学状况进行诊断，从中发现自己的优势、特色，明确与一流大学的差距，推动大学向一流大学迈进。

其次，大学社会评价能引导大学间的合理竞争。随着我国经济体制的转型，大学的自主性不断增强，以往的高校管理模式难以适应需求，必须引入竞争机制，通过竞争实现资源的最优配置。大学社会评价站在第三者的角度，借助系统的评价方法，能够引导大学在合理有序的竞争中意识到自身的不足。此外，由于大学社会评价的结果直接关系到高校的社会声誉，进而影响到学校的招生情况、就业情况、社会投资等，所以，它也能促使大学重视竞争，积极主动地参与到竞争中来。

再次，大学社会评价能指导大学教学与教育科研活动的有效开展。大学社会评价的结果能全面反馈学生培养与就业等方面的情况，使学生了解自己的学习进展及奋斗目标，从而为后续学习指明努力方向。评价结果也有利于教师制定更加明确的教育计划，选择更加有效的教学方法，切实提高人才培养的质量，从而适应社会和市场的需求。

最后，大学社会评价提供的价值导向与指引，能促使教育过程成为一个发现价值、建构价值、最后实现价值增值的过程。在这个过程中，大学社会评价引导高校形成一定的教育理念，并促使高校始终围绕这一理念办学，重视教育活动中人的发展，最终引导教育活动不偏离教育宗旨而时刻保持一种自觉意识，实现自觉发展，有利于价值的建构与增值。

（二）管理理念

管理理念以满足政府利益需求为主。就政府来说，其所坚持的最根本的价值理念是维护国家和社会公共利益，为此，政府从政治、经济和文化三个方面行使管理职能。[①]政府通过管理，保持政治局势的稳定，推动经济的持续发展，促进文化的不断繁荣。大学社会评价具有鉴定、激励与导向等多种功能，是辅助政府优化管理的重要手段。通过大学社会评价，政府可以获得为大学制定的各项政策、给予的经费支持、确定的评价标准等是否合理的相关信息，有利于对整个管理过程进行全面修正，从而做出更好的决策。

首先，大学社会评价能够替政府分担部分管理职责，有利于推动政府的现代化转型。在"新公共管理"理念的影响下，政府致力于向新型的服务型政府转变。发展大学社会评价，将评价大学的事务主要交由社会的专业评价机构来完成，有利于促使政府从具体的高等教育评价事务中解放出来，而转向宏观与间接的管理，实现由办教育向管教育的转变，并通过放权与转型，实现由管理向服务的转变。

其次，大学社会评价是政府管理的一种重要媒介，有利于优化政府对大学的管理。一方面，大学社会评价代表了社会的视角，能帮助政府更全面地考察和了解高等学校，一所被社会公众认可的、有良好社会声誉和社会效益的大学，理应受到政府的重视和政策倾斜；另一方面，政府借助大学社会评价，对整个教育组织进行系统的监控和调整，不断革除旧弊，推陈出新，可以推进"以评促建、以评促改、以评促管、评建结合"局面的形成。

最后，大学社会评价可以降低政府的管理成本，提高管理效率。大学社会评价通过广泛收集大学各方面的客观数据，构建科学合理的评价指标体系，有助于政府更快速有效地进行教育决策，也有助于政府找出本国或本地区的大学与其他国家和地区一流大学的差距，制定出具有针对性的大学发展策略，从而节省时间成本与大范围的调查成本。同时，大学社会评价改变了原来政府一元评价的局面，促使政府从微观的大学评价中挣脱出来，在更宏观的层面履行大学评价管理者的职责。

（三）服务理念

服务理念以满足社会利益需求为主。大学社会评价在社会系统中所发挥的重要功能，使其教育系统之外的社会价值日益得到展现。随着教育逐渐成为社会系统的轴心，教育事业也与社会事务日益交织、相互融合和共同发展，大学社会评价在社会系统中的作用也变得日益突出，在社会决策、社会管理及服务等方面的

---

① 苏昕，侯鹏生. 高等教育评价体系的结构多元化和价值冲突[J]. 教育研究，2009（10）：60-65.

作用也将更加明显。

首先，大学社会评价能为学生及家长理性择校提供信息。大学组织的复杂性、现代社会信息的猛增给学生和家长全面深入地了解大学的实际办学情况带来了一定难度。大学社会评价机构作为政府、高校以外的第三方专业组织，与大学之间不存在直接的利益关系，其得出的评价结果相对客观公正，可为学生与家长提供参考。

其次，大学社会评价能满足公众的心理需求。大学社会评价将大学暴露于公众视野，一方面使社会公众对大学的了解加深，大学的良性发展需要依靠公众的监督；另一方面，高校也能进一步地了解社会的教育需求，从而采取更有效的措施，更好地为公众服务。

最后，大学社会评价能引导社会资源的流向。随着高等教育经费来源多元化发展趋势的加强，再加上我国政府长期作为高等教育的直接投资者与主办方，高校面临着资金、资源匮乏的压力。为维持正常运转与促进长远发展，高校必须从社会上获得相应的捐款和资助。与此同时，伴随着高校与社会发展的关系日益紧密，社会上的一些组织和个人也希望通过捐资等途径介入高等教育，特别是研究与开发能力相对薄弱的企业，它们急需与大学建立合作关系，借助高校的研究推动自身的发展。但这些企业不会盲目地做出选择，大学社会评价为它们提供了选择的参考依据，不仅使企业找到了满意的合作伙伴，而且使学校获得了社会的资金援助，有利于实现两者的共同发展。

三、大学社会评价理念的冲突与协调

政府、高校和社会是高等教育的三大利益主体，各利益主体基于不同的利益诉求而产生理念上的分歧与冲突，主要表现有三：管理理念与教育理念之间的冲突、教育理念与服务理念之间的冲突、服务理念与管理理念之间的冲突。要协调好这三对理念之间的冲突，必须从优化社会环境、重塑大学角色和创新评估制度做起。

（一）大学社会评价理念的冲突

大学社会评价既是由不同利益主体参与的价值选择的过程，也是不同的利益和价值要求争相进入大学社会评价价值系统的过程。在这个过程中，政府、高校、社会等主体各有不同的价值诉求。以政府为代表的管理方，要求通过评价改善自己的决策与管理；以高校为代表的教育方，要求通过评价实现学术和发展的价值目标；以公众为代表的社会方，要求通过评价获取更多的信息服务。在大学社会评价中，价值主体需要的不同，再加上评价资源的相对紧张，造成了大学社会评价理念之间的冲突与矛盾。

1. 管理理念与教育理念之间的冲突

管理意味着对事物和活动的管辖、处理及条理化。[①]在对管理价值的认识不断发展变化的过程中，“效率”和“科学”一直不失为其中最核心的价值理念。教育是一种合目的性的社会活动，教育价值就起源于此。[②]教育价值在本质上表现为尊重和发展人的价值，关注人的需要。大学是一个复杂系统，既是一个行政组织，又是一个学术组织，这就决定了大学社会评价不仅应具有促进政府认识高校、进行教育决策的管理价值，而且应具有帮助高校促进人才培养质量不断提高的教育价值。两种理念在大学社会评价中都有各自存在的意义。但由于两种价值的倡导主体及实现形式不同，二者必然会产生一定冲突。例如，依据系统论的观点，大学教育活动是一个由条件输入、教育过程、结果输出三种主要成分组成的有机系统，大学排行指标体系的设计应是这三种成分的综合，不可偏废，这样才能够全面反映大学教育活动的整体质量。但在实际的评价过程中，由于评价的主要服务对象不同，评价者往往会根据服务对象及其价值需求来制定评价指标。管理价值作为一种结果导向的价值，要求评价主体关注大学办学的最终结果，即重视输出指标；而教育价值作为一种以人为导向的价值，要求大学社会评价重视考察大学对人才培养的人力、物力投入，因而更关注输入指标。

2. 教育理念与服务理念之间的冲突

大学社会评价中教育理念与服务理念的冲突，更多地体现为教育价值与经济服务价值的冲突。为迎接市场经济快速发展带来的挑战，高等教育市场化进程日益加速。活跃在市场中的各个企业，作为重要的社会主体，也被迅速地卷入大学社会评价之中。因此，大学社会评价除了涉及高等教育领域的矛盾，还衍生出了许多新的冲突，如市场伦理、消费文化对大学传统理念的冲击与排挤。大学与市场的主体——企业属于完全不同的两类社会组织，前者的主要目的是研究高深学问、培养高级人才，后者的主要目的是追逐经济利益。大学区别于其他社会组织的根本性质是教育性和学术性，追求的是教育性价值。追溯大学的发展进程可发现，千百年来，大学以学术自由和学术自治为理想，以探求真理、培育英才为目标，这种不为外界左右的文化传承、批判性创造的精神，正是大学的核心理念。但随着社会科技的发展和需求的多样化，大学的经济属性也与日俱增，这使得它

---

① 蔡敏. 美国教育评价的伦理规范建设及其启示[J]. 外国教育研究，2005（6）：15-19.

② 尹晓敏. 利益相关者参与逻辑下的大学治理研究[M]. 杭州：浙江大学出版社，2010：134.

逐渐靠近市场。市场的主体是企业，企业是从事商品生产和经营的经济单位，无疑会要求大学为它们的经济利益服务。因此，在大学社会评价中，这两种理念既有互惠互利的一面，也有互相冲突的一面，突出地表现为教育价值和经济服务价值的冲突。

3. 服务理念与管理理念之间的冲突

对于大学社会评价来说，服务理念是高等教育评价发展的内在要求，在高等教育深化改革的背景下，其合理性与重要性不言而喻。管理理念的实现有助于营造良好的运行环境，便于大学社会评价的操作与实施，也有存在的合理性。然而，这两种价值却存在不一致的地方，与社会提倡的服务理念强调软制约与间接管理相比，政府主体追求的管理理念强调更多的是强制性控制与直接管理。例如，社会舆论作为大学社会评价的重要方式，通过反馈大众的心理、文化与意识诉求，体现大学社会评价的服务价值。但政府将大学社会评价视为重要的管理手段，强调为了一定目的实施强制的控制和限制，使活动对象向着特定方向发展，从而实现一定社会集团的利益，凸显大学社会评价的管理价值。随着大学社会评价实践的不断深入，两种价值的不一致必然逐渐扩大，最终形成矛盾冲突。

需要说明两点：一是在大学社会评价的多元理念中，社会评价以政府与高校之外的社会力量为评价主体，站在社会的立场，以社会的身份评价大学，因此，以满足社会利益需求为主的服务理念占据优势地位，在理念冲突中的力量更为强大；二是相对于政府、高校的评价，由于社会评价主体的构成要素多元，不同社会评价主体之间也会有理念的矛盾与冲突，如学生、家长与用人单位之间就可能存在理念冲突。

（二）大学社会评价理念的协调

由于大学社会评价各利益主体扮演的角色不同，各主体对高等教育既有不同的需求和期望，又有不同的价值追求和评价理念。每一种价值都有它存在的合理性，否认它的合理性就是否认价值主体的合法地位。所以，大学社会评价理念冲突和价值取向矛盾问题的解决不能用一种价值完全取代另一种价值，而必须对多重价值进行有效整合，协调不同评价理念，尽量满足政府、高校、社会三方主体的需求，引导大学社会评价分类发展，从而实现大学社会评价的价值最优化。

1. 优化社会环境

大学社会评价理念的协调对社会环境的要求是合理有序。合理是指符合客观规律，思想、意识、价值取向的应然状态是多元发展，不应强制统一，必须创建宽松的人文环境。有序是指对于不良的价值导向不应放任，而应以教育价值和伦理道德为衡量标准，予以规范。合理有序的社会环境的创建需要做好以下两点：其一，创建宽松的人文环境。宽松的人文环境有利于维护评价者的主体地位，优化其内心环境。针对社会转型中出现的价值多元现象，政府不能用强势手段生硬地将其整合为一，而应创造较为宽松的人文氛围，允许多种理念的兼容并包和充分发展。这一点体现在大学社会评价上就是要求政府注重加大人文关怀，促使评价主体形成独立人格，让它们逐渐形成符合社会期待与个性特质的价值观，摆脱社会转型带来的价值不适。其二，建构伦理规范体系。伦理是正当的行为、行事的规则或标准，尤其是某一专业的正当行为、行事的标准。教育评价的伦理规范，是教育评价人员在评价活动过程中应当遵守的职业行为准则。合理的评价需满足真、美、善三个层面的要求，即评价应真实、客观，富于逻辑与和谐，符合伦理道德的要求。伦理观念自出现之时，就以提升人的思想境界、促进人与社会的协调发展为目的。社会价值取向的调和、功利思想及技术理性的传播无疑都需要伦理的规范。因此，在大学社会评价理念冲突不断加深、社会环境压力不断加大的情况下，伦理规范体系的建构显得十分必要。

2. 重塑大学角色

在大学社会评价中，大学既是评价的对象，又是评价的价值主体，这两种角色的统一度越高，评价结果就越能满足不同利益主体的需求。因此，大学正确的角色意识与角色参与对于解决评价过程中出现的价值冲突至关重要。概括而言，大学的角色定位需明确三方面意识：一是身份意识。大学本质上是一个育人的教学和学术组织，无论其组织形态发生什么变化，都应该坚守育人的目标。二是使命意识。大学还应通过人才培养，承担起改造社会和创新文化的重任。三是能力意识。大学的上述身份和使命促使它积极开展各项活动，在实践中提升自身能力，缩短理想与现实的距离。就本质而言，大学不同于企业及科研院所，它最根本的功能是育人，培养专门人才、促进人的全面发展是大学存在的理由和根本。引导学生与世间万物建立价值关联和意义关系，是它的本体功能，其他一切活动和功能都是这项功能的延伸。为此，在大学的自身功能与扮演的角色日趋多样化的情形下，大学更应反思自身，不忘初心，明确其在当代的价值坚守，在大学社会评价中扮演教育价值的捍卫者。

3. 创新评估制度

随着我国高等教育规模的不断扩大，整个高等教育系统日益复杂化，政府对高等教育评估的传统“管制”已不合时宜，改变传统的僵硬“管制”，并以有效服务取而代之，是包括教育评价在内的我国高等教育管理改革的发展思路。为此，我们必须破除传统管理制度的路径依赖，创新高等教育评估制度。具体而言，创新评估制度应重点从以下三方面展开：一是营造教育性与服务性评价文化氛围。在大学社会评价多元理念的协调过程中，以发展为本的评价文化强调评价对高等教育发展的促进作用。它不仅需要对高等教育的发展现状做出鉴定，更重要的是引导大学去发现问题、探寻价值，关注自身的发展。二是搭建多方参与的利益表达场域。在大学社会评价中，多元主体间必然存在冲突，冲突各方既对立也统一，而这种统一需建立在主体间平等互动的基础上。因此，大学社会评价理念冲突的协调，必须兼顾各主体的共同利益。要想达到此目标，鉴于目前评价机构和被评价的组织、个人之间的信息不对称，急需建立有多方评价主体参与的评价场域。三是完善指标体系。在指标体系设置及权重分布上，应尽量充分考虑多元主体的价值诉求，同时兼顾它们的价值需要。

第二节　大学社会评价主体

一、评价主体基本问题

（一）主体

主体是事物的主要部分，哲学上指对客体有认识和实践能力的人；民法中指享受权利和承担义务的公民或法人；管理学中指在管理活动中，承担和实施管理职能的人或组织，包括各级各类领导者、管理者和各种管理机构。

主体与客体相对成立，是用来说明人的实践活动和认识活动的一对哲学范畴，主体与客体的关系问题是哲学史上的一大理论难题。近代的哲学家大多离开了人类实践，抽象地考察人的认识活动，建立的是主体与客体两极分立的理论。马克思主义哲学超越了近代哲学的主体与客体的二元对立，把认识回归于人的生活实践，揭示了实践的社会交往特征，从而对主体、客体及其关系做了科学的解释，在实践的基础上完成了对主体、客体辩证统一的认识。[①]辩证唯物主义认为，主体是认识活动中具有自主性和能动性的因素，担负着提出实践目的、操纵实践工具、改造实践客体，从而驾驭和控制实践活动的多重任务；客体是主体活动对象的总和，是进入主体活动领域，并同主体发生功能关系，或为主体活动所指向的

① 何海涛. 主体与客体辩证法的演进路径[J]. 哈尔滨师范大学社会科学学报，2014（6）：8-10.

客观事物。自然界本身是没有主体与客体之分的，只有基础的物质能量转换过程与现象。自然界中的一般生物也只是本能地适应自然环境。一旦人类开始了物质生产活动，便将自己从动物界中分化出来，这样就有了人对自然界的认识与改造，就有了人对自身的活动及其相互关系的认识，就有了人的历史性活动。由于人的历史性活动具有双重性，既包括人与自然界之间的物质和能量交换，也包括人与人之间的处理人际关系及社会事务的活动，这种活动就必定是主体对象性的活动，它既依赖于客体，又创造着客体。因此，主体与客体是辩证统一的，统一的基础就是人的社会实践活动。

（二）评价主体

评价主体就是评价活动的实施者，是指那些参与教育评价活动的组织和实施，按照一定的标准对评价客体进行价值判断的个人或团体。[①]评价主体在评价中控制着活动的方向与进程，对确定评价问题、选择评价方法、使用评价结果起决定性作用。

在评价系统中，实际上存在着两个主体：一个是评价主体；另一个是价值主体。两者在逻辑上是不同的，评价主体的对象是评价客体，评价客体就是价值主体与价值客体之间的关系，即价值客体满足价值主体需要的程度。评价主体与价值主体既可能是重合的，也可能是不重合的。例如，大学毕业生作为评价主体，根据自己在学校中的实际所获对自己就读的大学进行评价，这时评价主体与价值主体是一致的。但某一大学排行机构作为评价主体，主要从社会整体发展的角度对某所大学进行排行评价，这时评价主体与价值主体是不一致的。评价主体与价值主体在逻辑上是不同的，价值主体属于评价客体中的一部分。事实上，两者既可能是合二为一、完全重合的，也可能是部分重合的，还可能是完全不重合的。[②]

基于上述分析，我们可以看出：其一，评价是对价值关系的揭示，评价主体不能无视价值主体的存在。因为价值的实质是价值客体满足价值主体需要的一种特殊关系，没有人能比价值主体更清楚其需要什么。当然，价值主体在价值关系中不是以实体的形态存在的，而是以价值主体的需要存在的。其二，价值并不依赖评价而存在，评价并不能制造价值关系。尽管评价是主体以一定标准去衡量、比较、选择事物的价值的过程，但就实质而言，评价的标准是评价主体所把握的、所理解的价值主体的需要。其三，评价主体与价值主体在逻辑上是不同的，但评价主体依赖价值主体而存在。[③]

---

① 蔡敏. 论教育评价的主体多元化[J]. 教育研究与实验，2003（1）：21-25.

② 冯平. 评价论[M]. 北京：东方出版社，1995：36.

③ 陈玉琨. 教育评价学[M]. 北京：人民教育出版社，1999：7.

二、大学社会评价主体的划分

大学社会评价主体的来源广泛，如校友、家长、社会人士、用人单位、慈善机构、社会中介组织、新闻媒体、学会协会等。为研究方便，本书基于理论与现实两方面依据，将大学社会评价主体划分为个体、群体和教育评价中介机构三类。

（一）理论依据

多主体参与评价的理论是大学社会评价三大主体划分的理论依据。多主体参与评价的理论产生于20世纪70年代末，最早提出“多元主体参与”这一概念的是美国的评价学者派特（Patton）。他的主要观点是，应把所有的需要使用评价信息的人员都邀请到评价中，让他们来提出对于评价的要求和看法，以便使得评价的最终结果能够很好地满足使用者的需要。1978年，派特出版了《使用定向评价》（*Utilization-Focused Evaluation*）一书，该书于1986年改版。继派特之后，又有一些西方的评价研究学者提出了不同的多元主体的评价模式。美国的评价学者柏若克（Bryk）在“使用定向评价”这一概念的基础上，又将评价主体范围进行扩大，不但将评价信息的使用者纳入评价主体当中，还将其他与评价有关的人员都吸收到评价主体当中。这就是20世纪80年代在美国流行的“相关人员为本的评价”（stakeholder-based evaluation）。[①]进入20世纪90年代之后，随着西方教育评价的飞速发展，多主体参与评价的理论得到了更广泛的推广和运用。在我国，随着市场经济体制的建立和社会力量的蓬勃发展，学生、家长、用人单位、社会舆论、教育评价中介机构等都参与到大学社会评价中来。不同的评价主体对大学质量的理解各不相同，对大学评价的看法也各不一样。为调动各方主体参与大学社会评价的积极性，需要兼顾到学生、家长、用人单位、媒体等多元主体的需要。

组织学将庞大的社会系统划分为个体和群体的观点，也是大学社会评价三大主体划分的理论依据。个体又称个人，在哲学上指处在一定社会关系中，在社会地位、能力、作用上有区别的有生命的个人。群体则指一定数量的个人通过一定的社会关系而结合起来的集合体。小至二人以上组成的家庭，大至民族、阶级，都是群体。个体与群体相互依存、相互联系。每个人都以个体的形式存在，同时又是某个群体中的一员。群体是由个体组成的，没有个体就没有群体；而个体又不能脱离群体而存在，要受到群体的制约。任何个体都存在于社会之中，存在于

① 章建石. 创建规范的教育评估体系——我国高等教育评估工作 20 年回顾之二[N]. 科学时报，2007-06-12.

人与人的相互关系之中，个体之间必然以各种社会关系为纽带，组成各种不同的群体。同一群体中的个体之间具有若干共同点，或进行着某种共同的活动，或有着某种共同的利益和要求，或受着某种共同的组织形式的约束。

本书将大学社会评价的主体划分为个体和群体。个体主要指实施评价的独立个人，如学生、家长；群体则是指实施大学评价的各种团队或组织，如用人单位和新闻媒体。在群体当中，因为教育评价中介机构在大学社会评价中的特殊地位和作用，所以我们又把教育评价中介机构从群体中单独划分开来。因此，本书中的群体是指除专业性的教育评价中介机构之外的其他社会团体，如企业用人部门、社区、家庭、新闻媒体等。

（二）现实依据

改革开放以来，随着我国高等教育的蓬勃发展，接受高等教育的人越来越多，接受高等教育从过去少数精英的专享成为今天众多社会民众享有的普遍权利，利益相关者群体不断扩大。与此同时，现代社会的发展对高等教育有更加迫切的需求，大学在经济社会发展中的作用日益凸显，正从社会边缘不断走向社会中心，与社会生活发生更为紧密的联系，其质量和水平为越来越多的人所关注和重视。此外，随着经济体制的转轨和政府治理的开明，社会力量在我国日益发展壮大，大学的社会评价活动日益活跃，参与大学评价的社会主体日益多样化。这些社会评价主体广泛包括学生、家长、校友、用人单位、慈善机构、新闻媒体、行业协会、教育评价中介机构等。它们可能具有一定的权威性，也可能并无多少权威性；可能是民间的，也可能是半官方半民间的；等等。尽管这些社会评价主体的具体呈现形式千差万别，但都可以被划归到个体、群体和教育评价中介机构这三个类别中去。

学生、家长、校友、捐赠人等独立的个人对大学的评价是个体的社会评价。在社会评价活动中，个体选择评价活动多与个人需求相关。对于家长来说，大学为其子女提供教育，并颁发文凭，这是其子女在社会上立足的基础，对于他们今后的经济收入、社会地位和事业发展等都有着相当重要的影响。特别是在实行高等教育成本分摊制后，家长为其子女接受教育承担了学费和其他的相关费用，他们当然希望物有所值，因而，家长关注和评价大学质量成为必然。对于学生来说，他们会注重自己的亲身体验和感受，会依据大学提供给他们的学习服务、学术支持、学习资源、学习环境、学生服务、个人发展等对大学进行评价。据欧阳河等对湖南省 34 所院校的一项调查，毕业生对大学的总体满意度平均值为 3.76 分，相当于百分制的 75.2 分。其中，毕业生对个人发展、课程与教学、信息资源服务的满意度相对较高；对入学和就业、生活和环境、咨询和建议的服务较不满意；

最不满意的项目有“学校的餐饮和卫生环境”“学校医疗条件和服务”“校方经常收集我对教育质量的意见”“学生会代表了学生的利益”等。[①]

群体的社会评价广泛包括用人单位、新闻媒体、行业协会、慈善组织等的评价，是除专业性的教育评价中介机构之外的其他社会群体和组织的评价，它们也是高等教育的直接或间接的利益相关者，也会基于自身利益需要参与到对大学的评价中去。例如，从用人单位的角度来看，毕业生在用人单位的综合表现，包括知识、理解力、心理素质、工作态度、基本能力、组织协调能力、实践能力和创新能力等，则在很大程度上反映了毕业高校的教育质量和办学水平。目前这方面的评价较多，据人力资源和社会保障部就业促进司对全国 40 个城市 5050 家用人单位所做的一项调查，按用人单位对毕业生能力与条件的重要性排序，用人单位聘用高校毕业生最注重的内在素质排名前三位的依次是专业知识、技能水平和动手能力、学习能力与创新精神，分别占 33%、26.5%、24.4%；最注重的外在条件依次是所学专业、学历水平和毕业院校，分别占 51.4%、34.2%、25.3%。[②]

随着政府职能的转变和学校办学自主权的逐步扩大，一些专业性的教育评价中介机构在我国陆续出现，并在大学评价中的表现越来越活跃。目前，国内具有这种性质的机构主要有两类。第一类是半官方性质的评价机构，此类评价机构又可细分为两类：一类依托于原有教育行政部门而建立，享受政府的拨款和资助，它们的评价业务主要来自政府的委托，评价活动所形成的质量报告直接服务于政府的教育决策，代表机构有教育部高等教育教学评价中心，主要从事本专科层次教育评估及专业认证；教育部学位与研究生教育发展中心，主要从事学位与研究生教育方面的评价；上海市教育评估院，是上海市教育委员会直属事业单位，前身是 1996 年成立的“上海高等教育评估事务所”，具有独立法人资格，在接受政府委托的前提下，独立开展教育评价和认证活动。此外，江苏省教育评估院、重庆市教育评估院等都属于此类机构。另一类是挂靠于教育科研机构或者高校而设立的机构，如 1999 年成立的辽宁省教育评价事务所，它隶属于辽宁省教育研究院，主要职能是开展高等教育专项评价工作，以及评价指标体系的制定与实施工作；2000 年由云南省教育厅正式批准成立的云南高等教育评估事务所，挂靠于云南大学，在云南省工商行政管理局注册认定，具有独立企业法人地位，具有专业教育评价资质，进行专业高等教育评价及信息咨询服务。在我国特殊的国情背景下，半官方性质的评价机构成为承担第三方教育评价任务的重要力量。

---

① 欧阳河，等. 学生评价高等教育服务质量实证研究——以湖南高校 2008 届毕业生满意度调查为例[J]. 现代大学教育，2008（6）：30-37.

② 人力资源和社会保障部就业促进司. 用人单位对高校毕业生需求与满意度调查[J]. 中国就业，2011（1）：15-16.

第二类是纯民间性质的评价机构。随着我国改革开放向纵深发展，政府对高等教育的干预开始逐渐放缓，最初的集权管理慢慢转向了宏观监控，为纯民间性质的教育评价机构的发展提供了契机。纯民间性质的教育评价机构实现了多方位的“自给自足”，从机构组建到人员配备，再到项目的选择及经费的筹集等都是依靠自身实力，是真正意义上的“第三方评价机构”。目前，我国纯民间性质的评价机构可分为三类：一是以大学排行研究为主的机构，如广东管理科学研究院、网大、中国校友会网等；二是由民政部门批准成立的机构，典型代表是江西省高等教育评估所，该评估所于2002年经江西省教育厅批准，由江西省民政厅登记成立，属于民办非企业单位，运营的全部费用都来源于教育评价业务收费，工作人员主要是在江西省教育厅高教处的领导下，由各高校推荐具有丰富管理经验和一定教育评价理论知识及实践能力的专家组成，主要业务是对高等学校的学科设置、办学水平以及其他事项进行评价；三是工商部门批准成立的民营公司，如麦可思数据有限公司（以下简称麦可思公司），该公司是第三方教育数据咨询和评价机构，通过运用相关数据信息对高校的教育质量进行测评，为高校改进教育质量提供客观的数据报告，属于高校健康发展诊断和咨询服务的专业化的数据管理公司。

三、大学社会评价主体的构成

大学社会评价的主体是除政府和高校外的社会力量。按评价的规范性来看，大学社会评价可以分为个体的社会评价、群体的社会评价以及教育评价中介机构的评价。

（一）个体的社会评价

个体的社会评价是一种普遍的个人评价，是作为社会成员的个人普遍地参与对高校的评价，是个别的、分散的高校社会评价。个体对大学的社会评价是一个较为特殊的存在，在大学社会评价作为专有概念出现之前，社会各界人士对于大学教育的零星看法、观点，都可以被归纳为个体的社会评价。只是由于个体评价的随意、分散和无序，理论界对它缺乏应有的关注和重视，没有将其纳入规范的研究视野中来而成为专门的研究对象。随着社会评价活动的日益活跃，社会评价主体多元趋势的日益显现，利益相关者对高等教育质量的关注和重视也越来越迫切，包括学生、家长、校友、社会捐赠人等在内的社会个体参与大学评价活动越来越积极，再加上评价理论的发展，个体作为社会评价的主体也越来越受到重视，开始被纳入大学社会评价的理论研究中来。与群体和教育评价中介机构的社会评价相比，个体的社会评价的特点如下。

第一，零散性。相对于群体而言，个体是一个独立的存在。个体的社会评价是一种普遍的个人评价，是个别的、分散的大学社会评价。无论是学生、家长还是校友、捐赠人等，他们对大学的评价大多是根据自身的体验和感受，根据自身的立场和价值观对高等教育做出价值判断。他们对大学的评价大多是不成系统的零散表达，没有严格规定的评价标准和明确规范的评价过程，是社会评价中最为随意的一种评价形式。例如，家长对大学的评价，主要通过自己孩子、其他家长、学校网站等途径获得相关信息，这些信息可能是笼统的和肤浅的。根据这些信息对学校质量和水平做出的评判也只能是很好、较好、不好等笼统评价，这些评判零散而不成系统，甚至可能是不准确的。

第二，主观性。相对于群体和教育评价中介机构的社会评价，个体的社会评价主要基于个人的利益诉求，出自个人的主观感受和体验，带有较浓厚的个人色彩，主要是一种主观的评判。例如，学生对一所大学是否满意，主要基于个人的主观体验，根据大学提供给他们的学习服务、学术支持、学习资源、学习环境、个人发展等进行评价。再如，家长对大学的评判，主要基于利益诉求，关心的是自己的子女通过接受高等教育，今后在经济收入、社会地位和事业发展上的收效，看重的是教育投资的回报。个体活动的显著特征是进行个人的选择，而个人选择的目的在于追求个人利益的最大化。个人和家庭在选择高等教育时常常带有非常强烈的功利主义倾向，这也会使他们对大学的评价带有较大的主观色彩和非理性成分。

第三，基础性。虽然个体的社会评价的主体可以是社会上的任何个体，评价标准的主观性和随意性较强，评价方式和评价过程也没有严格规定和要求，专业性不强，零散而不成系统，但这并不表示个体的社会评价在高等教育质量保障中的作用不重要。实际上，个体的社会评价是社会评价的最初意见表达，是大学社会评价的最基本的信息来源，是群体和教育评价中介机构的社会评价的基础，在整个大学社会评价中发挥着重要的作用。随着高等教育与社会的关系日益密切，教育管理与质量保障越来越依赖社会公众的普遍参与，个体的社会评价通过广泛动员社会公众力量参与到大学监督与质量保障中来，是大学社会评价的基本支撑和重要信息来源。

（二）群体的社会评价

群体是相对于个体而言的，但不是任何几个人的集合就能构成群体。陈新汉认为，人群集合在一起成为社会群体一般需要三个要素：一是共同活动；二是相互作用；三是时间的持续。[①]本书所指的群体，是指除专业性的教育评价中介机构之外的其他社会群体和组织，如用人单位、新闻媒体、行业协会、慈善组织等，它们对大学的评价属于群体的社会评价。这些群体组织都是高等教育的直接或间接的利益相关者，也都会基于自身利益需要参与到大学的社会评价中去。例如，用人单位是大学教育成果的消费者和质量的鉴定者，它们通过聘用或不聘用大学毕业生的方式，或者通过用人单位满意度调查，表达自己关于大学质量和水平的看法，参与对大学的评价。新闻媒体作为信息发布与传播的平台，由于拥有话语权，在社会评价方面具有天然的优势地位。新闻媒体对大学的评价，一般都是在其自有的发布平台上实现的，如电视、广播、报纸、期刊和网络等。与个体的社会评价相比，群体的社会评价的主要特点如下。

第一，交互性。群体是由个人组成的人群聚合体，不同的人对同一现象可能有完全不一样的认识和看法，这就是通常所说的社会评价中的“公说公有理，婆说婆有理，公婆均有理”现象。个别人的意见要成为群体的共同意见，就离不开群体内部的对话沟通和交互活动。在大学社会评价中，无论是用人单位对大学的评价，还是新闻媒体的舆论，都会有意见沟通和互动交流的过程。例如，传统新闻媒体在大学质量监督中扮演着非常重要的角色，是高等教育新闻信息和社会意见的“集散地”和“中转站”，而交流与传播是实现这一点的基本条件。现代网络的互动性更明显。基于现代信息技术的便捷条件，互联网能够使某一高等教育质量问题或事件迅速传播，引发网民的广泛参与和互动，在短时间内迅速汇聚成强大的舆论力量，推动高等教育质量发展。

第二，集合性。集合性是群体存在和发展的现实基础，也是其基本功能之一。群体为实现自身利益的最大化，必须集中一定的人员、物资、资金和信息，特别是要集合群体成员的思想观点，所谓“人心齐，泰山移”，就是这个道理。群体越大，集合性就越大。群体的社会评价本身就是群体集合性的集中体现。在大学社会评价中，无论是用人单位的满意度调查，还是新闻媒体的社会舆论表达，当它以群体或组织面目出现时，表达的是相对一致的看法，发出的是同一种声音，代表的是具体用人单位或特定新闻媒体中多数人的意见和看法，体现了群体的社会评价的集合性特征。群体有共同关注的对象，有基本一致的利益诉求，以及相似的行事风格和行为模式，这些是群体的社会评价集合性的基础。

第三，导向性。群体的社会评价与群体利益相关，反映群体的主流意志，体现群体的好恶态度和价值取向，无论是用人单位的评价，还是新闻媒体的评论，都具有明确的导向性特点。例如，传统媒介代表主流媒体发声，以正面宣传为主，

① 陈新汉. 论社会评价活动中的主体[J]. 学术月刊，1997（7）：3-9.

引导高等教育质量舆论的社会走向。特别是党报、党刊等纸质媒体是我国舆论监督的原始阵地，还有许多电视舆论监督栏目，如《焦点访谈》《今日说法》等也产生了深远和广泛的影响，具有强烈的正面导向功能。又如，用人单位参与社会评价的直接动力来源是毕业生创造价值的潜力，也主要通过毕业生在工作岗位上的表现情况形成对大学办学质量的评价，并通过用人单位对大学毕业生的聘用与否，表达自己对大学的质量看法，影响着大学的办学思想和方向，引导着大学人才培养的走向。

（三）教育评价中介机构的社会评价

教育评价中介机构是一种介于政府、社会和学校之间的具有独立地位的法人实体。它通过接受业务委托，对学校的办学能力和教育质量进行价值判断，并以评估结果影响委托人的决策。专业机构的评价是大学社会评价中最为规范、最为成熟的一种评价形式，其评价主体一般都是社会上专业的、权威的评价组织，评价过程规范，评价标准专业，评价结果也更具科学性和权威性。教育评价中介机构是教育评价领域的多元主体之一，具有区别于政府及学校评价的特定功能，也与社会评价中的个体和群体不同，它们是能够评价教育质量、提供咨询服务、开展科学研究、履行监督职能的专业化评价机构，其独立性、中介性、专业性、公正性更为明显和突出。

第一，独立性。独立性是教育评价中介机构的重要特征。教育评价中介机构具有第三方的特点，其评价有别于政府评价和大学自我评价。独立性是第三方评价区别于第一方评价和第二方评价的意义所在。教育评价中介机构是独立的评价实体，既不隶属于政府部门或社会利益团体和个人，也不受某个或某几个高校的控制，在评价活动过程中恪守中间立场，不受相关联的任何一方的控制，也不偏袒任何一方的利益。独立性要求教育评价中介机构具有独立的行为能力，对给出的评价结果负直接责任，还需要有独立财产、独立的评价队伍，能够独立开展评价活动并具有管理上的自治权。

第二，中介性。教育评价中介机构是以协调政府、学校和社会之间的矛盾，并作为其联系的桥梁和纽带出现的。教育评价中介机构的中介性特点，要求评价机构进行教育评价活动时，既要注重学生的发展需求，又要兼顾学校的发展需要；既要体现学校的教育特点，又要反映学校外部的社会需要。中介性是教育评价中介机构存在的基础，是维系政府、市场主体、学校和社会团体之间关系的枢纽。

第三，专业性。专业性是教育评价中介机构具有公信力的主要来源。教育评价的性质和任务决定了评价活动具有很强的专业性，并要求有相关的技术支撑，教育评价专业人员应具备教育学、管理学和评价学等专门知识，熟悉和了解评价对象和评价活动过程，对教育规律和评价理论有深刻理解，熟练掌握教育统计、测量等专业技术手段等。总之，与一般个体和群体的社会评价不同，教育评价中介机构的社会评价属于专业评价，其专业标准、职业规范、操作流程等都有专门的要求。

第四，公正性。在高等教育评价过程中，教育评价中介机构必须恪守中间人的立场，不受他人和个人偏见的影响，不为其他任何机构和利益团队所左右，不偏袒任何一方，评价结果能够最大限度地得到社会认可和信任。公正性会影响评价结果的可信度，只有公正而准确的评价结果才能为委托人做出决策提供可以依赖的参考。因而，评价机构人员要坚守中立价值观，本着公开、透明、实事求是的原则，在评价活动中的每一环节力求做到客观公正，努力提高评价的有效性，树立第三方教育评价中介机构的信用“品牌”。

第三节　大学社会评价标准

评价是指对被评价对象做出价值判断，判断的依据则是评价的标准和尺度。评价标准是评价活动得以有效开展的基本依据，确立评价的标准和尺度是开展教育评价的核心问题，也是评价成败的关键所在。

一、评价标准基本问题

（一）评价标准的内涵

一般而言，标准就是衡量事物的准则，评价涉及价值判断，评价标准就是衡量事物价值高低的准则。从哲学层面来看，评价标准是价值主体需要的观念反映。陈新汉认为，主体用反映到主体意识中的主体需要，即利益来衡量客体属性对于主体所具有的意义，利益作为衡量客体是否具有意义的标准，是对主体需要的反映。因此，在社会评价中，社会群体需要作为价值标准是社会群体需要作为评价活动出发点的根据。被社会群体主体意识到了的社会群体需要，也就成了社会评价活动的评价标准。[①]

① 陈新汉. 社会评价论——社会群体为主体的评价活动思考[M]. 上海：上海社会科学院出版社，1997：117.

哲学层面的表达比较抽象，在具体的教育评价实践活动中，评价标准与评价的指标体系及其具体评定标准相关。吴钢和许钧伟认为，教育评价标准的要素有两个：一是指标体系；二是评定标准。指标体系是指教育活动数量和质量要求的具体评价内容的集合，主要是根据教育目标、评价对象和条件以及人们的愿望、需要和意图、现有相关的各种规章制度和科学理论等来考虑的评价内容的集合。评定标准是指规定相应的指标，指评价对象只有达到什么程度才可获得相应的分数、等级或评语。[①]陈玉琨认为，对评价标准这个概念可以有两种认识：其一指事物质变的临界点，即事物质变过程中量的规定性。通俗地说，它是指“要求、优良或完成的程度或水平”。因此，评价标准是指达到什么程度才是合乎要求的，或者能够被称得上是优良的。其二为标准物，即测量的量表、尺度。[②]

综上所述，我们认为，评价标准就是衡量事物价值高低的准则，此准则内含了质和量两个方面的规定性。从质的方面来看，它是指评什么，不评什么；从量的方面来看，它涉及事物价值的高低程度。社会对大学进行评价的标准，根据不同的评价主体，会有不同的解释，甚至于同一个评价主体，在不同的条件背景下对同一问题也会有不同的评价标准。但总体来看，大学社会评价标准就是社会力量对大学及其活动进行价值判断时，从哪些方面去衡量价值，以及衡量这种价值高低的尺度。

（二）评价标准的作用

评价是评价者以一定的标准衡量评价对象意义的活动，相对于评价活动而言，评价标准具有逻辑上的先在性，是制约评价的直接因素。评价标准作为应用于评价对象的价值尺度，具有导向、规范和发展等功能。

第一，导向功能。评价标准是人们在评价活动中应用于对象的价值及尺度，是评价活动遵循的准则，规定了评价的重点关注方向、内容和程度。它所确定的价值大小及优良程度，是事物质变过程中量的规定性，是评价活动方案的核心部分，反映着人们关于教育质量的价值认识。它表明人们重视什么、忽视什么，在评价活动中发挥着“指挥棒”的导向功能，具有引导整个评价活动向何处努力的作用。

第二，规范功能。标准本身具有规范的特质，评价标准是应用于评价对象的价值尺度，是评价活动所遵循的价值准则，直接规定和影响着评价的性质和质量，是评价活动赖以进行的逻辑前提。教育评价标准的规范功能是指，评价教育活动

---

① 吴钢，许钧伟. 现代教育评价基础[M]. 上海：学林出版社，2004：33.

② 陈玉琨. 教育评价学[M]. 北京：人民教育出版社，2006：43-44.

价值的大小不能凭借评价主体的主观印象和个人情感来判断，必须要有一个统一的尺度，使教育评价工作有所遵循。教育评价标准就是进行教育评价的统一尺度。有了这一标准，人们才能在价值取向上达到一致，进而对一定的教育现象进行科学的价值判断。

第三，发展功能。评价活动不仅具有对评价对象的现有价值进行价值判断的功能，还具有发现和创造价值、推进价值发展的作用。教育是一种培养人的活动，教育评价不仅应对教育价值进行判断，还应推动学校进步，促进人的全面发展，实现教育价值的增值，这是教育评价区别于其他评价的关键所在。大学社会评价本质上也是教育评价活动，社会评价标准以社会的发展和人的发展为尺度，坚持社会进步和人的发展相统一的原则，具有引导高等学校健康发展和人的全面成长的理性价值。

二、高等教育质量观的发展

大学社会评价的核心问题是教育价值，它与质量问题密切相关，高等教育质量观是大学社会评价标准的重要理论基础。高等教育质量观就是人们在特定社会历史条件下的高等教育价值选择，是对高等教育质量高低、优劣的系统看法，包括如何看待高等教育价值、怎样设置高等教育目标、高等教育的过程评价以及高等教育的内容、方法、手段等方面。[①]在我国，高等教育质量观的发展大致经历了符合规定、满足需求和追求发展三个阶段。[②]

（一）符合规定的教育质量观

符合规定的教育质量观主要存在于20世纪90年代以前，也被称为“合格质量观”。其主要观点是：质量标准是有固定规格和统一要求的，它们由国家或行业制定，是行业内相关部门的基本遵循，为大家共同遵守。如果产品符合国家或行业颁布的技术标准，达到规定的要求，就是合格产品，否则就是不合格产品。就教育而言，国家、学术团体或利益团体为教育制定出某种标准，学校以此为参照，进行人才培养、科学研究和社会服务等工作，这个固定规格或尺度就是质量活动的基本遵循，也是质量管理的准则，如果教育提供的产品和服务能够达到所规定的标准，那么这种教育就是有质量的教育。

符合规定的质量观是基于生产者角度的质量观，强调的是“以产定销”，即

① 吴剑平. 论科学发展观下的高等教育质量观[J]. 清华大学教育研究，2011（4）：28-33.

② 胡弼成. 高等教育质量观的演进[J]. 教育研究，2006（11）：24-29.

企业在编制销售计划时，先确定生产指标，然后根据生产指标编制销售计划的产销模式。不难发现，“以产定销”的生产模式与精英阶段高等教育的人才输出模式极为相似。在精英化教育时代，高等教育规模小，办学主体和办学形式单一，强调单一的学术标准，重在培养社会精英，政府和高校作为人才生产的一方，主要秉持学术质量观与合规定性质量观，为高等教育制定了一系列标准作为高等教育机构人才培养的参照。在这种培养模式下，政府和高校作为生产者，掌握着高等教育质量的话语权，奉行单一的学术质量标准，重视人才培养的学术质量规格，大学生被视为高校的产品，在供给稀缺的情况下，大学毕业生是“皇帝的女儿不愁嫁”。

（二）满足需求的教育质量观

从 20 世纪 90 年代开始，随着高等教育规模的迅速扩张，求学人数的急剧增加，高校从社会边缘逐步走向社会中心，社会对高等教育的需求日益多元，高校的层次类型也更加多样，传统单一的学术质量标准和基于生产者角度的质量思想已经不能满足社会对高等教育的多元化需要了，社会对不同人才的需求增加，人才观也发生了根本改变，全新的以满足多元需求为主的质量观开始出现。就高等教育而言，它与多个利益主体密切相关，满足不同主体的需要是高等教育的功能，高等教育质量标准、评价主体和价值取向等逐渐走向多元。例如，政府以政治价值为首要选择，要求高等教育“忠诚”于国家主体的政治需求；高校强调用学术水平的高低来衡量高等教育的质量，重视的是学校自身的发展力；市场的价值诉求是高等教育对社会的贡献力，是其投入的成本能否带来最大的产出或效益；大学生及其家长则十分看重大学教育给予学生知识、能力和素质训练的程度，以及在未来职业市场上的竞争潜力。

满足需求的多元质量观是大众化阶段的高等教育质量观，强调“以销定产”“按需定产”，即按照市场需要组织生产。它一方面要求对商品数量、品种、花色、规格、质量、包装等按照市场需要来生产，另一方面还要统筹安排，使生产能适应市场需要的发展变化。①进入大众化教育阶段后，高校入学人数激增，办学主体和办学形式多样，而知识经济的发展需要高质量人才，并对高等教育质量提出了更为多样化的要求。高校受教育市场供求关系变化的影响，高等教育质量标准逐渐从由政府和高校等内部力量直接决定，演化为由形形色色的外部消费者的需求决定。虽然视人才为高等教育产品的价值取向并未被完全颠覆，但市场逐渐赢得了质量话语权。

---

① 贾佳，彭拥军. 高等教育质量观演进的逻辑[J]. 江苏高教，2016（2）：35-39.

（三）追求发展的教育质量观

无论是符合规定还是满足需求，其都注重外在的因素，强调教育外在于人的价值。但教育是一种培养人的活动，有其内在价值追求，实现人的发展是教育永恒不变的初心和使命。近些年来，随着党和国家对立德树人这一教育根本宗旨的强调和重视，加上人们对教育本质和质量特性认识的深入，追求发展的质量观越来越成为教育界的共识。追求发展的质量观既重视教育对社会发展的作用，也重视教育自身发展的需要，并集中体现在对人的发展的关注和重视上，强调全面发展、个性发展、所有人的发展、创新发展等。追求教育自身价值的增值，推进文明进步，引领社会发展，注重教育的内在育人功能，实现教育更大的价值。在上述方面的增值幅度越大，教育质量也就越高。

追求发展的质量观是普及化时代的高等教育质量观，接受普及化时代的高等教育是每个人的基本权利，每个人都有发展的需要，也都具有发展的可能，教育增值首先就是要满足每个人的发展需要。普及化时代追求发展的质量观强调教育不仅要适应社会的多元需要，还要善于超越单纯的适应阶段，发挥创造性和革新的作用，批评、引导和改造未来社会。在我国高等教育由大众化向普及化的转型过程中，尽管高等教育还需要“符合规定”“满足需求”，但更需要打破固有“产品”观念的禁锢，从新的角度认识高等教育产品和高等教育质量。

三、大学社会评价标准的确立

大学社会评价标准不是自然天成的东西，是人在社会评价实践活动中对纷繁的高等教育现象加以反思后设定的，是社会意识、观念性的东西。人们的评价标准是同人们自己的社会存在的事实、社会的事实、历史的事实相联系的，是这些事实在他们意识中的反映。[①]大学社会评价主体的多元性、目标的多样性决定了评价标准的复杂性和差异性。以下主要根据大学社会评价的特性，从标准确立的宗旨、内容和方法三方面，提出对大学社会评价标准确立原则的思考。

（一）满足社会需求与追求人的发展的兼顾

从哲学上讲，标准是客观事物具有何种意义的一种参照物。从技术意义上讲，标准就是一种以文件形式发布的统一协定，其中包含可以用来为某一范围内的活动及其结果制定规则、导则或特性定义的技术规范或者其他精确准则，其目的是

① 李德顺. 价值论[M]. 北京：中国人民大学出版社，2007：237.

确保材料、产品、过程和服务能够符合需要。大学社会评价的标准具有技术层面的标准特性，但其确立却受哲学层面的思想观念的影响和制约。

前面已言，大学社会评价是从社会角度对大学的评价，以满足社会需求为主要目的，如评议反映了家长及校友的需要、排行满足了对社会信息知晓的需要等。但教育是培养人的活动，任何教育评价如果离开了人才培养这个核心，也就背离了教育评价的基本宗旨，大学社会评价也概莫能外。因此，在大学社会评价中，如何体现出人才培养这一核心，在整体的评价标准的建构中如何反映这样的观念，是大学社会评价必须始终牢牢把握的。

在实际评价过程中，可能会有错位现象的发生，即人们常常会把评价主体误当成价值主体，以评价主体需要替代价值主体需要。评价是价值判断过程，是评价者对价值客体满足价值主体需要程度的评判。在大学社会评价中，评价者只是基于自身作为社会的一员，追求大学对社会需要的满足程度，只是从社会角度来评价大学，就是这种错位的具体表现。在大学社会评价中，无论是作为评价的个人或是群体和组织，都应该明确自身作为评价者的角色定位，准确把握教育价值主体的需要。这个教育价值主体既可能是社会，也可能是政府和高校，还可能是学生和家长。只有明确了自己作为评价主体的角色定位，协调不同教育价值主体之间的矛盾，合理确立评价标准，科学地评价大学教育，揭示大学教育价值和功能，方能引导大学教育的健康发展。总体而言，教育的价值就是社会需要和人的发展需要的满足，大学社会评价标准的确定，也一定要以社会需要和人的发展需要为基本依据。但目前我国大学社会评价在这方面做得还不够，现行的大学排行之所以还不能为社会普遍接受，缺乏公信力，原因固然是多方面的，但只是强调社会需要的满足，忽视教育的育人功能，缺乏对教育价值的全面关照，恐怕也是原因之一。

（二）多元标准与一元要求的统一

评价标准通常是多种多样的，是多种标准、规范、规则、要求的集合，是一个丰富的标准体系。标准的制定和类型，按适用范围划分有国际标准、区域标准、国家标准、专业标准、地方标准、企业标准；按内容划分有基础标准、产品标准、辅助产品标准、原材料标准、方法标准；按成熟程度划分有法定标准、推荐标准、试行标准、标准草案；等等。正是这些丰富多彩的评价标准体系，对人们的价值认知、价值评价、价值选择及价值创造等活动发挥着重要的导向作用。

大学社会评价标准的多元性首先取决于价值主体需要的多样性、发展性和复杂性。高等教育的价值主体是多元的，包括国家、社会机构、企业及市场、家庭、高等教育机构、教育者和受教育者等。不同利益主体的价值取向是不同的，体现在质量标准上就会形成不同的质量观。评价标准的多样性还由大学培养目标、规格和任务的多样性决定。高等教育是一个生态系统，生态系统的普遍特性是多样性。由于不同类型、不同层次、不同办学形式的大学具有不同的培养目标、规格和任务，大学社会评价标准的确立需要针对不同类型和层次的高等院校，制定不同的质量标准和评价指标体系，而不能也不该用同一标准去衡量所有的大学。此外，大学社会评价标准是一个动态发展的过程，既要与教育发展的新形势相适应，又要满足社会公众对高等教育不断更新的需求。因此，大学社会评价标准的研究者和制定者，必须全面、系统、发展性地对待大学社会评价标准的制定，不仅要考虑高等教育本身的发展，还要与社会政治、经济等各方面的发展协调一致。

评价标准既是多元的、相对的，又是一元的、绝对的，是多元性与一元性的统一。承认评价标准是多元的，并不是说评价没有一个稳定的、确定的标准，也不是否定评价标准的一元性。评价标准的一元性是指评价标准的单一性、确定性，即在一定历史时期内，面对同一评价客体，在同一条件下，同一评价主体的评价标准是稳定的。这主要是取决于在一定时期、一定条件下，面对同一价值客体时，某一具体价值主体的需要是确定的，而且在任何一所高校内，都有一个集中统一的、处于中心地位的价值的存在。众所周知，高校以培养人才为己任，培养人才是高校三大基本职能中的首要职能，任何一所高校都必须树立以学生为中心、最大限度地满足学生群体需要的观念。价值主体需要的确定性、同一性使评价标准具有了一元性的特征。

（三）定性分析与定量分析的结合

定性分析是指用语言描述的形式以及哲学思辨、逻辑分析来揭示被评价对象特征的分析方法。定量分析是指用数值的形式以及数学、统计方法来反映被评价对象特征的分析方法。在确立评价标准时，定性分析与定量分析都是人们常用的方法，但在具体实施过程中，人们常常顾此失彼或者厚此薄彼。一些人认为，教育的诸多要素，如教育质量，包含许多内在的东西，而这些内在的东西是难以量化的；另一些人则认为，如果缺少量化的支撑，判断的结论则是缺少依据或者是失真的。这两种观点都有失偏颇。我们知道，任何事物都是质和量的统一体，评价作为价值判断过程，内在地需要从质与量两个方面进行价值判断，评价标准的确立也需要定性分析与定量分析的结合。

应该说，定性分析和定量分析这两种方法各有所长，两者是优势互补的。在确立教育评价标准时，评价者应当选择最适当的方法，特别需要注意两点：第一，要围绕评价目的来考虑采用何种方法确立和分析评价标准。如果评价目的主要是帮助被评价者改进工作，那么定性分析的方法优于定量分析的方法；如果评价目的是用于比较、评比，那么定量分析的方法优于定性分析的方法。第二，评价标准的特性是在选择何种分析方法时应当考虑的重要因素。经验表明，如果评价标准是内隐的，如品德分析，则定性分析比定量分析更有价值；如果评价标准是外显的、可测的，如考试成绩，则定量分析比定性分析更有效果。因此，评价者应当根据具体评价对象来做出选择，并尽可能结合使用两种方法，从质和量两个层面确立评价标准，在此基础上做出符合实际的综合判断。①实际上，定性分析和定量分析并不能截然分开。一方面，定量分析是定性分析的基础，由于定量分析的精确性，定性分析的判断才能更加准确，正是量的差异，才在一定程度上导致了质的不同；另一方面，由于定量分析的结果比较简洁、抽象，难以具体反映事物的差异，它通常还要借助于定性分析来说明其具体含义。在当前的大学社会评价中，尤其是教育评价中介机构的专业评价中存在一种偏向，即片面强调量化评价的价值，这在大学排行中体现得尤为明显。定量分析的方法具有精确性、严谨性、可操作性强等特点，但高等教育活动受内外部诸多因素的影响，是一个十分复杂的过程，仅靠定量分析不能准确刻画大量存在的不可量化的客观事实。因此，大学社会评价标准的确立应将定量分析与定性分析结合起来，使其优势互补，各取所长。

① 袁振国. 教育评价与测量[M]. 北京：教育科学出版社，2002：192.

第三章

大学社会评价的体系建构

体系是指由若干有关事物相互联系的系统构成的一个有特定功能的有机整体，如工业体系、思想体系、作战体系等。大学社会评价是由多方面因素共同组成的一个系统，只有当各因素组合有序时，大学社会评价才会发挥其应有的功能和作用，从而行使其职能。本章主要从为何建、建什么和怎么建三个维度来具体分析大学社会评价的体系建构。

第一节 体系建构的必要性与可行性

随着我国高等教育事业的蓬勃发展以及社会对大学关注度的提升，大学社会评价的种类繁多，形式多样，包括街谈巷议、媒体舆论、社会声誉、满意度调查、第三方质量报告、排行排名、合格评估、审核评估等，在大学评价活动中表现十分活跃，已然成为高等教育评价领域一道独特的风景线。但总体来看，当前的大学社会评价零散而不成系统，有时甚至相互矛盾。从系统论角度来看，系统是实现功能最大化的组织保障，大学社会评价系统的建构既必要又可能。

一、体系建构的必要性

建立起系统有序的大学社会评价体系是教育体制改革的需要，是完善大学评价、提升教育质量的需要，不仅十分必要而且迫在眉睫。

（一）顺应教育体制改革的需要

长期以来，我国高等教育领域“管、办、评”三位一体，政府集管理者、办学者、评估者等三种角色于一身。随着改革开放的不断深入和高等教育事业的发展，这种状况开始发生改变。在高等教育评价领域，社会力量逐步发展壮大，大学的社会评价活动日益活跃，在高等教育质量保障中发挥着越来越大的作用。

深化管办评分离改革，是全面推进教育领域综合改革、实现教育现代化的重要举措，是优化高等教育治理体系和治理结构、落实高校办学自主权、发挥社会专业组织监督和评价效用的必然要求。高等教育的管办评分离，意味着政府、学校与社会在法律的框架下恪守各自边界，发挥各自应有的功能和优势，满足推进国家高等教育治理体系和治理能力现代化建设的需要。当前，管办评分离改革的关键在于社会力量能真正承担起评价教育的责任和重担，而要充分发挥社会评价的作用，就必须建立起完整的大学社会评价体系，耦合社会评价各种类型、各种形式、各种活动的功能，进而实现大学社会评价整体功能的最大化。

党的十八大以来，我国强调要从经济建设、政治建设、文化建设、社会建设和生态文明建设“五位一体”总体布局的高度推进社会主义现代化。党的十八届三中全会首次明确地将“推进国家治理体系和治理能力现代化”作为全面深化改革的总目标。在此基础上，党的十九大提出，到21世纪中叶，我国物质文明、政治文明、精神文明、社会文明、生态文明将全面提升，实现国家治理体系和治理能力现代化，成为综合国力和国际影响力领先的国家。十九届四中全会通过的《中共中央关于坚持和完善中国特色社会主义制度 推进国家治理体系和治理能力现代化若干重大问题的决定》，是新时代坚持和完善中国特色社会主义制度、推进国家治理体系和治理能力现代化的政治宣言和行动纲领。坚持和完善中国特色社会主义制度、推进国家治理体系和治理能力现代化，是实现“两个一百年”奋斗目标的重大任务，是把新时代改革开放推向前进的根本要求，是应对风险挑战、赢得主动的有力保证。教育治理体系和治理能力是国家治理体系和治理能力的重要组成部分，是一个国家教育制度和制度执行能力的集中体现。推进教育治理现代化，是当前深化教育改革的重要目标。高等教育关乎民生，关乎人民福祉，关乎民众对美好生活的期待，加强大学社会评价体系的建设，提升高等教育治理能力，是国家治理体系与治理能力现代化建设的需要，是新时代教育体制改革的需要，是实现立德树人根本任务的重要保证。

（二）完善大学评价的需要

从当前国际大学社会评价的发展趋势来看，发达国家普遍建立起较为完备的大学社会评价体系，并在高等教育质量保障中取得了成功，无论是美国的高等教育质量认证，还是英国的高等教育质量审核，或是日本的第三者评价，都是如此。例如，美国的高等教育质量认证就主要由6个地区性认证机构、10多个全国性认证机构及60多个专业性认证机构组成，联邦政府的责任主要体现在对这些认证机构的鉴定和认可上。高等教育第三方评估具有中介性、独立性、专业性等特点，其结论更具公正性和客观性。在我国，长期以来，政府集管理者、办学者、评估者等多种角色于一身，难免无法完全保证评价的专业、公正、真实。因此，无论是借鉴国际经验，还是结合我国实际，都需要调整这种模式，发展以政府监管为主导、社会评价为主体、高校自我评估为基础、综合多元主体的高等教育评价体系。

近年来，国家把“管办评分离”改革作为推进高等教育治理体系和治理能力现代化的基本要求，强调构建教育治理体系的“政府管、学校办和社会评”模式。《国家中长期教育改革和发展规划纲要（2010—2020年）》提出，鼓励专门机构和社会中介机构对高校学科、专业、课程水平和质量进行评估，建立科学、规范的评估制度。《中共中央关于全面深化改革若干重大问题的决定》强调指出，深入推进管办评分离，扩大省级政府教育统筹权和学校办学自主权，完善学校内部治理结构；强化国家教育督导，委托社会组织开展教育评估监测。尽管目前这一改革在实施过程中困难重重，还没有真正落实到位，但只要政府放权到位，真正履行好高等教育质量管理者的职责，按照全国教育大会关于深化教育领域“放管服”改革的要求，积极培育和扶持第三方教育评价机构的发展，发挥它们在教育评价中的积极作用，并努力营造健全的社会评价氛围和文化，中国特色的大学社会评价体系建设完全值得期待。

（三）提升教育质量的需要

质量问题是我国高等教育当前面临的突出问题，保障高等教育质量需要广泛动员政府、社会和高校三方的力量。大学社会评价作为社会保障教育质量的有效手段，在高等教育质量建设中扮演着重要的角色。例如，无论是街谈巷议还是媒体舆论都离不开议论，它们都是经过议论而评定、评论的，评议过程本身也就是广泛汇集社会力量、交流思想和看法的过程。尽管由于评议主体的差异，人们对高等教育质量所持的观点不同，在评议过程中可能会出现不同看法和观点的碰撞和争论，但关心质量、重视质量、创造质量、享受质量的良好社会氛围也就在这种碰撞和争论中逐步形成了，民众的街议和媒体的评论都能有效汇集社会公众力量，有利于在全社会营造良好的质量氛围，表达民众的质量观念，引导高校的质量行为，这对于高等教育质量保障具有重要意义。

大学排行从诞生之日起，就不断遭到批评和质疑，但它不仅仍然存在，并且快速发展。这是因为大学排行不仅能为社会提供高等教育的有用信息，也能引发高校之间的质量竞争，在大学质量建设中发挥着重要作用。排行排名是一种比较，任何排位、比较都必然引发竞争，如同百米竞技场上的选手，只要参与竞技，就都想有好的表现，取得好的名次，都期望在竞争中胜出。尽管现在还有人反对大学排行，认为其引发的竞争可能会误导大学的发展，但竞争是市场经济的基本法则，有竞争才能发展，这是不以人的意志为转移的客观规律。有危机总比没有危机好，有竞争总比没有竞争好，竞争不仅是市场经济的基本法则，也是现代大学无法回避的客观现实。只要指标体系和标准设置科学合理，数据采集全面客观，排行引发的高校竞争就是可取的。

社会组织的专业认证对于提升高等教育质量的作用更是不言而喻的。它不仅可以判定院校或专业的质量合格与否，还可以诊断高校教育质量存在的问题，进而服务于学校的质量改进。认证过程如同看病就医一样，是一个诊断过程，只有经过科学的诊断，才能“对症下药”“药到病除”。认证过程中既有大学自我评价，也有专家评价：大学自我评价就是自我诊断；专家评价就是权威性的专业诊断。对于教育机构来说，这两种诊断都是十分重要的，都有利于找出学校办学过程中存在的问题，但认证过程主要是外部专家的专业诊断，参与认证的都是有经验的教育专家和相关人士，即便是首次参加认证工作的相关人员也需要经过系统的专业评估培训，具备相关评价的专门知识和能力。在认证过程中，评价专家利用观察、问卷、测验、座谈等手段，搜集被评价学校的有关资料并进行科学分析，根据评价标准做出价值判断，诊断出教育活动中哪些部分或环节做得好，应加以保持和提高，哪些地方存在着问题，原因何在，提出针对性的改进建议。所有这些，都对学校的办学和质量提高具有重要意义。

大学社会评价既是增强高校办学动力与活力、保证高等教育质量的基本手段，也是联系政府、社会和高校三方力量，密切学校与社会联系的重要途径。大学社会评价可以使高校更好地适应社会需要，培养社会所需人才，使社会力量介入高等教育质量保障，积极主动地参与到高等教育活动中来，同时，评价也是教育行政部门改进与加强对高校的宏观管理，指导与监督高等教育质量活动，实现决策民主化、科学化的必要条件。因此，建构有序的大学社会评价体系，可以使政府、社会和高校三方力量更好地耦合到高等教育质量保障活动中来，为提高高等教育质量发挥积极作用。

二、体系建构的可行性

大学社会评价的体系建构不仅必要，而且具有可能性。这种可能性存在的原因有，从理论来看，社会评价理论的发展是其理论支撑；从现实来看，我国大学社会评价发展的实际是其现实基础；从国际通行做法来看，发达国家的成功经验为其提供启示与借鉴。

（一）社会评价理论的发展

哲学上的社会评价论是大学社会评价体系建构的基本理论。社会评价论把社会评价主要划分为三个基本层次：普遍的个人评价、社会舆论评价和权威评价。[①]作为

① 陈新汉. 评价论导论——认识论的一个新领域[M]. 上海：上海社会科学院出版社，1995：316.

社会成员的个人，普遍地参与对现象的社会价值评价，成为一些个别的、分散的社会评价。这种评价以个人的切身体验、心理、理解能力和社会地位为限，代表着社会评价的感性、直觉或直观的水平，还未达到整体的、系统的评价高度。在普遍的个人评价的基础上,其中共同一致的成分构成了公共舆论或社会舆论评价。社会舆论评价包括用各种大众传播形式所表达的人们共同的心理、情感、意志和观念内容。这种形式的评价包含了理性和非理性、理智和情感、理性和感性的多种成分，具有很大的感染力和约束力。它的进一步理性化、系统化，就产生了权威评价。权威评价一般分为两种类型：社会代表机构评价和专家评价。前者是从社会管理系统的角度来评价，往往是着眼于社会全局和实践的评价；后者是从特殊的专业角度进行的评价。两者的共同点是，它们都代表一定社会评价的最高理性化水平，具有付诸实施的指导性和权威性。

社会评价论关于社会评价三个基本层次的划分，是大学社会评价三种基本类型划分的理论依据。以街谈巷议、媒体舆论、社会声誉等为代表的评议基本上属于普遍的个人评价，代表着大学社会评价的感性、直觉或直观的水平。需要说明的是，就大学社会评价而言，这里所说的“普遍的个人评价”，不同于纯粹的个人评价，个人、群体或组织都可以是评议大学的主体，它们对大学意见的自由表达都属于评议的范畴，如民众的街议、媒体的评论、用人单位的评价等。排行主要属于社会舆论评价，它是根据一定的指标体系进行的大学评价，具有较为规范的评价程序，在理性化程度上高于普遍的个人评价，但这种形式仍然包含了理性和非理性、理智和情感、理性和感性的多种成分。认证属于权威评价，是由经过认可或授权了的教育评价中介机构根据一定的评价标准，以院校自我评估和专家实地考察相结合的方式做出的评价，代表了大学社会评价的最高理性化水平，并且具有付诸实施的指导性和权威性。

（二）国内大学社会评价的实际

改革开放以来，随着我国经济体制的转轨以及高等教育改革的快速推进，同时受教育国际化、评价主体多元化理念的影响，我国大学社会评价活动迅速发展。以大学排行为例，1993 年，广东管理科学研究院武书连课题组第一次发布中国大学排行榜（综合），随后，网大、中国校友会网、武汉大学中国科学评价研究中心，以及上海交通大学高等教育研究院相继推出各自的大学排行榜。这些由社会中介机构、新闻媒体以及学术科研机构发布的大学排行榜，已成为我国大学社会评价的重要形式。再以认证为例，目前我国对 2000 年以后新建本科院校的合格评估和对已通过了合格评估的院校开展的审核评估，都具有综合性的院校认证性质。尽管这些评价是由政府主导的，但具体组织实施的教育部高等教育教学评估中心是一个半官方性质的专业评估机构，它受政府的委托来开展评价，体现了高等教育认证的中国特色。与国外的情形相似，大学的社会评议活动在我国也普遍存在，社会上不乏家长、校友、用人单位等关于高等教育质量的各种评价和议论，甚至在一些电视台推出的知名求职节目中，也时常能够听到人们对大学及其毕业生质量的各种议论和评价，如江苏卫视和中国教育电视台联合打造的综艺节目《职来职往》和天津卫视的综艺节目《非你莫属》，就常常成为各类人评议大学及其毕业生质量的社会公共平台。这些多元评价主体开展的评价活动为大学社会评价注入了强大的动力，在吸收社会力量参与高等教育质量保障，沟通大学与政府、社会之间的联系中发挥着重要的作用。

从我国大学社会评价发展的实际情况可以看出，当前我国大学社会评价活动主体日益多元，形式日益多样，大学的排行排名十分活跃，大学评议和大学认证也逐步发展起来，并在高等教育质量保障中发挥着越来越重要的作用。当务之急是，一方面要加强理论研究，建构起有效的大学社会评价体系，这有利于我们从总体上把握大学社会评价活动规律，汇聚大学社会评价的整体合力；另一方面，在实践上不仅要关注大学排行，还要真正重视大学评议和大学认证，尤其是要强化我国大学认证的独立性，充分发挥认证评估在高等教育质量保障中的作用。

（三）域外成功经验的启示

纵观当今世界范围内的高等教育评价活动，我们可以发现，大学社会评价广泛包括评议、排行和认证等类型。大学排行是全球最为普遍的、最为通用的一种大学社会评价。现在许多国家都有各种形式的大学排行榜，并且全球性大学排行榜也已渐成趋势。认证是发达国家普遍采用的一种高等教育质量评价模式。美国的高等教育认证制度是世界上发展最早且最完善的，英国、法国、德国、日本等发达国家也都有类似的高等教育质量保障与评价机制，只是有的称保证机制，有的称审核机制。评议看似十分陌生，但它却实际存在于任何国家的高等教育评价中，因为评议的主体正是与高校息息相关的家长、用人单位、社会慈善或捐赠机构等，它们关于高校质量的意见表达多属于评议的范畴。

以美国为例，美国特有的历史文化传统和社会发展环境孕育了其较完备的大学社会评价体系和高等教育质量评价模式。首先，美国高等教育认证制度是一种以高校自我评估为基础、同行专家现场考察为核心、社会公众共同参与为保证的高等教育质量评价模式，对保证美国高校的办学质量与水平、提升高等教育系统竞争力起到了至关重要的作用。其次，美国的大学排行始于19世纪末期，当时美国政府颁布实施了《莫雷尔法案》，这一法案促进了美国高等院校的迅速发展，进而出现了院校间教育质量参差不齐的状况。1983年，U.S. News杂志率先推出"全美大学排名"，在全美本科院校每两年评选一次；1987年开始面向研究生教育，改为每年评选一次。此外，美国的《普林斯顿评论》(The Princeton Review)、《华尔街日报》(Wall Street Journal)、《商业周刊》(Business Week)以及Yahoo网站等媒体类机构每年也会发布它们的大学排行榜。最后，从民众对高等教育的评议来看，在美国，社会舆论监督是高等教育质量保障的一支重要力量，社会公众、商业领袖、公职人员、学术权威都是舆论监督高等教育的主体。他们之所以密切关注高等教育质量，不仅因为高等教育与他们的切身利益相关联，还因为美国社会公民普遍具有的权利意识和社会责任感。在现代社会，公众越来越依赖新闻媒体所提供的信息从而做出好或坏的判断，这就要求新闻媒体、社会各集团、各阶层做出合乎实际的正确描述，其中每个人都必须承担起一定的社会责任，服从道德与良知。如果一个人要求自由发表意见的权利，他也就同时被别人要求这一权利；如果他放弃了这个要求，他也就削弱了别人的要求。[①]

剑桥大学副校长阿什比曾经说过："作为保存、传播和丰富人类文化的机构，任何类型的大学都是遗传和环境的产物。"[②]作为市场调节高等教育质量的典范，美国的大学社会评价历史悠久，并日趋成熟和完备。它是在美国特定的土壤中生长起来的，与美国的经济、政治和文化传统密不可分。同样的道理，我国的高等教育质量评价模式也是在我国特定的政治、经济、文化背景下，尤其是高等教育管理体制等环境因素的影响和制约下形成和发展的，我国的现实国情是我国大学社会评价体系建构的基础和前提。我国现有的高等教育质量评价机制和评价体系还没有完全从传统的计划经济体制框架的束缚中解脱出来。因此，借鉴、吸收国外社会评价的先进经验并结合我国的实际，尽快构建起具有中国特色的大学社会评价体系，是当前我国高等教育评价改革的一项紧迫任务。

---

① 威尔伯·施拉姆，等. 报刊的四种理论[M]. 中国人民大学新闻系，译. 北京：新华出版社，1980：114.

② 阿什比. 科技发达时代的大学教育[M]. 藤大春，藤大生，译. 北京：人民教育出版社，1983：7.

第二节 体系构成要素与基本框架

大学社会评价主体多元，种类多样，过程复杂，要发挥大学社会评价的作用，实现对大学的科学评价，需要对其进行必要的归类研究，在理论上厘清其构成要素和基本框架。

一、大学社会评价体系的构成要素

大学社会评价的主体是除政府和高校以外的社会力量，社会主体构成的多元性以及评价方式的多样性决定了大学社会评价活动的复杂性。民众对大学的街议、媒体的评论、网络的舆论、用人单位的评价、大学的排行排名以及教育评价中介机构的审核、认证和合格评估等都属于大学的社会评价。依据社会评价主体、客体、标准及程序上的差异，我们可以把大学社会评价的构成要素主要划分为三种基本类型：评议、排行和认证，具体情况如表 3-1 所示。

表 3-1 大学社会评价类型的比较

评价类型	评价主体	评价客体	评价标准	评价程序	表现形式
评议	社会个体、群体及组织	教育活动条件、过程及成效等	标准多样	较为随意	民众街议、媒体舆论、社会声誉、满意度调查等
排行	社会群体及组织	院校排行、学科排行、综合排行、单项排行等	统一与多样结合	较为规范	民间排行、学科评价等
认证	经认可或授权的社会中介组织	院校认证、专业认证、合格评估、审核评估等	标准统一	十分规范	合格评估、审核评估、专业认证等

评议是“经过商讨而评定”[①]。在大学社会评价中，评议属于普遍的个人评价，是个别的、分散的大学社会评价，包括家长、校友、用人单位、捐赠人及社

① 中国社会科学院语言研究所词典编辑室. 现代汉语词典（第 7 版）[Z]. 北京：商务印书馆，2016：1010.

会慈善机构等对大学的评议，是高等教育系统之外非官方的个人、群体或组织根据自身的立场、经验和价值观对高等教育做出的价值判断。评议的对象涉及大学教育的诸方面，它没有严格规定的评价标准和明确规范的评价程序，是社会评价中最为随意的一种评价机制。由于大学评议随意而零散，常常不为人们所注意，但它在质量保障中的作用并非可有可无。相反，由于能够比较感性直观地反映现象的社会价值，评议是理性化和统一的社会评价的感性材料来源，是社会评价不可缺少的基础环节和最迅速的表达方式。作为社会个体、群体及组织对大学活动及质量的随意评论和自由表达，大学评议在世界各国的大学评价活动中都普遍存在。在我国，大学评议的主要表现形式包括民众街议、论坛会议、媒体舆论、社会声誉、满意度调查、第三方质量报告等。

排行又称排名，是当今世界各国最普遍的大学社会评价。关于大学排行，前文已有介绍，在此不再赘述。

认证是最为规范的大学社会评价类型，也是当前世界高等教育质量保障的主流趋势。从各国大学认证活动的实施情况来看，实施认证的都是经相关部门认可或授权的第三方机构，它们依据统一的评价标准，按照严格规范的认证程序，认定被认证院校或专业是否达到最基本的标准要求和合格水平。在我国，大学认证突出表现在本科教学评估制度的完善上。1990 年《普通高等学校教育评估暂行规定》的出台，以及合格评估、优秀评估和随机评估的实施，标志着我国高等教育认证评估制度的初步建立。2002 年，教育部颁布了《普通高等学校本科教学工作水平评估方案（试行）》，将以前实施的三项教学评估合并为一个整体的评估方案。2004 年，教育部在《2003—2007 年教育振兴行动计划》中明确提出，实行以五年为一周期的全国高等学校教学质量评估制度。在全面总结以往教学评估工作经验的基础上，2011 年 10 月，教育部发布《教育部关于普通高等学校本科教学评估工作的意见》，提出建立中国特色“五位一体”的本科教学评估制度体系，即“以学校自我评估为基础，以院校评估、专业认证及评估、国际评估和教学基本状态数据常态监测为主要内容”，其中的“院校评估”和“专业认证及评估”就是具有认证评估性质的大学评价。目前，本科院校评估主要包括以未参加过教学工作评估的各类新建本科院校为对象的合格评估和以前通过了合格评估的普通本科院校为对象的审核评估；专业认证则主要包括工程专业认证、师范专业认证和医学专业认证。随着本科认证评估制度的建立和完善，我国研究生教育、高职高专教育以及其他层次、类别的高等教育认证评估制度也相继建立和发展起来。

大学社会评价的上述三种类型既相互区别，又彼此关联，呈现出逐步专业化、理性化和规范化的趋势。大学社会评价的复杂性决定了对其进行归类研究的难度，上面的归类只是基于研究方便所做的整理，肯定还存在不尽完善的地方，也肯定还有其他的归类方法。波普尔说：“我们是按照一种预设的理论去看待一切事物的。”[①]理论研究总是试图对于客观的零乱驳杂的自然现象、社会现象和心理现象，以一种总的观点或框架去把握、解释。评议、排行和认证的类型划分，从认识本身角度来看，旨在突破传统研究范式的不足，启发我们透过现象看本质，从整体上把握大学社会评价的构成要素，为构建大学社会评价体系提供理论支撑，使我们在更深层次上展开研究成为可能。

二、大学社会评价体系的基本框架

大学社会评价体系包含评议、排行和认证三个子系统，就三者在大学社会评价中的地位和作用而言，评议是基础，排行是特色，认证是中坚。三者各有优势与不足，我们在进行大学社会评价的体系建构时，要发挥它们各自的优势，弥补其不足,这样才能最大限度地发挥社会力量在高等教育质量评价与保障中的作用。

（一）评议是基础

评议是最早出现的一种大学社会评价形式，实际上什么时候有了大学，什么时候就有了对大学的评议。评议的主体广泛包括学生、家长、校友、社会相关人士、用人单位、社会慈善机构、新闻媒体等社会个体、群体和组织，评议的内容涉及教育活动条件、过程及成效等大学教育的方方面面，评议没有统一的评价标准，也没有规范的程序，但它是社会评价大学的最广泛、最基础的汇合，是理性化和规范化的社会评价的材料来源和最迅速、灵活的直观表达，在大学社会评价体系中处于基础地位。

评议在高等教育质量保障中的作用有以下几点。首先，营造良好的质量氛围。良好的质量氛围是高等教育质量保障的基本条件，它的形成需要有意识的宣传教育和舆论引导，需要通过人与人的交流沟通和人群传播来实现。评议离不开议论，它是经过议论而进行评定、评论，评议过程本身也就是广泛汇集社会力量、交流思想和看法的过程，也是营造政府重视质量、学校追求质量、社会崇尚质量、人人关注质量的社会氛围的过程。其次，表达民众的质量观念。尽管评议以评议者的切身体验、心理、理解能力和社会地位为限，代表着社会评价的感性、直觉或直观的水平，还没有达到严谨规范的程度，但它却在一定程度上代表和体现着社会公众的意见和看法，是质量观念系统理性表达的基础，对高等教育质量产生作用，形成影响，是质量保障不能忽视的力量。最后，引导高校的质量行为。通过

---

① K. 波普尔. 常规科学及其危险[M]. 周寄中，译. 北京：华夏出版社，1987：64.

质量评议，民众可以自由发表自己的观点和看法，参与大学评价，有助于引导高等学校把办学行为与国家需要、社会需要和个人需要紧密地结合起来，加强高等学校与社会的广泛联系，使高等学校根据社会发展和民众需要，及时调整人才培养目标及方案，更新教育教学内容和方法，提高质量管理效能和水平，培养出更多适应社会发展需要的人才。

（二）排行是特色

民间的大学排行一般是由未经授权或认可的社会团体或组织，按照自设的评价标准和评价程序组织实施的大学评价。实际上，大学排行从诞生之日起，就不断遭到批评和质疑，但它不仅仍然存在，并且快速发展，十分活跃，是大学社会评价中不可忽视的新锐力量。尽管目前的大学排行由于缺乏基本的准入门槛，呈现出鱼龙混杂、良莠不齐的局面，但它形式灵活，简洁直观，特色鲜明，评价结果具有一定的参考价值，在高等教育质量保障与评价中的作用仍然不可小觑，是大学社会评价体系的重要补充。

排行在高等教育质量保障中的作用有以下几点。首先，提供质量信息。在高等教育快速发展的今天，大学教育的质量如何、效率怎样、办学实力强不强，越来越为社会各方所关注，但大学组织的复杂性，加上现代社会信息猛增，一般情况下，社会公众不可能，也没有必要都去全面深入地了解大学。大学排行榜简洁直观，正好满足了社会公众希望了解大学的普遍诉求，可以为公众提供基本的质量信息，特别是为考生及其家长提供高校选择的服务信息。其次，吸引社会关注。高校排行不仅能为社会提供基本的质量信息，还能吸引社会对高等教育的普遍关注，使高校及其质量成为社会关心的热点问题和热议话题。关注意味着受重视，对于高校来说，既是压力，也是动力，无论情愿与否，每所高校都希望在排行榜上有良好表现，这在客观上有利于高校强化办学的质量意识，推进学校质量的持续提高。最后，激发高校竞争。竞争是市场经济的基本法则，有竞争才能发展，这是不以人的意志为转移的客观规律。排行指标体系一般既包括基本办学条件、师资水平、科研实力、学科建设等硬实力，也包括社会声誉等软实力，无论是硬实力还是软实力的比较，其实质都是质量的竞争，都有助于激发学校的办学活力。

（三）认证是中坚

与评议和排行不同，大学认证是由经过授权或认可的专业评估机构，按照科学的评价标准和规范的评价程序组织实施的大学评价。大学认证的专业化、规范化和理性化程度相对较高，是大学社会评价中最为成熟、最为可靠的评价形式，评价的结果具有权威性，在大学社会评价体系中居于核心地位，是高等教育质量保障与评价的中坚。

认证在高等教育质量保障中的作用有以下几点。首先，鉴定基本质量水平。认证是经认可的第三方权威机构根据专业化的认证标准和规范化的认证程序，对某一高等院校或专业做出是否获得“鉴定通过”的认定，或者是否获得审核认可的证明。它是高等教育质量的度量衡，起到了制定教育市场准入标准和鉴别教育机构是否具备基本质量要求的作用。其次，诊断教育质量问题。参与认证的都是有经验的教育专家和相关人士，他们具备评价专门知识和能力，在资料收集和科学分析的基础上，可以诊断出教育活动中哪些部分或环节做得好，应加以保持和提高，哪些地方存在着问题，原因何在，并提出针对性的改进建议。最后，推进质量持续改进。认证评估通过后续考察和周期性复评，对被认证学校或专业进行持续性考察，推进高校或专业质量的持续改进。做出认证决定并不是认证评估的最终目的，为质量的持续改进服务才是认证的核心理念，是认证机构制定认证标准、开展认证活动的最终目的，也是规范化的认证评估在质量保障方面区别于评议和排行的重要特点之一。

第三节　体系建构的原则与方法

大学社会评价的复杂性决定了大学社会评价体系建构是一个十分复杂的过程，需要遵循系统科学的基本原则，选择有效的建构方法。

一、体系建构的原则

系统是由相互联系和相互作用的若干要素有机结合成特定结构，并具有新功能的整体。自然界、人类社会和思维领域的诸多事物都可以被看成一些系统，系统规律也是物质世界普遍起作用的规律。大学社会评价体系也是一个系统，具有系统的基本特征，大学社会评价的体系建构需要遵循系统科学的基本原则。

（一）系统整体原则

整体性原则是系统方法的核心，抛弃了整体性原则，系统方法也就不存在了。所以，把握系统方法应首先把握整体性原则。根据系统论的基本原理，任何系统都是由若干要素（部分）构成的，整体制约着部分，整体的功能大于各部分功能之和，没有结构的、仅由孤立部分组成的系统是不可能发挥系统的整体功能的。大学社会评价的体系建构要着眼于系统整体性的要求，把它放到所在系统中与其他部分联系起来，与系统的整体联系起来，这样才能建构起有效的社会评价体系，对高等教育进行科学合理的评价。因此，要想发挥大学社会评价的系统整体性功能，必须运用整体性原理，将构成体系的三个子系统，即评议、排行、认证联合成一个有机整体，使其功能耦合，发挥大学社会评价的整体性功能。

这里的关键就是"耦合"。"耦合"作为一个物理学上的名词，意思是说，两个或两个以上的体系或运动形式之间通过各种相互作用而彼此影响的现象。如果一项要素处于耦合系统之中，就能产生最大的功效，对系统产生积极的推动作用；如果一项要素游离于耦合系统之外，就会消耗系统的整体效能，对系统产生消极影响。在大学社会评价体系中，耦合是指评议、排行和认证三方面力量的协调统一，相互配合，产生合力。耦合具体体现在结构、功能和运行方式上的耦合。结构耦合是指评议、排行和认证三者的联系方式具有较高的有序性和稳定性，构成比例具有合理性等。功能耦合是指大学社会评价体系中评议、排行和认证三者在所起的作用上相互适应、相互匹配和相互促进，这种功能耦合无论是在形式上还是在本质上都非常类似于生物有机体各器官之间的功能协调。运行方式耦合是指评议、排行和认证三者在运行规范、运行效率、运行过程等方面必须相互适应和相互一致。在上述结构耦合、功能耦合及运行方式耦合中，功能耦合是核心，即三者在大学社会评价中所起的作用相互适应、相互匹配和相互促进，以形成合力共同保障高等教育质量。因此，大学社会评价的体系建构，需要明确三者在大学社会评价中的地位，发挥各自的作用，通过耦合，构建起以评议为基础、排行为特色、认证为中坚，三方面共同协调、互为一体的大学社会评价体系，以实现大学教育质量保障的目标，并为最终实现高等教育的总体目标发挥整体效力。

（二）协调有序原则

协同学认为，在一个系统中，其要素或子系统的运动存在两种状态和趋势：其一，自发的无规则运动，如分子热运动、以私有制为基础的生产无政府状态等，我们称之为无序运动；其二，由要素之间的相互关联而导致的协同运动，如结晶过程就是分子间的协同运动，足球比赛时，各方队员都要注意协同运动等。在不同的外界条件下，系统要素的两种运动状态在系统中的地位和作用是不同的。在一定条件下，当系统要素的无规则运动占主导地位时，系统呈无序状态（无组织状态）；而在另一些条件下，当系统要素之间的协同运动束缚住其无规则独立运动而占主导地位时，系统则呈有序状态（组织状态）。由此可见，系统内的有序结构归根到底是由要素之间的协同运动决定的。系统由无序向有序转变的过程，实际上是系统内的无规则独立运动为协同运动所取代的过程。系统的结构性原则是促成系统由无序向有序转变的关键。结构性原则要求人们在认识、改造或管理一个系统对象时，注意其内部的结构特征，并通过调整结构来改善系统整体的特性和功能。事物的特性和功能主要是由其内部的结构决定的，一般而言，有什么样的结构就会有什么样的特性和功能。既然系统的整体特性与功能直接决定了其结构，那么，我们就可以通过调整结构的办法来调整系统的整体特性和功能。

大学社会评价体系主要由评议、排行、认证三个子系统构成。评议作为普遍的个人评价，代表着一些个别的、分散的社会评价，由于社会成员的普遍介入，评议模式能够比较直观地反映现象的社会价值效果，是理性化和统一的社会评价的感性材料来源，是社会评价不可缺少的基础环节。在普遍的个人评价基础上，其中共同一致的成分构成了公共舆论或社会舆论的评价，它主要以大学排行的形式呈现。这种评价形式已经具有了很大的感染力和约束力，是大学社会评价中特色鲜明、富于活力的评价形式。社会评价的进一步理性化、系统化就产生了权威的认证评价，它代表着社会评价的最高理性化水平，并且具有付诸实施的指导性。因此，大学社会评价体系应以评议为基础、排行为特色、认证为中坚的结构来建构，只有这样，大学社会评价体系才能协同有序，发挥其整体特性和效能。

（三）动态反馈原则

任何系统，只有开放，只有与外界有信息交换，才能有序；与外界无信息交换的封闭系统，要使之有序是不可能的，这就要求大学社会评价系统必须是一个开放的系统。要构建开放性的大学社会评价系统，必须从以下两方面入手：一是吸引社会力量参与高等教育质量评价与高等教育质量管理，发挥社会公众在高等教育管理与评价中的作用，及时了解社会的需求，更好地为社会服务；二是将社会对高等教育质量评价的信息公布于众，使广大社会公众能及时了解高校的相关信息，增强大学社会评价的社会公信力，提高公众对评价和高校的关注程度。

唯物辩证法认为，事物是普遍联系和永恒发展的。无论是自然、社会还是思维，其都是在变化运动着的，不管我们承不承认，也不管我们是否意识到，其都处在不断发展变化的过程中。作为整体的社会，其变化发展是不以人的意志为转移的客观规律。既然社会是处于运动发展的状态，那么作为社会活动形态的大学社会评价也是不断发展变化的，大学社会评价的体系建构必须遵循动态原则。不存在永恒通用的大学社会评价体系，时空发生变化，政治、经济、社会等发生变迁，高等教育面临的形势和任务也就会发生改变，就会使原有大学社会评价体系无法有效运转，一种体系就会被另一种体系所替代。实际上，体系没有最佳的，只有适当的。只要是自洽的、有机的、有效的体系，都是适当的体系。大学社会评价体系同高等教育发展一样，也总是处在一个变迁过程中。此外，强调动态反馈的原则还出于系统控制的需要。任何系统只有通过反馈信息，才能实现控制，没有反馈信息的系统，要实现控制是不可能的。大学社会评价实质上是一个收集、整理、分析和反馈信息的过程。信息的反馈，为教育质量的保障、控制和改进服务。美国教育评估专家斯塔弗尔比姆认为，评价是一种划定、获取和提供叙述性和判断性信息的过程。他强调，评价最终的意图不是为了证明，而是为了改进。[①]因而，要想通过大学社会评价实现高等教育质量的保障和改进，必须及时地将准确的评价信息反馈给政府和高校，为政府和高校决策提供依据，才能达到提高高等教育质量的目的。

二、体系建构的方法

从方法论上来看，大学社会评价的体系建构必须明确基本的目标定位，整合两种建构方式，协调处理好政府、社会和高校三者之间的关系。

（一）明晰基本目标定位

我国大学社会评价就是要努力构建以评议为基础、排行为特色、认证为中坚的中国特色的大学社会评价体系，这是我国高等教育发展的需要，是大学社会评价基本规律的体现，是我国大学社会评价体系建设的基本目标定位，也是体系建构中具体方略选择的前提条件。这一目标定位的基本内涵主要体现在如下四方面。

首先，坚持党的领导。“中国道路”的本质特征有：一是中国共产党作为中国特色社会主义事业的领导核心，带领广大人民在开创“中国道路”上奋力前进、勇于探索；二是立足中国国情，一切从实际出发，准确把握中国的现实问题，认清基本国情；三是在坚持党的基本路线的前提下，不断丰富中国特色社会主义理论特色、民族特色与时代特色，以经济建设为中心，坚持四项基本原则和改革开放。我国高等教育事业能够在较短的时期内取得举世瞩目的伟大成就，正是中国共产党坚强领导的结果，是全党全国各族人民共同奋斗的结果，体现了中国特色高等教育鲜明的制度优势和体制特色。我国大学社会评价的体系建构，必须坚持中国共产党的领导，充分发挥党的领导在把握方向、总管大局、科学决策中的核心作用。全面贯彻落实党的十九大精神，把党的建设和思想政治工作贯穿于大学

① [美]斯塔弗尔比姆. 方案评价的 CIPP 模式[A]//瞿葆奎，等. 教育学文集・教育评价. 北京：人民教育出版社，1989：301.

社会评价体系建设的各方面和全过程，旗帜鲜明地坚持中国特色社会主义办学方向，全面贯彻党的教育方针，服务党和国家高等事业发展大局，满足人民群众根本利益需求，这是高等教育发展的首要任务，也是中国特色大学社会评价体系建设的根本保证。

其次，以立德树人为根本宗旨。教育是培养人的活动，培养什么人和怎样培养人的问题始终是教育的根本问题。十八大报告明确提出，把立德树人作为教育的根本任务。十九大报告再次强调，要全面贯彻党的教育方针，落实立德树人根本任务。提高人才培养质量是我国高等教育内涵式发展的本质要求和根本使命，这就要求新时代高等教育必须坚持育人为本、德育为先的教育理念，牢固树立人才培养在大学工作中的核心地位，以人才培养统领高等教育和高等学校全局工作，大力促进学生的全面发展。大学社会评价是价值判断活动，对教育活动发挥着引领导向的“指挥棒”作用，在大学社会评价体系建构过程中，必须始终突出教育的育人价值取向，协调好满足社会需求与人的发展需要的关系，把立德树人放在突出位置。无论是整体体系的建构，还是具体评价方案和评价指标体系的设计，都要强调学生发展的中心地位，凸显大学立德树人任务的履行程度，反映学生的发展成效，只有以学生为中心的教育质量评价，才是衡量高等教育质量科学和正确的标尺，也是高等教育治理现代化的本质体现。①

再次，服务于高等教育强国战略。2010 年 7 月，中共中央、国务院颁布的《国家中长期教育改革和发展规划纲要（2010—2020 年）》中明确提出，要加快建设高等教育强国。2015 年 10 月，国务院印发的《国务院关于印发统筹推进世界一流大学和一流学科建设总体方案的通知》中再次提出，我国要在 21 世纪中叶基本建成高等教育强国。建设高等教育强国体现着国家的高等教育发展战略，对于引导以全面质量提升为核心的高等教育内涵式发展具有十分重要的意义。建设高等教育强国，应当走内涵式发展的道路，追求结构、规模、质量与效益的统一协调发展，在当前就是要以全面的质量提升为核心。此外，进入 21 世纪以来，我国高等教育改革进入深水区，面临诸多问题，任何单一改革都难以奏效，必须推行全面综合改革。高等教育强国战略的提出，昭示着中国高等教育更为深入、更为全面的改革在即。实际上，近些年来，我国高等教育一系列改革的全面推进，如创新创业教育的开展、地方本科院校的转型发展、“双一流”建设的实施以及本科教育质量建设等各项改革创新举措的推出，都是在高等教育强国战略这一大的背景下提出来的。中国特色的大学社会评价的体系建设，应该与国家高等教育强国战略契合，服务并服从于高等教育强国战略的发展需要，以内涵式发展为引导，

---

① 龙献忠，龚汪洋. 治理现代化背景下高等教育质量评估体系建构[J]. 中国高等教育，2016（5）：53-58.

全面提升我国高等教育质量和水平。

最后，扎根中国大地建设大学社会评价体系。任何系统的产生和发展，都有其特定的土壤和环境，离开了这个土壤和环境，其就失去了生存的条件。坚持与中国国情和中国优秀传统文化的结合，是大学社会评价体系建设的持久生命所在。面对中国大学的特殊情境，解决中国大学制度的特殊问题，服务于中国大学发展的特殊需要，是我国大学社会评价体系建设的“中国特色”的基本含义。目前，世界各国特别是发达国家大都建构起了具有各自特点的大学社会评价体系，如美国的高等教育认证体系、英国的高等教育质量审核机制、日本的第三者评价制度等。中国特色的大学社会评价体系与西方国家的大学社会评价体系具有共性的一面，如强调整体协调、相互配合、重视发挥社会中介组织的作用等，但也有差异的一面。国外经验不是规律，中国有自身的国情和制度优势。我国是中国共产党领导的社会主义国家，我国高等教育评价有其鲜明的特点和要求，离不开中国共产党的正确领导和政府的积极支持。政府在高等教育质量保障中的主导作用反映了中国国情，也是其制度优势所在。此外，教育植根于一个国家的文化之中，带有强烈的文化属性，具有传承文化、实践文化、创造文化的功能。失去了文化，教育就失去了根基。教育内容、过程、制度都离不开一个国家的文化传统，它的民族性也在于此。一个大学的制度、传统是与一个国家的文化相适应的，高等教育具有文化属性，这也是建设中国特色高等教育的理论根据。[①]我国大学社会评价体系的建设一方面离不开中华优秀传统文化的滋养，另一方面肩负着中华文化传承的使命。因此，大学社会评价的体系建构必须扎根中国大地，体现中国国情。

（二）有效整合自主生成和人为建构两种方式

大学社会评价的体系建构，需要用复杂系统观来认识和把握。复杂系统观认为，世界是由系统构成的，下层系统通过组织化作用构成上层系统，而系统的组织化方式包括两种，即人类理性安排和自组织方式。[②]用哈耶克的话来说，就是“秩序”。他认为，人类社会秩序不是生成的就是建构的：前者指“自生自发秩序”，而后者则指“人造秩序”。自生自发秩序是一种“自我协调”或“自我组织”的系统，这种秩序是独立于人类的意图而存在的；人造秩序则是以某个特定的目标为前提，根据组织或治理者的意志制定的外部规则。[③]大学社会评价体系

① 周远清. 建设中国特色的社会主义高等教育[J]. 重庆高教研究，2013（3）：1-2.

② 卢乃桂，操太圣. 中国改革情境中的全球化：中国高等教育市场化现象透析[J]. 北京大学教育评论，2003（1）：48-53.

③ Hayek F A. Law, Legislation and Liberty, Volume I: Rules and Order [M]. Chicago: The University of Chicago Press, 1973: 35-54.

是一个复杂的社会系统，由多个不同功能与形态的社会评价活动通过组织化作用按一定关系构成，兼具自组织和他组织两重属性，体系建构的有效实现，需要充分认识和准确把握自主生成和人为建构功能上的互补，发挥各自的优势，努力避免其缺点和不足，以自主生成为基础，以人为建构为重点，有效整合两种建构方式。

首先，以自主生成为基础。以自主生成为基础源自大学社会评价具有自组织的特性。如果一个体系在获得空间的、时间的或功能的结构过程中，没有外界的特定干涉，我们便说该体系是自组织的。大学社会评价具有自组织理论所描述的结构特征，其系统的演化过程基本上是没有外部控制者的，排行排名的出现和发展、社会舆论的形成等都没有政府或部门的控制，是在特定的教育外部环境条件下，在系统内部各要素的相互作用过程中由系统自发演化而成的，是开放的、非线性的和可持续发展的，系统的演化过程具有自组织的特点。这是大学社会评价有别于政府评价与大学自我评价的地方。因此，大学社会评价的体系建构应该以自主生成为基础。

实际上，社会是一个十分复杂的系统。按照系统论的观点，复杂系统最本质的特征是其组成部分具有高度的智能，即具有了解其所处环境，预测其变化，并按预定目标采取行动的能力，也就是具有自组织、自适应、自驱动的能力。这也就是生物进化、技术革新、经济发展及社会进步的内在原因。[①]要实现社会系统的协调，关键在于社会系统内的不协调或涨落现象应当尽可能让社会的自调节机制去矫正或消化。因此，在大学社会评价体系的建构中，各种社会力量的整合与引导，还应通过社会系统自身的自组织、自适应、自调节机制来完成，不要急于求成，打着改革的旗号，过多、过急地采取人为干预的方式进行。

其次，以人为建构为重点。自从有人类介入以后，体系大多是由人创造的作品。沃勒斯坦认为，体系是人不断追求自我完善的结果。因为人所寄寓的社会完善和发展的程度，除了取决于各种资源和努力外，重要的是“取决于他对整体的洞察能力”。[②]简言之，人在整体洞察的基础上构建适合自身发展的有机体系。自主生成是在社会系统与自然系统相互作用中自组织形成的，解决了社会系统对自然系统的适应问题，具有一定的必然性。但由于它是在个体自觉水平上完成的，其不可能达到对社会的最优化控制。自主生成的局限性正说明了人为建构的必要性。大学社会评价既具有自组织的特点，又离不开他组织的作用。例如，社会舆论对高等教育质量的影响，首先是由个体的看法、言论经不断的交流、汇集，最

① 成思危. 复杂科学与管理[J]. 南昌大学学报（社会科学版），2000（3）：1-6.

② 伊曼纽尔·沃勒斯坦. 现代世界体系（第一卷）[M]. 尤来寅，等译. 北京：高等教育出版社，1998：10.

后才逐步成为社会大众舆论的，呈现出明显的自下而上、自发自动的特点。但舆论监督也是一把“双刃剑”，对不良舆论的消极影响必须进行约束和规范。再如，社会评价在高等教育质量保障中作用的发挥也是这样，当前我国的大学排行之所以还不能为社会普遍认可，就是因为其本身还不完善，存在着各种问题，需要人为调节、引导和规范。

与自然系统相比，社会系统更为复杂，社会系统的复杂性不同于一般的复杂性，主要在于它并非一般系统的运行，而是由人参与并支配的。人是社会系统的中心，是其中最重要、最活跃的因素。人是万事万物中最为复杂的存在，是智慧、谋略、计划、目的等理性因素与感情、兴趣、偏好、欲望等非理性因素的统一。人总是凭着自己的理想、愿望、激情、热情参与社会生活，而从事历史活动的个人和各种社会力量相互作用的合力，就形成了历史，即构成了社会系统的行为。因此，作为社会主体的人可以依据自己的理想、愿望、目的等价值追求做出多种判断和选择并据此行动，而这种选择和行动在很大意义上影响和改变着社会系统的运行，使社会系统呈现复杂性。①

最后，自主生成与人为建构相结合。社会是一个复杂构成物，任何一种社会系统的调节和控制都不会是由单一因素促成的。人为建构必须以自主生成为基础，必须保持自主生成中自发形成的一定的自由空间。但是，由于自主生成是在个体相互作用的自组织过程中形成的，它不可能达到对社会的最优控制。这就要求人为建构发挥自己的优势，弥补自主生成的缺陷，提高对社会的控制水平。同时，我们又必须强调，人为建构在增加对社会实行优化控制可能性的同时，也潜藏着离开自主生成的可能性。大学社会评价系统也是如此，它具有主体的多元性和过程的自发性，其调节性质具有不确定性，既可能是积极的，也可能是消极的。社会评价过程中过多的人为干预当然不可取，但单一自发自动的调节无法实现对高等教育质量的最佳保障和最优控制，需要人为建构的介入和参与，需要自发自动与人为建构的有机结合。“高等教育的改革和发展既不可能完全依赖大学的自然演化也不可能完全依靠政府的理性规划，而是外部的计划与内部的演化彼此结合、相互促进的结果。”②综合自生秩序和人为建构两种方式，是大学社会评价体系建构的基本要求和内在理念表达。

（三）协调好政府、社会、高校三者之间的关系

大学社会评价体系的建构，除了要处理好体系内部评议、排行及认证诸要素

---

① 李永胜. 关于社会系统复杂性的哲学思考[J]. 系统科学学报，2006（2）：43-47.

② 王建华. 重申高等教育体制改革[J]. 教育发展研究，2018（1）：1-6.

之间的关系，形成合理配置之外，还必须处理好外部关系，主要包括政府、社会、高校三者之间的关系，这样才能真正建构起有效的大学社会评价体系，发挥其功能和作用。众所周知，政府、社会和高校分别代表着高等教育运行过程中的三种基本力量，这三种基本力量的相互配合和良性运转，既是高等教育有序运行的基础，也是高等教育实施有效质量保障的前提条件。在高等教育质量保障中，基本的目标导向是，建立起政府的宏观质量调控、社会的质量调节和高校的质量管理三方面共同协调、互为一体的体系，即“三位一体”的质量保障体系。这种“三位一体”的关系，意味着它们之间的关系既不是线性的政府指挥高校、高校适应社会，也不是平面的高校与政府、高校与社会、政府与社会的关系，而是非线性的、立体的关系。三者共存于同一个时空之下，共生于宏观的社会范畴之中，共同构成一个有机的整体，你中有我，我中有你。

在这里，政府的主要作用是掌握政治方向，制定基本的质量政策，确定质量重点，通过立法规范、行政指导、经济手段、督导监察等从宏观上规划和调控质量活动，指导、发挥社会中介机构在高等教育评价中的积极作用，对其评价进行元评价（meta-evaluation），或对评价机构进行认证，建立高等教育质量评价专家队伍和信息网络。社会则参与国家质量政策制定，实行舆论监督和社会评价，直接参与高校教育和质量管理活动，运用市场力量调节余缺，影响专业方向、比例、人才质量规格，引导高校间的质量竞争，并建立起相对独立的教育评价中介组织，调节各方矛盾，保证教育质量评价的客观性、公正性和科学性。高校作为办学实体，在政府宏观调控和社会质量调节作用下，通过制度规范、督促检查、评估评价、激励导向等手段，形成自我发展、自我约束的机制，将社会的质量需要转化成教育目标或质量要求，并根据本校办学实际，制定切实可行的培养方案并具体实施，对“教育输入—教育过程—教育输出”的全过程实施有效的质量管理，最终达到提升教育质量的目标。

在高等教育质量保障与评价中，政府、社会和高校均应保持必要的“度”，既相互独立，又相互依存，既相互制约，又共生共荣，置身于理想的关系状态下，达成综合平衡。政府应该是有限的，社会应该是开放的，高校应该是自主自律的。当前，高等教育质量保障与评价就是要处理好三方面的关系：一是政府与社会的关系。改变政府代替社会统揽一切社会事务的格局，把本应属于社会的管理职能交还给社会，对高等教育评价的主体进行结构性调整，变单一的政府官方结构为教育界、知识界和用人单位广泛参与、多方介入的多主体结构，有意识地培育、鼓励各学术团体、专业协会、民间组织的评价活动，发挥社会在高等教育质量保障与评价中的应有作用。二是政府与高校的关系。政府要转变职能，由对高校的直接行政管理转变为运用立法、拨款、规划、信息服务、政策指导和必要的行政手段，进行宏观管理，依照《中华人民共和国高等教育法》的有关规定，放权于高校，使之真正成为具有独立法人地位的办学实体。高校只有真正自主了，才能自治；只有自治了，才能有效服务于教育自身；只有有效服务于教育自身，才能有效服务于政府；只有有效促进了人的发展，才能有效促进社会的发展。[①]三是社会与高校的关系。加强高校与社会的联系，强化社会对高校质量的调节作用，使高校能培养社会需要的各种高级专门人才，同时，又要保持高校的独立地位，维护高校的学术性，实现人的身心全面发展，发挥培养全面发展的人的功能。要真正发挥大学自我评价的基础作用，充分尊重学校广大师生的意见，具体的教学质量评价应更多地依靠大学自我评价进行。

总之，从当前我国国情来看，要建立有效的高等教育质量评估体系，只是依靠政府评价或社会评价都是不可取的。“从我国教育现实看，把教育评价的责任简单交给社会或者教育行政部门，这很不现实也几无可能。”[②]我国高等教育质量保障与评价体系的建构，必须走一条将各类评估主体有效整合的多元化综合评价之路，即发展以政府监管为主导、社会评价为主体、高校自我评估为基础，综合多元主体的高等教育评价体系。

---

① 董云川. 调适大学与政府和社会的关系，改善中国大学生存与发展状态[J]. 现代大学教育，2003（6）：39-42.

② 欧阳康. 价值论研究的回顾与展望——全国第三届价值论学术讨论会纪要[J]. 甘肃社会科学，1992（3）：110-113.

第四章

大学评议

大学评议是大学社会评价的重要组成部分，是大学社会评价最基础的环节和最迅速的表达方式。当前学界没有给予大学评议足够的重视，人们对大学评议的认识还比较模糊，这不利于大学评议作用的实现，也影响了大学社会评价整体功能的发挥。

第一节　大学评议的内涵与表现

一、大学评议的内涵与特点

（一）大学评议的内涵

按照《现代汉语词典（第 7 版）》的解释，评有评论、批评和评判的意思，议有意见、言论、商议、议论的意思[①]，合在一起，评议相当于评论。评议一词一般不单独使用，而是与其他词合用，如同行评议、公众评议、大学评议等，尤其是同行评议使用最广。在大学社会评价活动中，大学评议属于普遍的个人评价，是高等教育系统之外非官方的个人、群体或组织，根据自身的立场、经验和价值观对高等教育做出的价值判断，主要包括街谈巷议、媒体评议、民众满意度、社会声誉、第三方质量报告等形式。大学评议没有限定评价主体，也没有严格的评价标准和明确规范的评价过程，是大学社会评价中最为随意的一种评价模式。大学评议由于规范性不强，随意而零散，经常被人们忽视，但这并不表示其在质量保障中无所作为。相反，由于社会主体成员和高等教育利益相关者的普遍介入，大学评议能够比较直观地反映社会公众对高等教育的认识和看法，是理性化、规范化社会评价的感性材料来源，是社会评价高等教育的基础环节和最迅速的表达方式，有利于在全社会营造良好的质量氛围，表达民众的质量观念，引导高校的质量行为。

对大学的评议不是现在才出现的，实际上什么时候产生了大学，什么时候就有了对大学的评议。随着时代的发展，大学与社会关系越来越密切，社会上有关大学的评议也越来越多。20 世纪 90 年代以来，随着我国高等教育规模的迅猛扩张，高等教育质量问题引起了全社会的广泛关注，高等教育利益相关者纷纷就高等教育发展中存在的问题，根据自身的立场、经验和看法发表自己的看法，如社会公众对高等教育发展过程中的现象和问题的议论，新闻媒体对高等教育事件的

① 中国社会科学院语言研究所词典编辑室. 现代汉语词典（第 7 版）[Z]. 北京：商务印书馆，2016：1009，1552.

报道和评价，学生、家长和校友等利益相关者对高校教育教学质量的评议，用人单位对毕业生综合素质的评价，高校社会声誉调查以及第三方质量报告等。虽然评议主要是社会成员基于自身立场、经验及价值观发表的对大学教育的观点和看法，还不够规范和权威，但它却直观地反映了社会成员对高等教育的价值诉求，促使高等教育提高服务质量，回应社会关切，从而能够更好地满足社会需求，适应社会经济发展。

（二）大学评议的特点

大学评议的主体一般都是大学的利益相关者，他们有着强烈的评价大学的意愿，倾向于从自身的立场和价值观出发对大学做出评价。在大学社会评价活动中，大学评议是最随意的一种，但也是最贴近社会、最能够反映社会公众真实感受和想法的社会评价模式。与大学排行和大学认证比较，大学评议的特点主要表现在以下几个方面。

1. 评议主体的多元性

无论是政府评价还是大学自我评价，其评价主体都是确定的、单一的，或者是教育行政部门，或者是高校自身。大学评议则不同，参与评价的主体没有身份限制，无论是社会个体（如家长、校友、教育捐赠人等），还是社会群体、组织（如用人单位、新闻媒体、专业协会、基金会等），都可以自由参与到高等教育评议中来，发表自己的观点和看法。实际上，随着社会主义民主化程度的不断提高，自由表达的空间不断扩大，社会上的任何人都可以自由表达其对高等教育质量的观点和看法，都可以对高等教育质量做出自己的判断和评价。当前的高等教育是一个典型的利益相关者组织，高等教育的存在与发展不仅直接涉及利益相关者的切身利益，而且有赖于利益相关者的支持与参与。[①]社会需要是高等教育存在和发展的条件，只有将众多的高等教育利益相关者吸引进来，引导他们关注高等教育发展，投身高等教育建设，调动社会力量参与高等教育监督与评价的积极性，才能促进高等教育健康发展。

2. 评议标准的多样性

由于利益相关者参与大学评价的立场、意愿和价值观各不相同，他们倾向于根据自身需要对大学做出评价，具有评议标准多样性特征。例如，家长是通过关心子女的身心发展而关注大学的教育质量，他们心目中的“好大学”标准主要是

---

① 马廷奇. 大学利益相关者与高等教育评估制度创新[J]. 华中师范大学学报（人文社会科学版），2009（2）：115-119.

教学质量、学校知名度和毕业生就业率等。与家长相比，大学生除了关心自身发展、就业率、薪酬待遇等方面外，更关心大学的知名度和社会声誉，力求选择一所自己心仪、公众认可度高的理想大学。用人单位将评价大学的标准的主要侧重点放在对大学毕业生的评价上，在评价毕业生时主要看重的是毕业生个人业务素质、综合能力和工作态度等，因此，在评价大学时更多的是关注高校的教学水平和人才培养质量，强调高校应注重对学生专业基础知识的培养，拓宽学生知识面以及加强学生动手能力和专业技能的培养。①社会慈善机构对大学的评价主要侧重于高校的办学质量、社会声誉以及高校对社会捐助资金的利用率等方面。

3. 评议方式的灵活性

大学评议的评价主体不受时间、地点以及身份的限制，可以随时随地、自由地发表对大学的观点和看法，评价主体不同，评议方式各异，既有直接评价，也有间接评价，既有口头评价，也有问卷调查以及个别访谈等，方式十分灵活。直接评价主要是指评价者可以直接参与评价过程，现场考察评价对象，评价结果具有客观性和真实性。例如，学生及其家长、校友、教育捐赠人作为高等教育的利益相关者，往往通过现场考察、参与教学评价、访谈交流的方式直接参与大学评价。用人单位是大学产出的直接体验者，主要通过高校与企业的产学研合作关系，直接评价大学的教学质量和人才培养质量。间接评价主要是指评价者通过问卷调查的形式对大学进行评价，如大学生满意度调查、用人单位满意度调查、校友满意度调查、社会声誉调查等。虽然间接评价的客观性和真实性不如直接评价强，但它的形式更灵活，评价者可以综合运用问卷、访谈、电话、网络等方式，不受时空限制，效率更高，可以大批量获取数据。口头评价是指评价者通过面对面交流的形式来评价大学，这种形式即时、直接、方便，评价者可以充分发表观点和看法，深入交流各自的想法，如街谈巷议、媒体评议、个别访谈等。

4. 评议结果的参考性

大学评议的主体是社会公众，评议标准的主观性和随意性较强，评议方式和评价过程都没有特殊要求，专业性不强，但这并不表示大学评议在高等教育质量保障中的作用可有可无。相反，由于高等教育利益相关者的普遍介入和参与高等教育评价，大学评议是理性化社会评价的材料来源，是社会评价高等教育质量的基础环节和最迅速的表达，能有效地汇聚社会公众力量，最大限度地发挥其质量保障和监督作用。尤其是在现代信息化技术飞速发展、高等教育快速发展的当今，

---

① 马陆亭. 用人单位对高校毕业生的录用与评价[J]. 高等教育研究，2002（1）：43-47.

高等教育质量问题受到全社会的广泛关注，各种街谈巷议、民众满意度、声誉调查、媒体评议、第三方质量报告十分活跃。这种自下而上的评价方式，能够真实地、广泛地反映社会公众对高等教育的意见和看法，通过汇总、整理和分析这些意见和看法，从中提取出有价值的信息，就可以为高校的教育教学改革以及政府的教育决策提供重要参考。

二、主要表现形式

大学评议的表现形式非常多样，如街谈巷议、媒体舆论、民众满意度、社会声誉、第三方质量报告等都是大学评议。

（一）街谈巷议

街谈巷议是社会公众根据自己的立场、经验和价值观对高等教育发表自己的观点和看法的一种评价方式。它是一种以人际话语交流为媒介的高等教育评价形式，这种评价形式较为零散，其主要表现形式有集会讨论、论坛沙龙、演讲报告等。街谈巷议作为一种自下而上的高等教育质量监督方式，代表着民间的声音，表达民众的质量诉求，对高等教育质量问题进行监督，有引导教育质量发展的作用。当今的高等教育已从“象牙塔”走向社会的中心，成为经济社会发展的重要引擎，与社会生活的诸多方面产生广泛而密切的联系，高等教育的发展牵动着每一个公民的心，高等教育质量已成为社会公众街谈巷议的重要话题。

（二）媒体舆论

在社会日益开放、通信工具日益发达的当今，新闻媒体对教育质量的影响和作用也日益增大。作为信息的载体和传播者，新闻媒体主要通过广播、报刊、电视、网络等媒介，把广大群众对社会生活各方面的现象和存在的问题所持有的观点、意见，以及解决这些问题的想法反映出来、传播开来，使这些问题成为人民群众普遍关心的热门话题。具体到高等教育领域，新闻媒体传播高等教育相关信息，监督高等教育质量，引导高等教育发展。一方面，通过“媒介”和“喉舌”的作用，新闻媒体可以满足社会公众对高等教育知情权的需求，促进高等教育信息公开化，引导社会对高等教育质量的监督；另一方面，作为社会舆论的“代言人”，新闻媒体代表着社会公众的意见和看法，反映了广大公众关注高等教育发展、参与高等教育事务的意愿，通过新闻媒体传达给政府教育主管部门，有利于教育决策部门及时地调整相关教育政策，促进高等教育健康发展。

（三）民众满意度

高等教育作为准公共产品，服务性是其重要特征之一，高等教育质量高低与其服务能力和水平密切相关。作为高等教育直接利益相关者，学生和用人单位的满意度最受社会公众关注。大学生是高等教育的受教育者和受益者，也是高等教育过程的参与者和体验者。随着人们对学生主体地位认识的增强，大学生对高等教育的满意程度日益受到重视。在大学学习生涯中，学生的成长和发展是大学教育的主要目的，学生考试成绩、获奖证书、就业表现等指标是其外在表现，而以学生自身感知为依据的、对自身在大学学习经历中的成长和收获的满意度则是更为重要的内在指标。这在高校生源竞争日趋激烈的当下，尤其值得高校重视。用人单位是高等教育产出——毕业生的聘用部门，它们最有资格评价大学毕业生的工作能力和综合素质。一般而言，用人单位对大学的评价主要集中在毕业生的个人业务素质、综合能力和态度上。有关数据显示，现在大学生的就业能力还不能使用人单位满意，用人单位对大学生就业能力的需求与大学生实际拥有的就业能力并不吻合，这是造成大学生就业难的重要原因。[①]因此，高等学校应当主动面向社会，深入用人单位，加强与社会的联系，建立毕业生就业状况的跟踪调查制度，根据社会需要调整人才培养方案，培养符合社会需要的高素质人才。

（四）社会声誉

社会声誉是大学在长期办学过程中给社会留下的综合印象，是大学整体价值和竞争力的重要表现。大学的社会声誉可以由民间机构通过对大学的学术声誉和社会地位等指标的调查来具体呈现。一方面，作为市场力量的主体——由学生、家长及企业雇主组成的教育消费群体，在市场作用的影响下，参与高等教育的声誉评估，通过声誉评估，可以为高校的内部管理与改进传达市场声音；另一方面，社会声誉也可为学生、家庭和企业提供有关高校的有价值的信息。大学获得良好的社会声誉是大学在激烈竞争中脱颖而出的关键。当前，各高校都非常重视其声誉调查，力求通过大学身份建构、大学形象传播和大学危机管理等途径提高其社会声誉。

---

① 郭德侠，郭德红，李怡. 用人单位对大学生就业能力的评价与高校课程改革[J]. 高等理科教育，2014（3）：81-87.

（五）第三方质量报告

当前，我国进入科技飞速发展和社会结构转型的新时期，大数据已渗透到人类社会的方方面面，利用大数据、云计算和物联网等技术，优化办学要素的结构，提高管理水平，是高校提高办学效益、促进高等教育管理由增量发展向质量发展转变的重要工具和基础。同时，随着我国管办评分离改革的有序推进，第三方评价机构的发展迎来了春天。在这种背景下，独立于政府和高校的第三方机构推出的质量报告也开始出现，其中比较有代表性的是麦可思公司推出的《中国大学生就业报告》。麦可思公司已连续 11 年（2009—2019 年）对毕业半年后高校毕业生的培养质量和社会需求状况进行全国性调查研究，并每年撰写年度报告。麦可思公司的《中国大学生就业报告》主要通过对毕业生的就业数量、就业质量、就业流向、能力与知识的满足程度等方面的分析，来反映社会需求与就业质量，试图在高校人才培养与市场需求之间架起一座沟通的桥梁。

第二节 大学评议的发展与现状

大学评议与大学相伴而生，在大学产生之初便有关于大学的种种评论。当前大学评议的形式十分多样，如街谈巷议、媒体舆论、民众满意度、社会声誉、第三方质量报告等，其中又以大学生满意度、用人单位满意度以及媒体舆论三种形式表现最为活跃，发挥了重要作用。

一、大学生满意度

大学生是高校所提供的教育服务的最直接受益者，大学生满意度指数在高等教育评估中具有重要地位。开展大学生满意度调查有利于引导学生参与学校管理，提升学校管理水平，已成为世界各国高校提高教育服务质量的重要举措。

（一）发展历程

世界上最早的大学生满意度调查诞生于 20 世纪 60 年代的美国，随后，英国、德国等其他西方国家相继开展大学生满意度调查。在我国，“学生满意度”概念是一个舶来品。20 世纪 90 年代末，随着我国大学生主体意识的不断增强和高等教育市场竞争的日趋激烈，如何为学生提供更有效的服务已成为我国高校面临的重要课题。于是，我国一些高校、相关管理者和研究人员逐步开展教育服务满意度的调查研究。我国最早的大学生满意度调查始于 2001 年，由清华大学组织实施。随后，很多学者对大学生满意度的影响因素或评价模型进行了探讨。例如，刘武和杨雪根据我国高校的具体情况，在借鉴美国顾客满意度指数模型的基础上，尝试建立了由高校形象、顾客期望、感知质量、顾客满意、顾客忠诚和顾客信任等结构变量构成的中国高等教育顾客满意度指数模型，并通过对沈阳市六所高校学生满意度的测评对该模型进行了验证分析。①刘俊学等通过对某省 12 所高校 1500 名学生的问卷调查，对大学生求学满意度影响因素及其程度进行了实证研究。研究结果表明，影响求学满意度的因素按其对总体评价影响大小的顺序依次为知识因子、教学环境因子、培养因子、服务因子、教学组织因子和管理因子。②

纵观大学生满意度的发展历程可以看出，高校学生满意度研究是高等教育发展到特定历史阶段的产物。随着高等教育规模的扩张以及高等教育大众化、普及化的到来，高等教育由“卖方市场”向“买方市场”转变，“学生消费者至上主义”观念盛行，高校不得不重视学生作为高等教育消费者的满意度和体验。当前，随着我国高等教育大众化和普及化的不断推进，大学生满意度逐渐受到重视，而有关大学生满意度测评的研究也引起学界的广泛关注。

（二）现状分析

自 21 世纪初高校学生满意度测评引入我国以来，经过十多年的发展，我国大学生满意度调查取得了一定的成绩，大学生满意度的重要性逐步受到重视，调查活动从无到有、从单一向多元方向发展，且调查的类型、内容日益丰富，指标体系也进一步完善。

首先，大学满意度调查逐步受到重视。高校扩招以前，我国高等教育处于精英阶段，高等教育资源十分稀缺，高等教育“卖方”市场特征明显，能否上大学是那时迫切需要解决的主要矛盾。高校扩招以来，我国高等教育大众化进程快速推进，高等教育规模迅速扩张，高等教育从“卖方市场”向“方买市场”转变，能否上好大学成为主要矛盾。党的十八大报告提出要“努力办好人民满意的教育”，

① 刘武，杨雪. 中国高等教育顾客满意度指数模型的构建[J]. 公共管理学报，2007（1）：84-88.

② 刘俊学，等. 大学生求学满意度影响因素及其程度的实证研究[J]. 高等教育研究，2006（11）：91-97.

大学生作为高等教育的核心利益相关者，其满意度成为衡量高校办学质量和水平的重要指标。同时，大学生满意度调查也是改善学生与学校关系、提高服务质量、促进学校自身发展的重要举措之一，不少高校主动开展大学生满意度调查，力求提高教育服务质量，以吸引更多、更好的生源。

其次，调查的主体日益多元。随着高校的竞争（尤其是生源竞争）越发激烈，大学生满意度调查日益受到重视，越来越多的机构和个人介入大学生满意度调查中来。目前，我国大学生满意度调查主要包含院校或机构层面的大学生满意度测量和个人层面的大学生满意度测量。院校或机构层面的大学生满意度测量，如2011年学信网在全国范围内开展了针对大学生满意度的调查——“普通高校大学生满意度调查”；清华大学于2009年在全国范围内开展的“中国大学生学习性投入调查”；北京大学启动的“首都高校教学质量与学生发展状况调查”。个人层面的大学生满意度测量，如李硕豪抽取4所本科院校和4所专科院校的1021名在校本专科生和研究生作为调查对象，了解甘肃省大学生对高等教育的满意度状况；袁昆明自编“在校大学生对高校服务满意度问卷”，发放问卷800份，调查了南昌地区5所省重点高校的本科生满意度情况；刘西拉在我国某著名大学的两个工科系组织实施学生满意度测评，目的是了解学生对该大学教学的看法等。①

最后，调查的类型、内容日益丰富。目前，针对不同类型、不同层次学校的大学生满意度调查问卷层出不穷，指标体系也不断完善。何源根据顾客满意度指数测评模型建构了普通高等学校学生满意度的基本模型，该模型包括六大结构变量：学校形象、学生期望、学生感知价值、学生满意度、学生忠诚、学生管理。②王雅霜根据高职院校的特点，从教师教学、人际关系与校园支持三方面，共设计了16个主要指标来测量大学生的满意度，构建了高职院校大学生满意度指标体系。③文静基于教学三要素（教师、学生、环境）理论，将三要素作为第一级要素，进而形成教学引导、规章制度、图书馆资源、食宿和人际关系等二级指标，对学生学习满意度进行了专门测量。④王嘉毅和赵志纯建构了校园生活满意度测量模型，该模型包含教学满意、校园环境满意、班级满意、宿舍满意、饮食服务

① 转引自刘建岭. 大学生满意度调查：现状、国际经验及发展策略[J]. 高等理科教育，2014（3）：64-70.

② 何源. 大学生满意度测评模型及其实证研究[J]. 高教探索，2011（2）：34-40.

③ 王雅霜. 高职院校大学生满意度研究——基于2011年“国家大学生学习情况调查”数据分析[J]. 中国高教研究，2012（7）：85-89.

④ 文静. 大学生学习满意度：高等教育质量评判的原点[J]. 教育研究，2015（1）：75-80.

满意、行政管理满意、课余生活满意七大要素。①

21 世纪以来，虽然大学生满意度调查逐步为我国教育界所关注，各种类型的大学生满意度调查也开始出现,但由于我国开展大学生满意度调查的时间还不长，实践经验还不丰富，还存在一些亟须解决的问题。具体来说，主要体现在以下几个方面。

第一，制度保障不健全。考察西方发达国家的大学生满意度调查工作，它一般是由政府支持并引入第三方机构来具体实施。例如，英国的大学生满意度调查之所以能从一种被动行为发展成为前摄性的主动行为，主要得力于政府的大力支持，逐渐从一所学校推广到全国。当前，我国的大学生满意度调查还比较零散、分散，全国范围内的大学生满意度调查还没有形成一种制度，致使大学生满意度调查未能有效发挥作用。这一方面是由于我国大学的公立性质导致其对大学生满意度调查的重视程度还不够，另一方面主要是由于当前我国大学评价的价值取向偏重于资源的输入，对大学生满意度这种过程性指标不太重视。不少大学排行榜所采用的指标重视招生人数与科研的投入和产出量，对学校资源投入的结果不设评价指标。

第二，高校主体不重视。大学生满意度调查不仅仅是一项衡量学生满意程度的调查，同时也是一项高校自我反省的调查。尽管随着我国高等教育规模的快速扩张，我国高等教育已由“卖方市场”转变为“买方市场”，但“以生为本”的理念并没有得到很好的贯彻，大学生满意度调查没有受到应有的重视。这一方面是由于我国招生模式和经费拨款机制变化不大，高校的危机意识并不强；另一方面是由于社会对高等教育的需求旺盛，而高等教育资源尤其是优质高等教育资源还处于短缺状态。正是由于高校自身生存压力不大，高校对大学生满意度测评带来的潜在作用认识不足，从而影响了大学生满意度调查在我国高校的顺利开展。

第三，理论研究不深入。当前，我国大学生满意度不被重视，甚至其结果被质疑，与其缺乏坚实的理论基础密切相关。虽然近些年来，我国学者在大学生满意度的理论研究方面也做了一些有益的探索，特别是在满意度调查的基本原理和模型构建方面做了大量工作，但总体而言，现阶段我国的大学生满意度调查主要还是以实践研究为主，理论研究尚处于引入阶段，主要以学习和借鉴国外的模型和指标为主，还没有形成中国特色的大学生满意度测量模型。目前，学界的研究多以顾客满意度（customer satisfaction）为基础，主要关注大学生对学校教育各项产品和服务等客观教育活动的评价，而忽视了学生在大学期间最应关注的问题是

---

① 王嘉毅，赵志纯. 大学生校园生活满意度的实证研究[J]. 大学（研究与评价），2007（11）：17-24.

其本身的成长和收获。大学生自我成长和收获的满意度与其成长需要有关，也与学校教育发挥作用的效果有关。因此，大学生满意度调查不能仅仅关注学生对外在教育活动的评价，更重要的是关注其对自身成长和收获的内在评价，在进行大学生满意度调查时，除了要看学生对学校某一工作或某些条件的评价意见外，更要关注学生对自己在校期间的成长与收获的满意程度。①

二、用人单位满意度

用人单位在雇佣关系中接触不同院校的学生，对毕业生的基础知识与技能、工作适应能力等的评价也相对客观。因此，用人单位满意度评价在一定程度上能弥补政府评价和大学自我评价的不足，能增强高等教育质量社会评价的客观性和公正性。

（一）发展历程

用人单位满意度属于顾客满意度的一种。顾客满意度是 20 世纪中后期计量经济学研究中广泛使用的一个概念，是指“一个人通过对一种产品的可感知效果（或结果）与期望值比较后形成的愉悦或失望的感觉状态”，其优势在于“从顾客的角度而不是企业自身的利益和观点来分析考虑顾客的需求”，以提升质量管理的效率，促进企业的发展。世界上最早的顾客满意度模型设计来自瑞典和美国。1989 年，瑞典建立了第一个全国性的瑞典顾客满意度指数（Sweden customer satisfaction barometer，SCSB）模型。1994 年，美国密歇根大学商学院与美国质量协会一起研发了美国顾客满意度指数（American customer satisfaction index，ACSI）模型。②

在我国，2001 年，由原国家教育委员会人事司组织编写的《高等教育评估》中写道，关于人才培养基本质量的评价，最好的办法是依靠社会反馈，即依靠社会用人部门对毕业生做出评价。2007 年开始，麦可思公司每三年开展一次雇主关于大学生的能力要求和雇用情况的全国性调查，这一调查旨在建立一个雇主需求测量与评价数据库。其数据库内容包括：雇主主要招聘渠道；雇主对本校应届毕

① 黄雨恒，郭菲，史静寰. 大学生满意度调查能告诉我们什么[J]. 北京大学教育评论，2016（4）：139-154.

② 赵婷婷，王彤，杨翊，冯磊. 用人单位对本科工科毕业生培养质量满意度的调查研究[J]. 高等工程教育研究，2016（4）：86-96.

业生的录取和薪资决定；雇主对本校应届毕业生的满意度和评价；雇主对本校应届毕业生的基本工作能力、核心知识评价与需求；雇主对本校各专业人才的未来三年的需求预测等。

（二）现状分析

随着我国高等教育的快速发展，高等学校毕业生数量迅速增加，为了发挥市场在资源配置中的基础性作用，我国建立起了与市场机制和高等教育大众化相适应的就业机制。在此背景下，用人单位有了聘用与挑选人才的充分自由，用人单位满意度调查随之盛行。经过这些年的发展，用人单位满意度调查取得了一些成绩，主要表现在以下三个方面。

首先，用人单位满意度调查的重要性开始得到重视。高校培养的人才质量如何、能否符合当下社会的现实需求，用人单位最有发言权。教育是培养人的活动，大学以高级专门人才的培养为追求。这种人才应该是既能实现自身充分自由的发展，又能更好地满足社会发展的需要。因此，对人才培养质量的评估必须与社会发展需要联系起来，而用人单位满意度调查能够使高校清楚地了解社会用人单位的人才需求，在人才培养过程中，既因材施教，促进学生个性发展和全面成长，又充分考虑社会上用人单位的要求，使学校的人才培养与社会需求相衔接，从而促进雇主企业、行业部门乃至整个社会经济的发展。因此，用人单位满意度调查的意义和价值开始为越来越多的人所重视。

其次，调查形式官民结合、种类多样。当前，我国用人单位满意度调查种类繁多，既有官方性质的调查研究，如共青团中央学校部和北京大学公共政策研究所联合发起的关于大学生求职与就业状况的调查，也有学校层面的调查研究，如北京大学教育学院的全国高校毕业生就业状况调查；既有企业公司的数据调查，如麦可思公司每三年针对雇主关于大学生的能力要求和雇用情况而开展的全国性调查，也有新闻媒体的问卷调查，如我国台湾地区的《Cheers》杂志开展的企业最爱大学生调查，还有学者开展的类型多样的调查，如赵婷婷等开展的本科工科毕业生培养质量满意度调查①、刘培军开展的用人单位对专业学位研究生教育质量评估的调查②；等等。从官方到民间，从机构到个人，调查类型十分

① 赵婷婷，王彤，杨翊，冯磊. 用人单位对本科工科毕业生培养质量满意度的调查研究[J]. 高等工程教育研究，2016（4）：86-96.

② 刘培军. 雇主评价：专业学位研究生教育质量评价的必要指标[J]. 黑龙江高教研究，2013（9）：121-124.

多样。

最后，调查结果产生了积极的社会反响。当前，用人单位满意度调查一方面在高校和用人单位之间架起了一座沟通的桥梁，使高校更好地正视社会需求，从而更好地服务社会经济发展；另一方面，随着调查样本的增多、调查范围的扩大以及调查经验的积累，各调查主体之间达成了广泛的理论共识。例如，当前用人单位一致认为，毕业生的教育质量主要包括以下三个层面：第一层面，学生的基本理论与基本技能，主要涵盖两个方面，即学生基本理论与基本技能的实际水平，以及学生的创新精神与实践能力；第二层面，职业道德素养；第三层面，学生在行业中的整体表现与发展潜力。[①]这些共识的达成，有利于我国用人单位满意度调查的进一步发展，同时也有利于高校人才培养方案的进一步完善。

作为检验高校人才培养质量的重要手段，用人单位满意度调查履行了追踪高校毕业生就业状况、反馈用人单位对高校人才培养的意见和建议的职责，推动了高校教育教学改革和人才培养模式的变革，促使高等教育更好地满足社会需求。但我国用人单位满意度评价还存在着许多问题，具体而言，主要表现在以下三个方面。

第一，用人单位重视不足。用人单位一般是承担某项具体社会职能的专门组织和企事业机构，并非专业的教育评估机构，不具有承担教育评价的责任和义务，因此，用人单位有时并不太关注和关心满意度调查，甚至还会将其视为一种额外的负担，很多用人单位对毕业生和实习生的评价容易流于形式，仅限于填写一些调查问卷、实习证明等，评价结果可信度不高。在缺乏制度保障的背景下，用人单位的评价行为是不可控的，具有随机性。此外，由于不同企事业单位在用人标准方面有不同要求，这容易导致用人单位的评价具有主观随意性，无法有效保证评价结果的客观公正性。

第二，评价过程不规范。当前，我国用人单位满意度调查工作面临的主要困境是缺乏制度保障。由于缺乏制度的规范和约束，目前的用人单位满意度评价无论是评价对象、工作岗位的选择，还是评价内容、评价方法的确定，均凭借雇主的主观意识，评价过程不够规范，评价标准以对毕业生的沟通能力、交际能力、工作态度等的总体印象为主，容易导致评价结果的失真和异化。例如，有学者做了普通本科工科毕业生教育质量的调查，得到的结果是用人单位对本科工科毕业

① 刘培军. 雇主评价：专业学位研究生教育质量评价的必要指标[J]. 黑龙江高教研究，2013（9）：121-124.

生的总体培养质量评价较高[①]，而有学者得到的结果却是用人单位认为当前的普通高校毕业生专业技术水平低，实践能力差，不能满足用人单位的要求[②]。在评价要素基本相同（用人单位性质相同、评价对象都是普通高校工科类本科毕业生、调查时间相近）的情况下，用人单位评价的结果却截然不同，这说明目前的用人单位评价还不够规范，标准较随意，公信力不高。

第三，跟踪反馈机制缺失。反馈调节是高校内部质量保障系统中的重要一环，是通过建立有效的教育教学质量信息渠道，及时准确地收集和整理反馈得来的信息，随时调节教育教学工作，使其始终处于良性运行状态。持续的用人单位满意度跟踪调查和比较分析，可以使评价者对高校专业建设和教学质量做出客观的评价，针对教学过程中存在的问题提出改进的意见与建议，这对于完善培养目标、优化课程体系、改进教学方法、加强学生实践能力培养等都具有很强的指导意义。然而，当前我国高校和用人单位之间普遍缺乏跟踪反馈机制。一方面，用人单位不重视对毕业生工作能力的评价，评价普遍流于形式，评价结果的公信力不高，难以使人信服；另一方面，高校内部跟踪调查工作与专业建设和课程建设结合度不高，一般只是毕业生就业部门开展调查工作，教务处等部门很少参与，而在专业建设和课程建设方面，就业部门又很少参与，这就造成了两者的脱节。如果缺少跟踪反馈机制，用人单位满意度调查结果不能为学校的教育教学改革提供实际的参考，那么用人单位满意度调查工作也就失去了意义。

三、媒体舆论

在信息化时代，作为社会公器的新闻媒体，承载着信息的汇集与传播功能，也肩负着对大学的监督和报道职责，在高等教育质量保障中发挥着重要的作用。

（一）发展历程

媒体舆论（又称新闻媒体监督）发端于西方 16、17 世纪时的资本主义萌芽时期，在其产生和发展的过程中得到了言论出版自由理论、人民主权理论、权力制约理论、新闻社会责任理论等四大理论的支持。在西方，舆论监督被称为在立法、

---

① 赵婷婷，王彤，杨翊，冯磊. 用人单位对本科工科毕业生培养质量满意度的调查研究[J]. 高等工程教育研究，2016（4）：86-96.

② 郭德侠，郭德红，李怡. 用人单位对高校毕业生的评价与高校课程改革[J]. 高等理科教育，2014（3）：81-87.

司法、行政之外的“第四权力”。“第四权力理论”由美国第三任总统托马斯·杰斐逊首先提出，他认为，报刊是政府的合法监督者。自由报刊应该成为对立法、司法、行政“三权”起到制衡作用的“第四权力”。1974年，美国联邦最高法院大法官斯特瓦特（P. Stewart）在演讲中，根据新闻媒体在当时社会中的重要作用，提出了“第四权力理论”。他认为，宪法之所以保障新闻自由，其目的就是保障一个有组织的新闻媒体，使其能够成为政府“三权”之外的“第四权力”，以监督政府，防止政府滥用权力，发挥制度性功能。[①]随后，舆论监督作为“第四权力”的理论得到了西方国家的普遍认可，成为西方国家的基本理念之一并得以贯彻执行，并在西方国家的政治生活中发挥着越来越大的作用。

在传统媒体阶段，人们对大学的了解主要依靠间接经验获得，这种间接经验的主要来源有两个：一个是人际传播中的人与人之间的相互传递；另一个就是人们通过接触大众传媒（如书籍、报纸等）来对大学进行了解，这是人们对大学公众形象接触、了解的重要来源。在信息化时代，大众传播媒介被赋予一种传递信息和解释信息的功能，从而获得了一种控制社会的能力，媒介一方面发挥着对大学的监督和报道功能，另一方面也可以成为在社会公众中引导树立大学良好形象的渠道和手段。当前，西方国家的舆论监督关注的重点也由理论思辨转移到更加注重实证，即如何通过采取更好的策略、方法、途径，使舆论监督更好地发挥其在高等教育领域中的作用。

改革开放以来，媒体舆论在我国的政治生活和日常生活中发挥着越来越重要的作用，并产生了广泛的影响。随着高等教育与社会发展的联系日益密切，高等教育既需要接受来自社会的支持，也需要接受社会的监督，而这种监督很大一部分来自媒体报道。诸如学生的学习生活是否丰富、教师是否尽忠尽职、学校管理人员是否有贪污受贿、考试是否营私舞弊以及招生就业是否公平公正等，都会成为新闻媒体关注的对象。新闻媒体对高等教育事件的报道，一方面发挥着对高等教育的监督功能，另一方面也发挥着传递信息的作用，从而引导社会公众更多地关注高等教育的发展。

（二）现状分析

在信息化时代，大众传播媒介被赋予一种传递信息和解释信息的功能，为大学表达自己的立场提供了平台，为公众表达自己的意见提供了制度化的渠道，已成为教育质量的“晴雨表”“监测仪”，在高等教育质量监督和保障中发挥着重

---

① 邱立楠. 西方媒体第四权力生成逻辑探析[J]. 新闻世界，2009（12）：92-93.

要作用。

首先，新闻媒体对高等教育的影响日益深远。我们生活在一个信息爆炸的时代，获取最新的信息是每个现代人必备的生存技能。新闻媒体是信息的最大载体，具有权威性、快捷性和广泛覆盖率，能够将各种信息及时传递给受众，对高等教育发展产生了深远影响。概括而言，新闻媒体影响高等教育的方式主要有两种类型：一是通过互联网、手机等现代媒介了解、关注高等教育质量事务，充分地交流和发表意见、建议，对高等教育质量问题进行褒贬与评价；二是依托报纸、杂志、电视、广播等传统新闻媒介对高校或高等教育内部事务进行报道、监督，进而能够促使高等教育管理部门更好地解决问题，引导高等教育健康发展。

其次，新闻媒体普遍关注高等教育事件。自从我国高等教育进入大众化阶段以来，高等教育进入普通大众视野，成为社会的热门话题。重要性、显著性是新闻媒体取材的重要标准，大众化阶段的高等教育热点新闻显然符合这一标准。有学者曾对新闻媒体报道高等教育事件进行了统计，其中涉及大学管理与人才培养的内容所占比例最大，大学教学、学术研究活动、教学改革、机构及成果次之，其他内容也多少都有报道。[①]此外，当前新闻媒体对大学生生活、学业和思想精神的关注成为大学报道的重点，大学生不仅是大学的主人，也成了大学报道的主人。《光明日报》对学生以及学生活动的报道仅次于人才培养、科研教学成果和校园历史文化活动三类内容之后，报道内容占比最大的人才培养也多以学生为主要对象。

最后，新闻媒体监督高等教育的作用日益凸显。在信息化时代，随着互联网的普及和公众对高等教育关注度的提高，新闻媒体在高等教育领域所发挥的作用越来越大，这主要体现在以下两个方面：其一，新闻媒体能将社会公众对大学提出的多样化要求，按照“去其糟粕，取其精华”的标准和“将无序的意见和建议归纳整理成简要的条目和选项”的规则，将相关意见表达和公共诉求集中起来，为公众表达自己的利益、要求、意见提供了制度化的渠道，从而在社会公众和高校之间架起了沟通的桥梁；其二，新闻媒体能帮助高校有效地应对社会危机，在危机爆发前，新闻媒体能及时对可能爆发的危机发出提示和预警，在危机爆发后，新闻媒体又能及时向社会公众传递处理危机的善意和措施，安抚公众，以减轻他们的压力。例如，某明星学术门事件被爆料出来后，迅速引起了社会轰动，媒体争相报道，导致了舆论裂变式传播。随着某明星学术门事件的持续发酵，社会公

① 胡西伟. 当代中国大学形象的媒介呈现与重建[D]. 武汉：武汉大学，2013：6.

众普遍关注高校的学术不端行为，这对高校学术不端行为的整治和高校学术环境的净化产生了重要影响。

当然，新闻媒体传播的功效也具有两面性，当传播产生负面作用时，也会使系统和组织走向紊乱，这是需要我们警惕的。在我国，新闻媒体参与高等教育质量保障和监督的时间还不长，舆论监督高等教育还存在着诸如舆论监督的外部环境不宽松、舆论监督缺乏法律的约束和保障、部分新闻媒体缺乏自律精神等问题。

第一，舆论监督的外部环境不宽松。舆论监督能够正常发挥作用，切实保障高等教育质量，需要宽松、自由的外部环境。然而，当前新闻媒体监督的外部环境并不宽松。一方面，公众对新闻媒体监督还存在着思想认识上的误区，认为新闻媒体监督不利于维护社会的稳定，加强新闻媒体的监督不符合“正面为主的方针”，将新闻媒体监督作为正面宣传的对立面来看；另一方面，高校还没有完全走出“象牙塔”，还不愿意主动接受新闻媒体的监督，也不习惯新闻媒体等“局外人”对其“指手画脚”，这就造成高校与外界质量信息的不对称，新闻媒体缺乏有效的信息来源，其舆论监督作用也会大打折扣。

第二，舆论监督缺乏法律的约束和保障。社会公众运用各种方式对高等教育质量行为进行监督，需要法律的约束和保障。改革开放以来，我国立法步伐大大加快，已初步形成了一个具有中国特色的社会主义法律体系，但是目前与舆论监督相关的法律几乎还是一片空白。同世界其他国家相比，我国还存在较大的差距，与当前我国舆论监督的现实要求也不相适应。这至少容易产生两种后果：一是由于缺乏法律保护，舆论监督疲软乏力，监督效果不佳；二是由于缺乏法律约束，高等教育质量的舆论监督不规范，制约监督质量活动的进行。

第三，部分新闻媒体缺乏自律精神。保持事件的真实性是新闻报道遵从的基本原则。然而，目前新闻媒体行业中的部分从业者为了吸引观众和读者的“眼球”，在对高等教育事件的报道中缺乏确凿的事实依据，出现了大量的似是而非的疑似报道。例如，有媒体对“北京大学把高尔夫球作为体育课”这则新闻进行报道，新闻一发出，很多媒体纷纷转载和演绎北京大学要投巨资建高尔夫球场，进而舆论的批评声音一度呈压倒的趋势。但是在北京大学校方的快速应对下，经过与媒体充分沟通和解释之后，北京大学想开设高尔夫球课程，只是计划建设一个占地并不大的高尔夫球练习台的真相才浮出水面。这场原本不该有的舆论批评显然是源于误读了新闻本身，并由相当的曲解才造成的。信息传播的不可或缺性和破坏性并存的特性，要求承担信息传播任务的新闻媒体要有强烈的责任意识和行业自律精神。

第三节　大学评议的完善路径

以街谈巷议、媒体舆论、民众满意度、社会声誉、第三方质量报告为主要表现形式的大学评议是大学社会评价的最基础和最迅速的表达形式，是理性化、权威化大学社会评价的材料来源，随着公民社会的日益发展和完善以及大数据技术的充分开发和利用,大学评议必将在高等教育质量保障中发挥越来越重要的作用。然而，如前文所述，当前我国的大学评议还存在着许多不尽完善的地方，要充分发挥大学评议在高等教育质量保障中的作用，需要营造多主体参与大学评价的良好氛围、建立新闻媒体行业自律机制、规范大学评议过程以及加强对评价结果的利用等。

一、营造多主体参与大学评价的良好氛围

随着现代教育评价理论与实践的发展，人们逐渐认识到单一评价主体存在着诸多弊端，主要包括指导性不强、可信度不高、合作性不强、结果使用率低等，多元主体参与评价的理念随之诞生。改革开放以来，随着我国经济体制的转轨以及高等教育改革的不断深化，同时受教育国际化、评价主体多元化理念的影响，我国大学社会评价活动迅速发展，大学评议形式进一步多样化，大学排行活动日益活跃，半官方性质的高等教育评价机构积极参与高等教育评估。然而，当前我国高等教育评价领域的主要问题没有得到根本解决，政府依然主导着高等教育评价。在这种评价模式下，由于评价信息来源的单一性，评价的客观性和公正性难以得到保证。复杂科学理论认为，只有多角度、全方位、多层次地分析复杂系统的多种要素、结构与功能，才能全面地认识其产生、变化与发展的原因与规律。

作为一种复杂现象，高等教育评价的复杂性决定了其不能由单一主体实施，而应该由多主体共同参与实施。多主体共同参与大学评价的优点在于，它将广大的高等教育利益相关者，如学生及其家长、用人单位、校友、教育捐赠人以及新闻媒体等，都邀请到评价过程中来，这能够有效地避免由于评价主体信息来源渠

道的单一性以及自身认识的局限性而影响评价的客观性和有效性，进而大大提高高等教育评价的可信度。因此，必须改革现行的高等教育评价制度，改变政府集管教育、办教育、评教育“三位一体”的传统模式，推进管办评分离。首先，政府要积极转变职能，从管制型向服务型、协调型和监督型转变，改变单一的政府行政主导型评估模式，通过出台相应的法律规范和实施细则，为社会力量参与高等教育评价提供法律保障；第二，平衡高等教育各利益相关者的权利，规范各个主体之间的权责以及它们所开展的评估行为，使整个评估体系的各组成部分之间能够相互协调，充分发挥各自的作用，共同为提高高等教育质量服务；第三，唤醒高等教育利益相关者积极参与大学评价的自觉意识，大学评议能否发挥质量保障和监督作用，在很大程度上取决于高等教育利益相关者的积极性和主动性，只有高等教育利益相关者普遍具有高等教育评价与监督的自觉性，主动参与高等教育质量监督，积极投身高等教育质量建设，才能在全社会形成多主体参与大学评价的良好氛围,才能为政府的教育决策和高校的教育管理提供有价值的参考信息，不断提高高等教育质量。

二、建立新闻媒体行业自律机制

在信息化时代，大众传播媒介被赋予一种传递信息和解释信息的功能，从而获得了一种影响社会的能力，对高等教育发展产生了深远影响。但舆论监督也是一把“双刃剑”，一方面能够对高等教育进行积极调节，营造质量气氛，实施质量预警，规范质量行为；另一方面，舆论监督的运用不当，也会对质量保障产生副作用。因此，加强新闻媒体的行业自律，强化新闻媒体的社会责任感及道德约束机制十分重要。

一方面，要完善新闻媒体舆论监督的相关法律规范。完备的法律法规是进行有效监督的前提，能够为质量监督提供基本的准则、规范，以达到监督目的。改革开放以来，我国立法步伐大大加快，已初步形成了具有中国特色的社会主义法律体系，但是目前与舆论监督相关的法律建设相对滞后，与西方国家仍有差距。借鉴国外关于新闻媒体管理的经验，我们应减少直接管理，学会运用法治手段，更多通过完善立法来体现管理意图，加强制度建设。因此，我们要完善新闻媒体监督的相关法律，通过立法来厘清自媒体言论自由与违法的界限，保障行业主管部门的自律权、自治权，规范行业生态，既要给予自媒体作者充分的自主表达权，维护他们的言论自由，也要依照已有的法律法规，及时对违法、违规行为进行适当的惩处，防止破窗效应。[①]

另一方面，要强化新闻媒体的社会责任感和道德责任感。新闻媒体的社会责任是指媒体组织在谋求自身发展、实现自身价值的同时应当承担的惠及全社会的一种使命和担当。保持事件的真实性是新闻报道应该遵从的基本原则和基本社会责任。新闻传播者在传播活动中经常面临角色冲突、权利冲突和利益冲突等责任冲突，陷入行为选择困境，有时会出现诸如有偿新闻、虚假新闻、低俗新闻以及新闻侵权和越权等事件。传播责任冲突的化解需要传播者掌握责任判断原则和平衡准则，熟悉伦理抉择模式，强化新闻媒体的社会责任感和道德责任感，由此才能形成伦理智慧，做出负责任的传播行为。要强化新闻媒体的社会责任感，必须不断加强新闻媒体从业人员的传媒素养培训，通过新闻伦理观、新闻职业准则的培训与学习，培养高尚的职业操守，保持正确的价值判断，忠于职守，客观公正，形成健康的行业风气。[②]新闻媒体从业人员职业道德观念的缺乏，是妨碍其社会责任履行、阻碍其道德水平提高的重要方面。因此，只有将道德教育贯穿于媒体从业人员的整个职业生涯，不断提高其认知水平、选择判断能力、新闻价值取向和新闻职业道德，防止新闻媒体从业人员在利益诱惑下动心，在强权干扰下低头，确保其在信息生产和传播的过程中牢记并恪守职业道德，促进新闻媒体行业的良性健康发展。

三、规范大学评议过程

大学评议是大学社会评价中最为随意的一种方式,不受评价主体身份的限制，高等教育利益主体可以就高等教育的相关问题自由地发表自己的观点、看法，主体多元，目标多样，形式各异。从组织学角度来看，大学评议是一种个别的、分散的社会评价形式。它以个人的切身体验、心理、理解能力和社会地位为限，还未达到整体的、系统的评价高度。但大学评议将社会公众纳入评价过程中来，从个人到群体、从大街小巷到论坛沙龙、从纸质媒体到网络媒体，广泛汇集来自学生及其家长、用人单位、校友、教育捐赠人以及新闻媒体等多方面的信息，并将这些信息反馈给高校和政府管理部门，从而实现对教育质量的监督和调控，不断提高高等教育的服务质量和水平。为了提高评价信息的准确性，需要规范大学评议的过程，尤其是那些较为成熟、影响力较大的评议形式，如民众满意度、社会

① 李晓博. 媒体社会责任治理：规则下的多重自律[J]. 中国广播电视学刊，2017（7）：40-43.

② 贺琛. 新闻传播者的道德责任感研究[D]. 长沙：中南大学，2013：160.

声誉调查、第三方质量报告等。

评价过程的规范性主要由评价主体的重视程度和评价的方法技术决定。要规范我国大学评议的过程，一方面，要强化大学评议主体的责任意识，引导学生及其家长、用人单位、校友、教育捐赠人等高等教育利益相关者参与满意度调查，明确大学生满意度、用人单位满意度、校友满意度等在高等教育质量保障中的重要作用，督促高校、用人单位在实际的调查活动中认真组织、认真实施；另一方面，要优化评价标准。因评价主体立场、经验和价值观的不同，评价主体对高等教育的评价标准存在着一定的差异，这些差异是导致评价过程随意性的重要原因。虽然评价主体的多样性必然导致评价标准的多元化，但我们可以根据这些多样化的标准抽象、提炼出具有普适性的标准。例如，大学生满意度作为一种复杂的社会心理现象，其影响因素多种多样，但能对大学生满意度产生影响的关键因素主要有两个——院校因素和学生因素，并进而可以将其细化为知识因素、教学环境因素、培养因素、服务因素、教学组织因素和管理因素六个维度，从而建构大学生院校满意度的综合化测量体系。[①]因此，在实际的大学生满意度调查活动中，我们应尽量制定具有普适性的评价标准，并结合实际调查需要对指标权重做出适当的调整。

四、加强对评价结果的利用

一般而言，大学评议的有效利用主要体现在以下两个方面：一是为政府及社会用人单位提供决策咨询和参考。国家、政府和各级教育管理部门对高等教育进行宏观调控，指导高等教育的发展方向，调控和指导的方法和手段多种多样，但必须建立在充分了解高等教育现状的基础之上，大学评议的结果是其参照依据之一。二是为高校改进工作提供信息反馈。大学评议通过广泛调动社会大众参与高等教育质量评价，并将多方面的信息反馈给高校，从而促进高校的发展。西方发达国家十分重视大学评议在高等教育质量保障中的作用，如满意度调查在美国、英国和澳大利亚等国已被大学视为日常管理工作中不可缺少的工具，通过调查发现不足、解决问题、完善决策，让学生、家长和社会公众对自己所提供的教育和服务感到满意，进而提高学校的社会声誉。在我国，对大学生满意度调查的使用还大多停留在了解学生对院校教育满意度的高低方面，只注重对调查结果的描述，而对调查结果的进一步使用的重视不够。“放在书柜里”的数据是软弱无力的，

---

① 鲍威. 高校学生院校满意度的测量及其影响因素分析[J]. 教育发展研究，2014（3）：22-30.

只有当数据被用来驱动决策、服务于管理和教育教学时，数据才能成为促进院校建设发展的力量。

大学评议将社会公众纳入评价过程中来，广泛收集来自学生及其家长、用人单位、校友、教育捐赠人以及新闻媒体等多方面的信息，我们必须充分利用这些来之不易的信息，从而为政府的决策咨询和高校的质量改进提供参考。例如，可以将大学生满意度、用人单位满意度、社会声誉、第三方质量报告作为政府教育决策的重要参考；内部的大学生满意度和外部的用人单位满意度的调查结果可以帮助院校改进行动计划或调整策略，可以帮助教师和学生改进他们的教学和学习，提高教学质量和人才培养质量。具体来说，要加强对大学评议结果的利用，必须从以下几点做起：首先，建立大学评议数据信息网络化平台，广泛收集来自学生及其家长、用人单位、人才市场、校友以及教育捐赠人等多方面的信息，并与这些高等教育利益相关者建立有效的沟通渠道，确保信息及时、通畅、准确；其次，成立高素质的信息处理队伍，利用最新的信息处理技术，在对调查结果进行整理、分析的基础上，准确给出调查结论和战略性的建议；最后，及时、有效地将评价信息传递给评价者、评价对象（学生）以及其他利益相关者，力求使利益相关者都能及时地获得评价信息，提高评价信息的利用效率。

第四节　案例分析——某明星学术门事件

某明星学术门事件是信息化时代、大数据时代媒体评议的典型案例。该事件始于2018年8月16日某明星在一次网络直播中表示自己不知“知网是什么东西”，这引发了公众对某明星学术水平的质疑，之后，舆情不断发酵，最终导致裂变式传播。截至2019年2月8日，有关某明星学术造假事件共计生成超3000篇报道，百度搜索结果高达 802 万条。[①]随着某明星学术门事件的持续发酵，社会公众普遍关注高校的学术不端行为，这对高校学术不端行为的整治和高校学术环境的净化产生了重要影响。

---

① 徐千童. 学术不端对公民受教育权的负作用探究——基于“翟天临事件”的探讨[J]. 法制与社会，2019（4）：144-145.

一、某明星学术门事件简介

2018 年 8 月 16 日，在一次网络直播中，某明星表示自己不知“知网是什么东西”，这引起了公众对其学术能力的质疑。知网作为中国最大的知识共享平台，是论文写作的重要参考数据库。某明星作为一名博士毕业生，并即将成为博士后，直言自己不知知网为何物，显然与其学术身份不相符。2019 年 1 月 31 日，某明星在微博晒出北京大学博士后录用通知书，表示自己即将前往北京大学继续深造。某明星作为娱乐圈少有的高学历演员，其博士学位一直为人所称道，因而获得了舆论的广泛关注。2019 年 2 月 7 日，有网民对某明星博士毕业却无公开发表论文表示怀疑，某明星学术造假问题引发舆论关注。2 月 8 日，其工作室发布否认学术造假声明，但之后又有网友爆出某明星在博士期间所写文章查重率高达 40.4%，随后被抄袭文章的原作者在朋友圈予以回应。舆情不断发酵，最终导致裂变式传播。

为了验证某明星的博士学位是否合法有效，有网友以其毕业当年的北京电影学院学位授予要求“博士答辩必须至少发表一篇核心期刊论文”为依据，对某明星的论文情况进行了审查。令人吃惊的是，网友不但查找不到某明星的博士毕业论文，学校所要求的“一篇核心期刊论文”也无法查找到，唯一公开发表的只有一篇时评文章，并且其查重率高达 40.4%，还涉嫌抄袭黄山学院文学院某教授于 2006 年刊登在《黄山学院学报》上的《一个有灵魂深度的人物——〈白鹿原〉之白孝文论》。此外，还有网友贴出某明星读博期间的工作日程时间线。统计表格显示，从 2014 年 7 月入读北京电影学院电影学专业博士研究生后，其接戏、广告不断。另有网友统计，某明星在读博四年期间，至少主演了 11 部戏，参演了 7 部戏，做了 24 个代言，录了 17 个综艺节目。对此，有学术界人士质疑某明星哪有时间搞学术研究。[①]

随着网友持续的深究和爆料并且提供了一系列证据，事件的真相逐渐清晰，那就是某明星的博士学位是违规取得的。在这一违规前提之下，北京大学聘用其为博士后又是否合法呢？通过查找相关条例以后发现，某明星并未达到担任博士后必须拥有至少两篇代表作的要求，也就是说，北京大学是违规聘用某明星为博士后的。违规取得博士学位，违规被录用为博士后迅速将某明星推向风口浪尖，一时间群情激愤，舆论哗然。

---

① 徐千童. 学术不端对公民受教育权的负作用探究——基于“翟天临事件”的探讨[J]. 法制与社会，2019（4）：144-145.

二、某明星学术门事件迅速发酵的原因分析

某明星学术门事件之所以迅速发酵并产生广泛的社会影响，主要原因在于在信息化时代、大数据时代，任何一个热点新闻足以引发裂变式传播，而某明星学术门事件正好涉及公众普遍关注的高等教育公平问题，此外，某明星的“明星人设”问题也是舆论关注的焦点。

第一，大数据时代舆情的裂变式传播。随着科技的发展，以“5V”［volume（大量）、velocity（高速）、variety（多样）、value（低价值）和veracity（真实性）］为基本特点的大数据融入人们的生活。与传统的舆情主要在民间传播不同，网络舆情是社会上的舆情在网络中的反映。网络舆情以网络为载体，以事件为核心，具有自由性、交互性、多元性、偏差性和突发性。在网络舆情的传播过程中，在一个事件发生后，公众对此事件产生的直接看法为原生舆情，在各种因素的作用下，舆情发生裂变后所引发的舆情则为“次生舆情”。在大数据背景下，次生舆情越来越多地伴随原生舆情出现，这在某明星学术门事件中体现得特别明显。自某明星晒出博士后录取通知书后，话题热度居高不下，随后有网友爆出其在2018年的一次网络直播中表示自己不知“知网是什么东西”，引发公众的质疑。之后关于某明星的学术背景被层层深挖，如博士论文没有被知网收录、博士毕业期间发表的论文达不到毕业要求且存在严重抄袭、博士期间接戏太多，导致其不可能安心做学术等。[①]

第二，高等教育公平问题是公众关注的焦点问题。我国一直以来都对公民的受教育权十分重视，除了在宪法中有明文规定外，还制定了一系列法律法规来确保其实现。例如，为了保证各高校向外输送的人才具有符合其学历的能力，我国制定了《中华人民共和国学位条例》，并由各学校以此为标准，参照实际情况对毕业生学位授予做出细化规定，以期对毕业生在校期间的学习情况做出最后评价。但随着社会不良风气向学界的蔓延，原本纯净无杂的学术环境慢慢开始滋生出丑陋的毒瘤，从特惠入学到学历造假，从考试作弊到论文抄袭，学术环境逐渐被污染。某明星学术门事件之所以引发舆论哗然，除了其良好的人设瞬间崩塌外，最重要的原因在于其破坏了教育秩序，违背了教育公平的原则，且不遵守学术道德规范，破坏了学术风气。学术是神圣的，但在某明星这样的名利场中人看来，学术的规矩是可以随时为了他们而打破的，尤其是制定规则的机构，也就是学校也

---

① 姚雨儿，吴佳芮. 大数据时代下舆情裂变式传播探讨——以翟天临事件为例[J]. 新闻研究导刊，2019（2）：77-80.

成了名利场的同谋。这对于正在熬夜认认真真苦读的硕士生、博士生来说，不就像一种嘲讽吗？某明星的作为，是对学术公平性的羞辱，不仅打碎了学术的规矩，也打碎了无数人“知识改变命运”的梦想，堵塞了“通过努力可以上升”的阶层流动通道。

第三，明星的“人设”也是公众关注的重点。近几年，“明星人设”成为社会热议的话题。“人设”即人物设定的简称，而明星的“人设”指经纪团队和公关团队为捧红明星而为其设定的人物形象。我国有相当一部分民众对明星“卖人设”现象存在不满，加之娱乐界一些明星的人设崩塌问题，“明星人设”成为被舆情诟病的存在。很多人知道某明星，大概是从 2018 年年初的两档综艺节目——《演员的诞生》《声临其境》。两档节目之后，某明星的人气大涨，被很多人称赞为“年轻演员中学历最高的”“念书念得最好的里面演技最好的”等。某明星的学霸人设还要从其个人简历说起：2006 年，进入北京电影学院表演班；2010 年，进入北京电影学院表演系硕士研究生班；2014 年，考取北京电影学院电影学专业博士研究生，并于 2018 年 6 月 30 日毕业，正式获得博士研究生学位；2019 年 1 月 10 日，被北京大学光华管理学院录取为工商管理学博士后。至此，“学霸”明星、“中国学历最高”演员成为某明星的人设。北京电影学院硕士、博士毕业，北京大学光华管理学院博士后，某明星头顶如此耀眼的学术光环，娱乐圈无出其右。某明星的演员之路可谓一帆风顺，13 岁便出演《少年往事》男主角，之后凭借精湛的演技和深厚的学历背景，某明星的公众关注度也因此急升，片约应接不暇，受邀上央视春晚演小品更是锦上添花。然而，讽刺的是，某明星刚刚在春晚小品中演完“打假”的刑警后，即被网友“扒出”涉嫌学术造假，这无疑会吸引公众的兴趣，使公众想一探究竟，这也是某明星学术门事件迅速发酵的重要原因之一。

三、某明星学术门事件对我国高等教育系统的影响

某明星学术门事件经历多日发酵后，有关某明星学术不端、论文造假、脾气暴躁、耍大牌、高考成绩撒谎等消息源源不断，引起社会各界的广泛关注。随着公众关注焦点逐渐扩大，某明星的导师及其母校也成为公众关注的对象。在网络舆情的迅速扩大和持续发酵下，社会公众的关注焦点形成了强大的舆论监督力，推动整个事件朝着公众预期的方向发展。2019年2月14日，某明星发道歉信，表示虚荣心和侥幸心让他迷失了自己，他的不当行为让学校声誉被连累，让学术风气被影响，让公众的信任被辜负，他深感自责和内疚。他说自己已正式申请退出北

京大学博士后科研流动站的相关工作。随后，其母校北京电影学院公布调查结果：决定撤销某明星博士学位，其导师一并被取消博士生导师资格。2月15日，教育部召开新闻发布会，申明对于学术不端的一贯态度是零容忍，绝对不允许出现无视学术规矩、破坏学术规范、损害教育公平的行为，发现一起，核实一起，查处一起，绝不姑息。有关方面在督促核查中，不光核查某明星本人是否学术不端，也核查工作的各个环节。至此，某明星学术门事件告一段落，但此次事件对高等教育系统的影响远未结束。

首先，促使高校提高毕业生论文质量和人才培养质量。一直以来，高校试图穷尽各种方法以提高毕业生论文质量，但效果并不太理想，出人意料的是，某明星的一次网络直播却做到了。在经历某明星学术门事件后，学术不端、论文造假被推至舆论的风口浪尖，各高校空前重视这一基本的学术道德规范。为此，各高校一再强调论文查重的重要性，论文查重率一降再降，很多学校从以前的30%降到20%再降到8%[①]，论文过不了查重率，答辩无望，学生就只能延期毕业。这让本来就要经过论文查重、匿名评审、反复修改、答辩陈述等一系列环节的毕业生面临着巨大的压力，不得不努力提高毕业论文质量。此外，在经历这场风波之后，很多学校也提高了人才质量培养要求，对不符合培养要求的学生予以清退。据不完全统计，从2019年年初以来，已有多所高校着手清退研究生工作。例如，广州大学对72名研究生做出了退学处理；合肥工业大学对46名研究生予以退学处理；中南林业科技大学29名博士研究生、22名硕士研究生、284名非全日制硕士研究生进入清退名单等。[②]某明星学术门事件后，我国高校制定的各种提高人才培养质量的措施表明，我国高校正式进入“严出”的时代。

其次，推动高校完善学术不端、学术造假处罚机制。近年来，我国高等教育系统中学术不端现象屡见不鲜，如唐骏学历被指造假、厦门大学医学院的傅瑾博士学位造假、南京大学梁莹涉嫌论文抄袭等，直到某明星学术门事件将学术不端、学术造假推至风口浪尖，获得了公众前所未有的关注。某明星学术门事件之所以引起轩然大波，最重要的原因在于，它玷污了学术，污染了学术环境，让整个学术界蒙羞。学术是神圣的，它发端于人类原始的好奇心，其终极目的是探索自然和人类社会的规律，进而为人类社会发展服务。某明星学术门事件后，多位专家倡导建立适合我国国情的学术不端处罚机制。一方面，以《中华人民共和国学位

① 人民日报海外版. 高校毕业论文查重日趋严格：有学校已将“查重率”降至 8%[EB/OL]. https://baijiahao.baidu.com/s?id=1635912719378622388&wfr=spider&for=pc. [2019-06-10].

② 光明日报. 46 名、72 名……这些研究生，被集中退学了[EB/OL]. https://baijiahao.baidu.com/s?id=1628254555691821713&wfr=spider&for=pc. [2019-03-17].

条例》和《高等学校预防与处理学术不端行为办法》为依据，建立健全从学位培养到学位授予的学位管理全过程质量监控体系，学位授予单位应完善学位论文以及公开发表的学术论文的质量监督、管理制度，严防学术不端等行为的发生，严把质量关，同时还应通过相关制度进一步细化和明确指导教师的督促、指导和教育职责。另一方面，还要确立学术良知，建立学术诚信体系。要抵制学术不端，除了立法上要高度重视之外，还要加强对学生的诚信教育，从根源上遏制抄袭、伪造等行为。

最后，引发公众对教育公平问题的深入思考。我国宪法明确规定，受教育权是所有公民的一项基本权利和义务，国家必须保障公民受教育权的实现。在我国，受教育权平等既体现为所有公民不受年龄、性别、地域等因素的影响，一律平等地享受国家和社会提供的同等质量的教育资源，又体现为所有公民都必须通过选拔和考核，达到一定的标准方能继续享受高等教育服务。某明星学术门事件之所以引起公愤，就在于它打破了受教育权的平等。一方面，某明星违规获得的学历，也许是许多学生拼尽全力才能得到的，或者因为他违规占用博士名额，可能另一个学生就错失了继续接受高等教育的机会。某明星除了伪造博士研究生成绩，违规被聘为北京大学博士后外，他的硕士论文涉嫌严重抄袭却仍然顺利毕业，并继续攻读博士学位的行为，无疑就是对受教育权平等性的无视。另一方面，某明星作为一名演员，在读博期间拍了十几部影视剧、录了十几个综艺节目，却依然获得了博士学位，甚至收到了北京大学光华管理学院博士后流动站的录取通知书，这种打破学术规矩、堵塞阶层流动通道的行为，与那些寒窗苦读、“板凳甘坐十年冷”的莘莘学子形成了强烈的反差。某明星学术门事件刺痛了人们对教育公平的期许，触发了公众对公平正义的焦虑。政府相关部门和高等教育系统只有彻底清查类似的学术不端、学术腐败行为，着力廓清学风，查找并堵住制度漏洞，确保招生录取公平，巩固人们对社会公平正义的信任根基，才能逐渐改善教育不公平现象。①

① 李思辉. 翟天临学术造假不是一起娱乐事件[N]. 湖北日报，2019-02-17.

第五章

大学排行

大学排行是当今世界各国普遍存在的大学社会评价形式。世界上第一个大学排行榜是 U.S. News 于 1983 年发布的“全美大学排名”，随后其他国家也相继发布了各自的大学排行榜。大学排行形式灵活，简洁直观，特色鲜明，评价结果具有一定的参考价值，是大学社会评价体系中的新锐力量和重要补充。

第一节　大学排行的内涵与表现

一、大学排行的内涵与特点

（一）大学排行的内涵

大学排行主要由民间团体和社会中介组织实施，通过建立一整套规范的评价指标体系，根据指标体系收集参评学校的相关数据信息，然后对所有参评学校逐项打分，加权汇总后进行排序，再利用相关媒体公布排行榜。简单来说，大学排行就是一些民间机构或团体，通过使用一些主客观指标和来自大学或者公共部门的数据，对大学按照各自之间的相对水平进行“质量评定”。[①]大学排行作为一种外部评估方式，更多地体现在办学效能核定、质量证明、鉴定等总结性评价方面，与高校内部评估系统的功能（改进、激励）既相互独立，又相互补充。从本质上看，大学排行是社会力量对大学进行评估的一种重要方式，是排行机构按照特定的排行目的而设计的指标体系，把大学的教育质量、科研水平和社会服务水平归结为可比的数量指标，并通过对大学相关信息的搜集而得出的大学等级序列分布的过程。

大学排行最早兴起于美国。1983 年，U.S. News 推出“全美大学排名”，这是世界上最早的、综合性的大学排行榜，对世界各国产生了广泛影响。随后，英国的《泰晤士报》、加拿大的《麦克林》、德国的《明镜》、日本的《钻石》周刊和《亚洲周刊》等新闻媒体也相继发布了大学排行榜。我国大学排行起步于 20 世纪 80 年代后期。1987 年，中国管理科学研究院科学学研究所发布中国大陆第一个大学单项排行榜。1993 年，广东管理科学研究院武书连课题组第一次发布中国大学排行榜（综合），之后每年一度推出大学排行榜。随后，网大（1999）、中国校友会网（2003）、上海交通大学高等教育研究院（2003）以及武汉大学中国科学评价研究中心（2004）相继发布大学排行榜。

① 刘念才，程莹， Sadlak J. 大学排名：国际化与多元化[M]. 上海：上海交通大学出版社，2009：4.

大学排行作为一种新兴的教育评价方式，它的兴起和发展满足了社会各层次的需要，在提供大学发展信息、保障高等教育质量、引导大学之间的竞争等方面有着重要的意义。目前，世界各国存在着各类大学排行，既有全球、全国或者某一区域高校的综合排行，也有针对学科专业等某个专项的排行。从排行的发布机构来看，一般都是一些民间社会机构，包括新闻和网络媒体、商业公司，也有专业的大学、研究所等学术机构。从大学排行的目的来看，除了帮助考生择校和选择专业的院校排行之外，还涌现了大量的学科专业排行和科研实力排行。

（二）大学排行的特点

从与大学评议和大学认证的比较来看，纵观国内外的大学排行榜，从评价目的、评价主体、评价标准以及评价结果等方面来看，大学排行主要有以下特点。

1. 评价目的的商业性

大学排行榜的形成主要是市场需求的产物，其产生的最初动因就是为学生及其家长择校提供参考，具有很强的市场导向性。从事大学排行的一般都是新闻媒体，报道各种新闻事件、引起社会的关注是新闻媒体的天职，其主要是出于直接的经济目的。[①]例如，U.S. News 每年 9 月刊登的“全美大学排名”一出，该杂志的销量便大幅增加；英国的 THE“世界大学排名”也都一直发表在报纸和杂志上，其主要目的也是吸引读者的眼球，提高杂志的销售量。此外，国际上知名的大学排行榜，如加拿大《麦克林》的大学排行、澳大利亚的大学国际地位排行、德国《时代》周刊开展的大学排行等，其发布机构都是新闻媒体，新闻媒体从事大学排行的最主要目的显然是与商业目的紧密联系在一起的。当然，新闻媒体开展大学排行最原始的目的是商业性的，但大学排行也在客观上起到了引导资金流向、促进大学竞争、吸引国人关注高等教育和实现公众对高等教育的监督等作用。

2. 评价主体的民间性

大学排行的评价主体应具备客观公正性及专业权威性，只有非官方的独立民间机构才适合做大学排行，因为大学排行与高校、政府等有着紧密关系，由其中任何一方从事大学排行都难免被人质疑其可行性，可以说，大学排行的特性决定了大学排行的主体只能是民间机构。纵观国内外有影响力的大学排行榜可以发现，

---

① 刘理，蒋凯. 全球大学排名：高等教育作为一个市场[J]. 大学教育科学，2012（6）：90-93.

开展大学排行、发布大学排行榜都是以民间团体和社会中介组织为主体。例如，美国“全美大学排名”是由 U.S. News 推出的，英国的“世界大学排名”由 THE 支持和发布，英国、日本、加拿大、德国、俄罗斯等国家的高校排行都是由本国的新闻媒体主持和发布的。我国的大学排行榜也主要是由民间团体制作和发布的。例如，广东管理科学研究院武书连课题组的武书连榜、武汉大学中国科学评价研究中心推出的中评榜，以及上海软科发布的 ARWU 都由民间研究机构推出，而网大的网大榜和中国校友会网的校友会榜由商业公司推出。无论是新闻媒体、研究机构还是商业公司，它们都主要是民间团体和社会中介组织。

3. 评价标准的客观性

尽管由于评价目的和评价理念各不相同，各排行榜的指标设置和权重分配存在很大的差异，但在重视客观标准、强调量化评价这一点上却是一致的。例如，U.S. News“全球最好大学排名”的排行指标体系由 16 个二级指标构成，这些指标中仅“学术声誉”一项属于定性指标，其余二级指标均为定量指标。再如我国国内的大学排行榜，广东管理科学研究院武书连课题组的武书连榜和上海软科的 ARWU 没有定性指标，所有指标都是量化的客观性指标，网大的网大榜、中国校友会网的校友会榜以及武汉大学中国科学评价研究中心推出的中评榜中均有“学校声誉”这一定性指标，但比重都很小。国内外的大学排行榜普遍以客观性指标为主，这是由大学排行的性质决定的，大学排行就是要把大学的教育质量、科研水平和社会服务能力转化为可比的数量指标，并广泛搜集来自各方面的数据，通过信息化手段和大数据技术来完成大量统计数据的计算和评价工作，使大学排行简单化、直观化。这种客观量化的评价解决了不同类型高校之间的可比性问题，但它只能部分反映大学的办学质量和水平，即只能评价整个大学教育的显性部分，而诸如办学宗旨、理念、学校文化软实力、教学质量以及社会服务质量等隐性部分难以衡量，这也是大学排行很难规避的一大缺陷。[①]

4. 评价结果的导向性

大学排行榜是市场需求的产物，其产生的主要动力是为满足市场的信息需要。因此，大学排行榜十分注重评价的社会效益，评价结果是为社会提供信息服务，包括为考生及其家长在择校时提供参照依据，帮助他们选择考生满意的学校或专业；为用人单位的人员招聘和人力资源选择提供帮助；为社会公众搭建信息平台，提供大学建设发展的基本信息；促进高校内部竞争机制的形成，通过高校之间的

① 刘尧. 大学排名被曲解误用的困境何以突破？——从习近平讲“别太在意排名”谈起[J]. 上海教育评估研究 ，2017（3）：40-45.

对比，鼓励先进，鞭策落后；为政府的教育决策提供参照，推进“双一流”建设等。以我国的大学排行榜为例，校友会榜的累积性指标可以帮助民众了解大学的办学条件和已有的办学资源；武汉大学中国科学评价研究中心推出的中评榜从教育投入、产出和效益几个方面对大学进行评价，帮助考生和家长了解不同层次的大学在教育投入、产出及效益方面的信息。两大排行榜评价结果的导向性都很明确，即为社会提供相应的信息服务等。

二、主要表现形式

大学排行榜是社会需求的产物，满足公众对高等教育的信息需要，公众对高等教育信息需求的多样化导致排行类型的多样化。当前，各大学排行机构推出了类型多样的大学排行榜，既有院校排行，也有学科排行；既有综合排行，也有单项排行。

（一）院校排行与学科排行

院校排行是以高等院校为排行对象，针对不同层次、不同类型的高校制定不同的评价标准，将大学的人才培养、科学研究和社会服务等基本内容归结为可比的数量指标，最后加权汇总后形成的排序。院校排行是当前国内外大学排行的主流，国外的如 U.S. News 的“全美大学排名”“全球最好大学排名”，英国 QS“世界大学排名”和 THE“世界大学排名”，国内的如广东管理科学研究院武书连课题组推出的“中国大学综合实力排行榜”，中国校友会网推出的“中国最好大学排名”“中国各地区最好大学排名”，武汉大学中国科学评价研究中心推出的“中国一流大学排行榜”“中国一般大学排行榜”“中国民办院校排行榜”，上海软科发布的“中国最好大学排名”等，这些都主要是院校排行。

学科排行是以单一学科（一级学科）为排行对象，对该学科进行整体水平评估，并根据评估结果进行排行。我国最有影响力的学科排行是由教育部学位与研究生教育发展中心组织的学科评估。教育部学位与研究生教育发展中心的学科评估按照国务院学位委员会和教育部颁布的《学位授予与人才培养学科目录》对全国具有博士或硕士学位授予权的一级学科开展整体水平评估。学科评估是教育部学位与研究生教育发展中心以第三方评估方式开展的非行政性、服务性评估项目，2002 年首次启动，截至 2017 年共完成了四轮学科评估。教育部学位与研究生教育发展中心的第四轮学科评估指标体系中一级指标有四个，包括师资队伍与资源、科学研究水平、人才培养质量、社会服务与学科声誉；评估数据以“公共数据和单位填报相结合”的方式获取；评估结果按“分档”方式呈现，共分 9 个档次：A+、A、A–、B+、B、B–、C+、C、C–。此外，我国的民间排行机构也发布各种学科排行，如广东管理科学研究院武书连课题组的“中国大学学科门类排行榜”、中国校友会网的“中国一流学科排名”、武汉大学中国科学评价研究中心的“中国研究生教育分一级学科排行榜”、上海软科的“中国最好学科排名”等。

（二）综合排行与单项排行

综合排行是以某类高校的整体办学质量与水平为排行对象而推出的大学排行，与院校排行有类似之处，但也有差异。院校排行是以确定的院校为排行对象，既可能是综合排行，也可能不是综合排行。例如，上海软科的 ARWU 是院校排行，但主要是大学学术实力的排行，指标体系的设置也十分简单，算不上综合排行。换言之，院校排行不一定是综合排行，但综合排行一般是院校整体排行。目前，就国内外大学排行的实际情况而言，大学排行机构推出的大学排行榜以综合排行为主，如 U.S. News 针对美国国内发布的“全美大学排名”和针对全球发布的“全球最好大学排名”，英国 QS 和 THE 的“世界大学排名”都是综合排行；我国国内的民间大学排行，如广东管理科学研究院武书连课题组的“中国大学综合实力排行榜”、网大推出的网大榜、中国校友会网发布的“中国各地区最好大学排名”、武汉大学中国科学评价研究中心推出的“中国重点大学综合竞争力排行榜”“中国一般大学综合竞争力排行榜”等都是综合排行。

单项排行是相对于综合排行而言的，是针对某类高校的某一个领域或某一个方面而进行的排行。由于高等教育系统是一个庞大的系统，涵盖的要素非常多，而且有些要素还很难量化和比较，所以单一项目排行往往更具“科学性”和说服力。目前我国民间大学排行机构都有名目繁多的单项排行，如广东管理科学研究院武书连课题组的“中国大学教师学术水平排行榜”“中国大学新生入学质量排行榜”，中国校友会网的“中国大学教学质量排名”“中国大学毕业生质量排名”等。就单项排行种类的多少来看，目前中国校友会网的单项排行涵盖面最广，教学、科研、社会服务都有涉及，如“中国大学教学质量排名”“中国大学全球高被引学者排名”“中国大学国际奖励排名”“中国大学技术转让收入排名”“中国大学社会捐赠排名”“中国大学本科毕业生质量排行榜”等。

第二节　大学排行的发展与现状

改革开放以来，经过 40 多年的探索与改进，我国大学排行活动日益走向完善，目标追求多元，服务对象明确，指标体系渐趋合理。但当前我国大学排行活动仍存在许多问题，如排行指标体系有待完善、排行过程缺乏技术支撑、数据来源渠道单一以及排行外部环境不宽松等。

一、大学排行的发展历程

随着我国高等教育大众化进程的加快，政府和社会对高等教育的要求和期望越来越高，越来越多的人关注高等教育的发展，大学排行应运而生。根据大学排行在不同阶段所呈现的阶段特征不同，可将我国大学排行发展历程分为四个阶段。

（一）萌芽起步阶段（1985—1991 年）

改革开放之前，我国的高等教育管理是计划经济体制下的统一管理模式，大学评价是政府部门的事情，政府之外的社会力量是不能介入的。1985 年，《中共中央关于教育体制改革的决定》指出，教育部门要组织教育界、知识界和用人部门定期对高等学校的办学水平进行评估。这是我国第一次鼓励社会力量对大学进行评价，为大学排行的发展提供了政策上的支持。与此同时，国外一些发达国家的大学排行陆续传入我国，其中以“全球最好大学排名”最具影响力。在国内教育体制改革和国外社会对大学评价的双重影响下，我国大学排行活动开始起步。

这一阶段，大学排行的标示性事件是 1987 年 9 月，中国管理科学研究院科学学研究所以《科学引文索引》（Science Citation Index，SCI）数据源为指标，在《科技日报》上发表了《我国科学计量指标的排序》，公布了对我国 87 所重点大学的排序。这个只有一项指标的大学排行具有划时代的意义，标志着我国大学定量排名研究的开始。1988 年 1 月，该机构又增加了工程索引（Engineering Index，EI）数据源，在《光明日报》上发表了《用科学指标评估高校科研水平》的文章，对我国20所重点综合大学和20所重点工科大学按1983—1985年被SCI和EI收录的科技论文数分别进行排名。该排名实际是对上述《我国科学计量指标的排序》的补充。1989年11月，该机构还以国家教育委员会科技司编的1985—1987年《高等学校科技统计资料汇编》为数据源，选用其中的国外及全国刊物论文、专利批准、国家级奖等三项指标，对我国86所重点大学进行了科学计量多指标排序。

这一阶段，从事大学排行活动的主体还十分单一，主持排行的中国管理科学研究院是1987年成立的专门从事管理科学和相关交叉科学研究的科研咨询机构，是一家国家事业单位。排行的对象是国内重点大学，非重点大学还没有被纳入大学排行中来。评价内容也只是部分科技成果的数量相加，如中国管理科学研究院科学学研究所就是以SCI、EI和国家教育委员会科技司编的1985—1989年《高等学校科技统计资料汇编》中收录的科技论文数为依据对大学进行的排行。

（二）探索发展阶段（1992—1998年）

1992年初的邓小平南方谈话，把我国的改革开放和社会主义现代化建设推进到一个新的发展阶段。为了实现党的十四大所确定的战略任务，指导20世纪90年代乃至21世纪初教育的改革和发展，中共中央、国务院于1993年2月发布了《中国教育改革和发展纲要》，该纲要明确指出："建立有教育和社会各界专家参加的咨询、审议、评估等机构，对高等教育方针政策、发展战略和规划等提出了咨询建议，形成民主的、科学的决策程序。""对职业技术教育和高等教育，要采取领导、专家和社会用人部门相结合的办法，通过多种形式进行质量评估和检查。"

这一阶段的标示性事件主要有两个：一是1993年6月，广东管理科学研究院武书连课题组对全国614所本科大学做出评价，评价结果以《中国大学评价——1991研究与发展》一文发表在《广东科技报》上。该排行首次作为数据源被引入原国家教育委员会社科司编的《1991年全国高等学校社科统计资料汇编》中，第一次发布了包括哲学、人文科学和社会科学活动等在内的中国大学排名。二是1996年2月，《中国高等教育评估》杂志第1期刊登了《中国高等学校排行榜》的文章，该文章根据学校办学条件、学科建设及成果、学生质量等指标列出了中国最佳大学30所。这个连同标题在内只有499个字、没有公布任何指标权重和评价方法的排行榜，是目前为止国内第一个大学综合排名。

这一阶段的大学排行尽管排行主体仍然比较单一，但在对象上开始涉及非重点大学；在内容上，社会科学研究成果被引入大学评价中来，并开始尝试综合评价，具有开创意义。此外，在排行方法上，这一时期的大学排行由完全依据客观数据的评价，过渡到加入主观价值评价。例如，1992 年，湖南大学张英等首次对不同成果采用不同权重的评价方法；1997 年，广东管理科学研究院武书连课题组以“不同类型大学的科研人员平均具有相同的创新能力”的科学假设为基础，建立了“分类难度系数的概念”，从而计算出不同类型的大学自然科学和社会科学的难度系数；1998 年，中南大学蔡言厚教授采用比重法排出了中国大学培养高层次人才的综合实力前 100 名。实践证明，在专门研究基础上加入主观价值评价确实要比直接引用纯客观的数据进行评价更加科学。

（三）快速扩张阶段（1999—2005 年）

1999 年，《中共中央国务院关于深化教育改革全面推进素质教育的决定》指出，要在高中及其以上教育的办学水平评价、人力资源预测与毕业生就业指导等方面，进一步发挥非政府的行业协会组织和社会中介机构的作用。这一政策的出台，更加推动了排行机构的独立，进而促进了大学排行的发展。就高等教育领域来看，1999 年以来的高校扩招是一个大事件。随着我国高等教育规模的跨越式发展，高等教育质量日益成为社会关注的焦点问题，如何保障高等教育质量成为政府、社会和高校的共同责任，高等教育大规模扩招也在客观上对大学排行的快速扩张起到了助推作用。

这一阶段，大学排行活动进入蓬勃发展阶段，国内几大有影响的大学排行纷纷出现，除广东管理科学研究院武书连课题组的武书连榜自 2000 年开始基本定型外，1999 年，网大第一次从消费者的角度出发，在其网站及《中国青年报》《南方都市报》上发布了“1999 年中国大学排行榜”；2003 年 8 月，中国校友会网首次推出了“2003 年中国大学排行榜”；2003 年，上海交通大学高等教育研究院发布（2009 年起由上海软科发布）了多指标的 ARWU，这是世界范围内首个综合性的全球大学排行；2004 年，武汉大学中国科学评价研究中心发布了“中国高校综合竞争力评价”等。

这一阶段，我国大学排行的主体更加多元化，广东管理科学研究院、中国科学技术信息研究所、《中国高等教育评估》杂志、《中国高等教育》杂志、中国科学院文献情报中心、莱比格信息技术（深圳）有限公司、中南大学、网大、教育部科技发展中心、南京大学、中国校友会网等多家机构均参与到大学排行中来，将评价对象进行分类，进行多维度排行。例如，广东管理科学研究院武书连课题组的武书连榜在将大学区分为综合类、理科类、文科类、文理类、工学类、医学类和经管类的基础上，进一步将其分为自然科学和社会科学并分别进行排名。此外，这一阶段的指标体系不断完善，综合评价越发被重视。比如，莱比格信息技术（深圳）有限公司的大学排行，1999 年时的指标体系包含 6 项指标，2000 年时则增加到 17 项。[①]以往我国大学排行的结果多采用报纸、期刊等方式公布。随着互联网的普及，大学排行也尝试通过网络、微博、微信等渠道在网络上公布评价结果，这样不仅提高了大学排行的影响力，也有助于社会公众对大学排行的监督。

（四）差异化竞争阶段（2006 年至今）

2006 年，联合国教育、科学及文化组织欧洲高等教育中心主任牵头成立的“国际排名专家小组”在德国柏林召开第二次会议，并公布了“高等教育机构排名柏林原则”。柏林原则的公布，表明大学排行存在的合法性，也对世界范围的大学排行运动进行了约束和规范，既强调了排行指标要尽量保持稳定，也点明了排行方法的不断改进是必需的[②]，客观上推进了大学排行的健康发展。在国内，2015 年，国务院印发《国务院关于印发统筹推进世界一流大学和一流学科建设总体方案的通知》，提出建立健全绩效评价机制，积极采用第三方评价，提高科学性和公信度。2019 年，全国教育大会明确提出要破除“五唯”（“唯分数、唯升学、唯文凭、唯论文、唯帽子”），解决教育评价的“指挥棒”问题，从根本上扭转了当前的功利化倾向，这为我国高等教育评价改革指明了方向。

这一阶段，我国大学排行已经由最初的满足基础需求的阶段进入寻求尊重阶段。2007 年，我国台湾地区的台湾高等教育评估与认证委员会（Higher Education Evaluation and Accreditation Council of Taiwan，HEEACT）公布了“世界大学科学论文表现排名”，该排行采用了更为客观的方法和统计数据对大学进行排行。2012 年，网大首次通过直接向大学收集数据的方式来进行排行，从多角度考评了多所院校在本科教学工作、人才培养现状、科研等方面的办学实力，推出了“中国大学本科教育排行榜”，这是我国民间排行机构首次采用高校自行提供的数据来进行排行。2018 年，由南方医科大学《大学第三方评价综合研究》课题组、《南方日报》、“南方+”客户端共同合作，首次正式发布《中国内地大学第三方评

---

① 董秀华. 对我国大学排行实践的回顾与思考[J]. 清华大学教育研究，2002（4）：90-95.

② IHEP. International Partnership Issues Groundbreaking Principles on Ranking of Higher Education Institutions [EB/OL]. http://www. ihep.org/press-room/news_ release-detail. cfm? id =145. [2020-03-23].

价综合研究报告（2017）》。该榜单首次对全国 856 所高校不分类别地进行了排行，并基于这 856 所高校竞争力来评价 31 个省（自治区、直辖市）高等教育的竞争力。①

这一阶段，我国大学排行的特征可以归结为以下三点：第一，评价主体独立性与竞争性增强。与前一时期不同，这一时期的评价机构以完全独立的状态存在，例如，2009 年，上海软科正式接棒 ARWU 的活动，尽管排行内部的较多专家仍附属于高校，但这也证明，我国大学排行机构的独立性更强了。第二，评价指标注重客观与主观并存。之前我国的大学排行较多以客观量化追求为主，认为这样的结果更能赢得社会公信力，但这一阶段开始对一些难以量化的内容进行主观性的评价与测量。第三，评价结果呈现方式更加多样。前几个阶段大学排行的评价结果主要通过量化数据进行公布，但在发展过程中，这种量化数据不一定适合每一种排行。2010 年，中国校友会网首次对中国高校进行星级排名，并公布“中国大学星级排名”。中评榜也根据集中与离散分布规律，在评价结果的表现方面，将国内各高校的竞争力依次分为 5 个等级，并用星级表示。

二、大学排行的现状分析

改革开放以来，经过 40 多年的发展，我国大学排行活动日益活跃，形式更加多样。据不完全统计，30 年来（1987—2016 年），中国大陆共有几十个单位或个人发布了上千个大学排行榜。②但具有综合排行性质、历年持续发布且影响广泛的大学排行主要是广东管理科学研究院武书连主持的武书连榜、中国校友会网发布的校友会榜、武汉大学中国科学评价研究中心推出的中评榜和上海软科发布的 ARWU。由网大推出的网大榜从 1999 年开始发布，是国内第一个从消费者角度出发编制的大学排行榜，也曾在国内产生较大影响，但网大自 2013 年就没有再出新的排行榜单了。因此，本书的现状探讨主要以前述的四大排行榜为代表进行分析。

（一）武书连榜

武书连榜由广东管理科学研究院中国大学评价领域知名专家武书连主持，该

① 856 所高校竞争力排名！全国哪个省市最具高等教育竞争力？[EB/OL]. https://www.sohu.com/a/218841265_116509.[2020-04-10].

② 蔡莉，蔡言厚. 中国大陆大学排行榜 30 年述评[J]. 中国高等教育评估，2016（4）：3-8.

排行是国内产生时间最久、具有广泛影响力的大学排行榜。1987 年，中国管理科学研究院科学学研究所发布了中国大陆第一个大学单项排行榜。1993 年，广东管理科学研究院武书连课题组第一次发布中国大学排行榜（综合），之后每年一度推出大学排行榜。1997 年，武书连提出了“不同类型、不同学科的科研人员具有相同的创造力”这一科学假设，初次实现了不同大学之间的直接比较，并发布了“中国大学研究与发展成果评价”。2000 年，武书连课题组创新评价体系，将大学的“社会贡献值”列为评价标准并发表了武书连榜，同年又发表了我国第一个对研究生院进行排名的榜单——“中国大学研究生院评价”，2002 年提出了“科研平均创新能力不存在学科之别”的新假设，该假设实现了不同学科之间的直接比较。自 2003 年起，武书连课题组每年除了发布排行榜外，还出版相关书籍，为民众提供决策依据。2010 年，广东管理科学研究院武书连课题组研制了包含所有学科且总量控制、各学科机会均等的《科学引文数据库》（Science Citation Database，SCD）；2015 年对论文数据来源进行改动，重新筛选出约 2000 种非 SCI、SSCI、A&HCI 期刊进入评价体系；2016 年增加教育部规定的各项本科教学工程指标，增设大学信息透明度指标；2017 年主要集中于研究生指标体系的修改，将研究生科研成果全部计入研究生培养得分，且在指标体系中引入全国大学生英语竞赛获奖指标。

武书连榜的排行范围主要集中于中国大陆内的各类本科院校。武书连榜对全国多所普通本科院校进行了排行。排行榜按照科研规模，将大学分为研究型、研究教学型、教学研究型、教学型四个类型；按照学科比例，将大学分为综合类、文理类、理科类、文科类、专业类等五大类，其中专业类分为理学、工学、农学、医学、哲学、法学、教育、文学、历史、经济和管理类等。

武书连榜指标体系的设计理念来源于高等教育的基本职能定位：一是培养高级专门人才；二是开展科学研究工作。该榜单的指标体系由 2 项一级指标、4 项二级指标及多项三级指标组成，整个体系结构呈四层树状分布，且上层元素同下层元素之间存在相互支配关系。一级指标由人才培养（57.95%）与科学研究（42.05%）两项指标构成，人才培养具体细分为研究生培养（22.80%）与本科生培养（35.15%）两个部分，科学研究包含自然科学研究（31.48%）与社会科学研究（10.57%）两个方面①，具体如表 5-1 所示。

① 武书连. 2019 年高考志愿填报指南：挑大学 · 选专业[M]. 北京：中国统计出版社，2019：365.

表 5-1　武书连榜指标体系（2019 年）

一级指标	二级指标	三级指标
人才培养（57.95%）	研究生培养（22.80%）	毕业生平均学术水平、博士生培养、硕士生培养、优秀博士论文、研究生教学成果奖、全国大学生英语竞赛
	本科生培养（35.15%）	本科毕业生就业率、本科毕业生就业质量、新生录取分数线、本科教学评估结果、全校师生比、本科毕业生数、教师平均学术水平、双语教学示范课程、实验教学示范中心、特色专业、教学团队、规划教材、“挑战杯”本科生学术竞赛奖、全国大学生数学建模竞赛奖、本科教学成果奖、本科教学工程、教育部艺术展演活动奖
科学研究（42.05%）	自然科学研究（31.48%）	国内引文数据库论文及引用、国外引文数据库论文及引用、学术著作引用、艺术作品、专利授权、科学与技术奖、国家大学科技园
	社会科学研究（10.57%）	国内引文数据库论文及引用、国外引文数据库论文及引用、学术著作引用、艺术作品、专利授权、人文社会科学奖

自 1987 年第一次发布以来，武书连榜的排行范围不断扩大，指标体系日益完备，尝试大学分类、数据选取日益合理且公布方式更加多元化。具体而言，武书连榜有以下特点：首先，排行范围注重文理结合。1991 年，武书连榜主要针对论文数量对国内重点高校进行排序，这样的排序明显有利于自然科学。为了弥补社会科学在排行中的劣势，武书连课题组通过研发高校分类、改善数据来源、建立数据库 SCD，尽可能实现社会科学与自然科学的共同评比。其次，从指标体系来看，以产出性指标为主，强调社会服务与办学规模。武书连榜重视产出性指标，如毕业生人数、国内外引文数据库论文引用情况、专利授权等指标，这些指标本质上都代表高校不断向社会输出成果和做出贡献的情况，均属于产出性指标，且占比较大。从指标内容来看，虽然一二级指标数量不多，但都注重总量和规模，如三级指标中的本科毕业生数、硕士毕业生数、博士毕业生数都是绝对指标，且它们所占的权重达到一半以上，这说明武书连榜十分注重办学规模。再次，排行注重学校分类。进入 21 世纪以来，在国内高校合并重组、高校以多科综合性大学为主的背景下，武书连首次尝试根据学科与科研规模将国内大学进行分类。在此分类基础上，武书连提出以中国大学综合实力排行、中国大学学科门类排行、中国大学五项重要办学指标为主的三类排行榜。最后，结果公布采用等级加名次的方式。具体来看，其将全国大学分为 5 等 11 级，即 A++、A+、A、B+、B、C+、C、D+、D、E+、E。自然科学、社会科学可分为 A++、A+、A、B+级，学科门类可分为 A++、A+、A 级，各本科专业可分为 A++、A+级，同时使用名次表示，其他等级不加名次，相同等级的排名不分先后。

（二）校友会榜

校友会榜是自 2003 年起按年度发布的、由大众参与网络评选的“中国大学排行榜”。2005 年，校友会榜评价指标由之前的二级评价指标体系转为三级评价指标体系。2011 年，在评价指标中加入“校友捐赠”这一指标。2013 年，校友会榜将“毕业生质量”引入分类标准中。2014 年，中国校友会网发表《2014 中国大学研究生教育评价报告》，首次对中国高校研究生办学质量进行了评价。2016 年，报告中新增“中国大学社会捐赠排行榜”，将“社会捐赠”引入指标体系中，发布“中国大学社会捐赠排行榜”。2018 年，将 150 项国际科学奖励纳入中国大学评价体系，以引导高校响应国家“一带一路”倡议，提升世界影响力，增强高校服务全球、国家及地方经济社会发展的能力。

校友会榜的评价对象的选取依据主要是教育部公布的具有招生资格的本科高校、部分军事院校和港澳台高校。2019 年，为了实现对中国高校的分类、分级、分层评价，将中国高校分为国家双一流建设大学、地方双一流建设大学和非双一流建设大学等 3 个大类，又进一步细分为 A 类、B 类、C 类、D 类、E 类和 F 类等 6 个小类。此外，还有涉及国内各地区的公办大学、民办大学和独立学院的排行。从理论依据来看，中国校友会网同时采用“金字塔”原理与“新闻洞”理论，筛选出高层次、具有标志性的反映高校质量及其持续性的指标集。校友会榜 2020 年的指标体系主要由人才培养（54%）、科学研究（31%）和社会影响（15%）三大一级指标构成，具体涵盖了 400 多项评测指标[①]，具体如表 5-2 所示。

表 5-2　校友会榜指标体系（2020 年）

一级指标	二级指标	三级指标
人才培养（54%）	教学质量（32%）	杰出校友（20%）、教学水平（6%）、创新创业教育（3%）、思想政治教育（3%）
	高层次人才（13%）	杰出师资（13%）
	优势学科专业（9%）	优势学科（6%）、优势专业（3%）
科学研究（31%）	高端成果（21%）	高端成果（21%）
	科研项目（5%）	科研经费（3%）、基础科研项目（2%）
	科研基地（5%）	科研基地（5%）

① 校友会 2020 中国大学排名评价指标体系[EB/OL]. http://www.cuaa.net/cur/2020/cuaa2020zgdxpm.pdf. [2020-04-15].

续表

一级指标	二级指标	三级指标
社会影响（15%）	办学层次（5%）	国家定位（5%）
	社会声誉（6%）	生源竞争力（2%）、媒体影响（1%）、社会捐赠（3%）
	国际影响（4%）	国际化办学（2%）、国际声望（2%）

校友会榜的特点主要体现在以下四个方面：第一，紧盯国内政策，注重扎根中国大地。校友会榜2020年的最新指标中增设了中国高校国内学术期刊高被引论文指标，降低了国际学术论文和论文影响类人才等指标的权重，以引导高校扎根中国大地办教育；增加了国家及地方"双一流"建设投入指标的权重，以推动优化地方高等教育资源配置，提升服务国家行业地方经济社会发展的能力。第二，考虑评价对象的时效性和弹性。校友会榜所设计的指标体系主要反映了高校办学质量和科学研究质量，注重指标数据的时效性，每年根据网友最新投票的数据来确定指标和权重，不断与时俱进，重视积累性指标与年度指标的结合，如毕业生中产生的企业家、艺术家、文学家，以及中国科学院院士和中国工程院院士等均属于积累性指标，且与年度性指标相结合，不但反映了高校过去的办学水平，也体现出了高校的当下水平。第三，重视教学质量，强调杰出校友的培养。从指标权重来看，在校友会榜的指标体系中，"教学质量"这一项指标所占的比重为32%，说明该榜单十分重视教学质量问题。第四，体现大学社会影响和国际影响力。一直以来，学校与公众之间的桥梁并不是互通的，存在信息沟通障碍。校友会榜在这方面做出了尝试，加入了"社会声誉"指标，虽然仅靠生源竞争力、媒体影响及社会捐赠来体现"社会声誉"仍引起争议，但这种尝试为促进高校与社会之间的互相沟通提供了渠道。

（三）中评榜

武汉大学中国科学评价研究中心于2003年正式成立，这是我国第一个设立在高校中的综合性的科技与教育评价研究中心，集科学研究、人才培养和评价咨询服务于一体。2004年，该研究中心在邱均平的带领下与中国科教评价网和中国青年报社合作，发布中评榜。自此，中评榜按照年度发布，并区分重点大学与非重点大学排行，两者的最大区别在于是否包含"学校声誉"。2005年，该研究中心开始对我国研究生培养单位的综合实力及学科能力进行评估，发布《中国研究生教育评价报告（2005—2006）》。2009年，在重点大学排行中，中评榜首次引入"大学网络影响力"指标代替"社会声誉"三级指标，该指标占"学校声誉"指标的

50%。[①]2016 年，该研究中心首次根据“双一流”政策，发布“世界一流大学和一流学科排行”。

中评榜涉及范围广泛，从国内各省份高校到全球知名高校均有覆盖。2016 年，中评榜开始以世界一流大学与一流学科为评价对象，选取了美国基本科学指标（Essential Science Indicators，ESI）数据库中包含两个学科及以上的 1409 所大学，并公布了“世界一流大学和一流学科评价研究报告”。从国内大学排行来看，2018 年，该排行榜以教育部网站最新公布的全国高等学校名单为依据，结合各学校的实际招生情况，最终确定大学评价的对象为 2621 所高校，包括 973 所普通本科院校（136 所重点大学，682 所一般大学，155 所民办本科院校）、262 所独立学院、1386 所高职高专院校，分门别类进行评价。另外，也有按照学科门类竞争力不同、地区竞争力不同来进行评价。[②]

中评榜指标的设置原则是“分类评价、智能服务”，即根据不同的层次、不同的类型、不同的地区、不同的学科及专业进行分类评价。不同的评价对象由不同的指标体系构成，但所有的指标体系结构基本呈树状层次分布，指标内容集中在科研成果、教学质量、师资力量、社会影响四个方面。以 2019 中国本科院校竞争力排行为例，其指标体系为三层树状分布，由 4 个一级指标、13 个二级指标以及 31 个三级指标构成。一级指标由办学能力（15%）、科教产出（35%）、质量与水平（35%）和学校影响力（15%）等四大核心指标组成，涵盖了 40 多项评测指标[③]，具体分布如表 5-3 所示。

表 5-3　中评榜指标体系（2019 年）

一级指标	二级指标	三级指标
办学能力（15%）	教师队伍（4.5%）	杰出人才（院士、长江学者等）
		研究生导师数
		专任教师数
		生师比
	教育经费（1.5%）	教育经费总额
		生均教育经费

① 邱均平，罗力，周春雷，丁敬达. 大学评价的改进与完善——2009 年中国大学及学科专业排行榜出炉[J]. 高教发展与评估，2009（3）：19-28.

② 2018 年中国大学排行榜专题报告[EB/OL]. http://www.nseac.com/html/168/index2018.html. [2020-03-10].

③ 2019 中国高校综合竞争力评价指标体系[EB/OL]. http://www.nseac.com/html/216/681870.html. [2020-03-16].

续表

一级指标	二级指标	三级指标
办学能力（15%）	项目与平台（9%）	学位点数
		国家级科研基地
		国家自然科学基金项目数
		国家社会科学基金项目数
		教育部文化部等科研项目数
科教产出（35%）	学生数量（7%）	本科毕业生数
		研究生毕业生数
		留学生毕业生数
		杰出校友数
	学生获奖（10.5%）	国际性全国性竞赛获奖数
	科研成果（14%）	发表论文数
		发明专利数
		高被引著作数（社会科学）
		高被引论文数
	效率与效益（3.5%）	师均科研产出率
质量与水平（35%）	学生质量与水平（5.25%）	新生入学平均分数
		毕业生就业率
	教学质量与水平（5.25%）	教学成果奖
		课程及教材
	科研质量与水平（14%）	国家级省部级科技奖励
		论文被引数
		ESI 全球前 1%学科数
	学科质量与水平（10.5%）	优势学科数
学校影响力（15%）	学术影响力（6%）	国家“双一流”计划
	社会影响力（9%）	学校网络声誉

中评榜的特点主要表现在以下四个方面：第一，追求多元化发展，强调分类比较。为了实现不同类型高校之间的比较，中评榜将大学分为重点大学和一般大学，再据此制定出相应的指标体系。第二，重视教学科研，突出产出性指标。“科

教产出”和“质量与水平”两个指标占比之和高达 70%，“办学能力”与“学校影响力”次之，占比之和为 30%。第三，注重社会发展趋势，引入网络影响力。在世界一流大学与一流学科排行中引入“网络影响力”指标。数据来源于西班牙人文与社会科学研究中心网络计量实验室发布的“全球大学物理计量排名”和武汉大学中国科学评价研究中心发布的“中国重点大学网络影响力排行榜”。第四，采用得分、排行与等级相结合的公布方式。中评榜不仅采用得分、排行的方式公布结果，也采用星级表示结果。中评榜根据国内高校分布规律，将各排行榜中的竞争力依次分为 5 个等级，并用星级表示：5★为具有重点优势竞争力的单位，即排在最前面 10%的培养单位[其中，排在前 1%（含 1%，下同）的为 5★+级，前 1%以后至 5%的为 5★级，5%以后至 10%的为 5★–级]；4★为具有优势竞争力的单位，占总数的 10%，即排在 10%—20%的单位；3★为具有良好竞争力的单位，占总数的 30%，即排在前 20%—50%的单位；2★为具有一般竞争力的单位，占总数的 40%，即排在前 50%—90%的单位；1★为具有较差竞争力的单位，占总数的 10%，即排在 90%—100%的单位。

（四）软科排行榜

软科排行榜发源于 2003 年，由上海交通大学高等教育研究院首次发布的 ARWU，是世界范围内首个综合性的全球大学排行。2009 年开始，软科排行榜改由上海软科发布并保留所有权利。2015 年，上海软科首次公布“中国最好大学排名”，此后每年定期发布的“世界大学学术排名”“世界一流学科排名”“中国最好大学排名”“中国最好学科排名”等，受到《光明日报》《解放日报》《中国教育报》等国内权威媒体的关注和报道，排行指标和方法的客观性得到了国内外高等教育界的认可。

依据不同的排行目的，不同排行榜有不同的对象选择。总的来说，软科排行的地区范围从国内延伸至国外，排行内容从学术科研延伸至学科，排行维度从综合排行延伸至单项排行。软科排行榜的范围由三类组成：院校排行、领域排行和学科排行。

软科排行榜以评价方法的客观、透明和稳定著称，全部采用国际可比的客观指标和第三方数据，指标内容主要集中于科研成果、师资力量、教学质量、社会影响四个方面。由于每种排行的指标体系均有所不同，以下选取 2019 年的“中国最好大学排名”指标体系为例，该指标体系包括四项一级指标，主要由人才培养

（45%）、科学研究（40%）、服务社会（10%）、国际化（5%）四个方面构成[①]，具体如表 5-4 所示。

表 5-4 上海软科“中国最好大学排名”指标体系（2019 年）

指标类别	指标名称	指标内涵	权重
人才培养（45%）	生源质量（新生高考成绩）	录取新生的高考成绩	30%
	培养结果（毕业生就业率）	本科毕业生的就业率	10%
	社会声誉（社会捐赠收入）	学校基金会年度社会捐赠收入	5%
科学研究（40%）	科研规模（论文数量）	Scopus 数据库收录的论文数	10%
	科研质量（论文质量）	学科标准化后的论文影响力	10%
	顶尖成果（高被引论文）	被引用次数位居各个学科世界前 1%的论文数	10%
	顶尖人才（高被引学者）	各个学科被引用次数最高的中国学者数	10%
服务社会（10%）	科技服务（企业科研经费）	企事业单位委托的科技经费数	5%
	成果转化（技术转让收入）	大学技术转让当年实际收入	5%
国际化（5%）	学生国际化（留学生比例）	学历留学生占在校生总数的比例	5%

总体而言，软科排行榜主要有以下特点：第一，强调客观公正，以产出性指标为主。软科排行榜的数据均取自国际认可的第三方数据库，从指标的选取到数据的获取均体现了客观、公正的原则。在 2019 年的“中国最好大学排名”的指标体系中，“科学研究”与“人才培养”的比重分别高达 40%与 45%，剩余指标仅占比 15%。第二，立足基本职能，重视服务社会。“中国最好大学排名”主要依据大学的基本职能，确立了“人才培养”“科学研究”“服务社会”三项主要的评价指标。尽管大学“服务社会”的职能难以量化，但上海软科仍积极探索，尝试通过“科技服务”“成果转化”两项指标来具体衡量。第三，综合排行和单项排行相结合。由于办学条件、历史发展等方面的差异，各大学基本职能的侧重点也有所不同。因此，“中国最好大学排名”采用综合排行加多个单项排行的方式：综合排行以培养本科生且科研规模在一定水平以上的大学为排行对象；单项排行则以不同指标对所有符合条件的大学或学科进行评价。例如，2019 年的“世界一流学科排名”“世界大学学术排名”“中国最好学科排名”均属于单项排行。

① 软科中国大学排名 2019–排名方法[EB/OL]. https://www.shanghairanking.cn/methodology/bcur/2019. [2020-03-18].

经过 40 多年的实践与发展，国内大学排行的规范化和科学化不断提高，对社会的影响日益扩大，家长将大学排行作为挑大学、选专业的重要参考，高校把它作为寻找差距的重要标杆，政府与社会将其作为教育决策和经费配置的重要依据。可以说，大学排行的出现，加强了学校与其他利益相关主体的沟通，密切了高等教育与社会之间的联系，促进了高等教育的发展。但我国大学排行活动在快速发展的同时也存在着很多问题。

第一，排行指标体系不完善。纵观目前我国所有大学排行的指标体系，主要存在两方面的问题。其一，指标体系中学生主体缺位。事实上，大学最重要的体验者应该是学生。阿什比（E. Ashby）曾在《科技发达时代的大学教育》一书中提出大学是继承文化的机构，它的形态必然随着外部的进化而进化，而无论怎么进化，它的出发点都应该是学生。[①]因此，学生应该是大学排行指标体系设计的重要依据，但现行的大学排行对学生的关注严重不够。其二，指标体系相似导致高校趋同化。尽管目前我国大学排行的指标体系在不断调整，各个大学排行的指标体系也各不相同，但总体而言，我国大学排行的指标体系存在构型相似化的问题，根据排行对象的类型、层次不同而设置不同的排行指标体系的数量还十分不够，也没有充分考虑诸如学校的文化底蕴、办学特色、社会声誉等因素在大学排行中所占的地位，过分偏重量化指标而忽视定性指标。

第二，数据来源渠道单一。大学排行的公信力不仅取决于指标设计的科学合理，还取决于评估数据来源的全面真实。目前我国大学排行的数据主要来源于政府或高校公布的信息。尽管 2010 年我国公开实施《高等学校信息公开办法》，但各高校的信息公开程度各有差异。因此，排行机构只能通过政府与高校公布的零散数据信息进行评估，这样的数据信息来源势必会影响大学排行的公信力。虽然近些年来，我国部分排行机构在数据收集方面已经做出了很大努力，比如，武书连为了提高评价结果的科学性，研制了科学引文数据库，所有数据均取自官方公布的数据；软科排行榜的所有数据均采用国内外官方数据，但由于政府及高校公开的数据还十分有限，以这些有限的数据为依据进行评价，结果难以让人信服。

第三，排行过程缺乏技术支撑。大学排行主要依据评价指标体系对收集的相关数据信息进行整理、分析，之后经过加权汇总后对高校进行排序。数据信息的处理方法和技术影响着大学排行的科学性和公信力。但总体来看，我国不少大学排行还主要采用简单的线性加权汇总的数据信息处理技术，难以保证其科学性。大学是一个十分复杂的学术组织，单个要素的简单相加常常很难真实反映大学办

---

① [英]阿什比. 科技发达时代的大学教育[M]. 滕大生，滕大春，译. 北京：人民教育出版社，1983：56.

学的整体水平。一所大学办学质量的好坏，不是一朝一夕形成的，而是长期发展的结果，而且学校与社会各界也有着复杂的联系。因此，如何通过有限的指标科学地反映一所大学的实力，一直是大学排行领域难以解决的问题。

第四，排行治理环境不规范。自从大学排行在我国发展起来后，民间涌现了种类繁多的大学排行，但由于市场准入门槛很低，几乎是谁想做大学排行，谁就可以去做，我国缺少相应的审批准则规定，也缺少相应的行业规范和标准。虽然我国也出台过一些有关教育评价的规定，如 20 世纪 90 年代出台了《普通高等学校教育评估暂行规定》，但时隔 30 年左右，该暂行规定难以满足目前大学社会评价的发展需要。大学排行既是衡量高等教育质量的手段，也是被问责的对象。斯克里文认为，元评估是对评估工具的评估，主要目的在于服务决策与问责。[①]通过元评估，一方面有助于提升大学排行的科学性，提高大学排行的质量；另一方面有利于回应社会问责，提升大学排行的社会影响力。但目前为止，我国还没有建立起针对大学排行的元评价机制。

第三节　我国大学排行的完善路径

为进一步提高我国大学排行的科学性和公信力，发挥其在为学生及其家长挑选大学和专业提供参考、引导高校合理竞争、为政府教育决策提供参考依据等方面的积极作用，尽量减少大学排行可能带来的消极影响，本书建议从以下几方面来完善我国的大学排行活动。

一、构建差异化指标体系

大学是一个复杂的社会组织，高等教育质量包含的变量很多：既有定量方面的，也有定性方面的；既有显性的，也有隐性的；既有历史的，也有当前的，很难用一套指标体系评价所有高校的办学质量和水平。我国大学排行指标体系设置的总体趋势是逐步向好的，不断完备合理，呈增量化发展态势，但也存在着构型相似化的问题。当前，我国大学排行指标体系的发展趋势是一味地增加指标内容，

---

① 转引自赵立莹. 问责与改进：我国第四轮学科评估元评估[J]. 学位与研究生教育，2018（2）：32-38.

而不是根据不同类型的高校设计不同的评价指标体系。放眼国外的大学综合排行，基本上都是建立在为社会认可的大学分类基础上的。到目前为止，中国仍然没有权威的大学分类标准，通常所采纳的按科类分成综合、工科、师范、医药、农业、林业、财经、政法、民族、语言、体育、艺术院校的做法，不能适应当今跨学科交叉融合的发展需要。我国大学排行指标体系的完善，需建立在科学合理的高校分类基础上，针对不同类型和层次的高校设计差异化的排行指标体系，同时根据社会发展变化适时进行调整和修正，从而保证评价指标体系的科学性和有效性。

同时，要重视学生的主体地位。大学生是高等教育的主体，是高等教育的受教育者和受益者，也是高等教育过程的参与者和体验者。学生的成长和发展是大学教育的主要目的，学生考试成绩、就业表现等指标是这一目标的外在表现方式，以学生自身感知为依据的、对自身在大学学习经历中获得成长和收获的满意度则是重要的内在指标。在 U.S. News“全球最好大学排名”的 7 项一级指标中，学术声誉占 25%的权重，而与学生相关的指标占 45 %，师资占 20%，财力占 10 %。从 U.S. News“全球最好大学排名”的评价指标中可以看出，它关注教育服务质量，强调促进学生发展，这与我国的大学排行将关注重点放在学校和学科发展上是截然不同的。借鉴国外先进的排行理念，我国大学排行应将关注的重点由学校、学科转到学生的成长与发展上来，并重点考查学生的学习服务、学习体验、学业完成能力、就业能力以及毕业校友在各行各业的工作成就等。只有高校充分尊重学生的主体地位，关心学生的成长发展，只有学生对学校的各种服务感到满意，在校期间获得了更多成长与发展的真切体验，才能真正反映出一所学校的教育质量和人才培养水平。

二、拓宽排行数据的来源渠道

准确可靠的数据资料是大学排行的基础支撑，要提高大学排行的科学性和公信力，必须提高数据来源的全面性、准确性。相比西方发达国家，我国大学排行的数据来源渠道仍然较为单一。一方面，我国缺少专业的、可靠的第三方信息咨询服务机构，主观指标的调查收集工作还开展得不够，主观指标的数据可靠性难以得到保证，这降低了大学排行的公信力；另一方面，我国政府对大学排行的支持度不高，没有政府的支持，要获取排行相关的数据十分困难。同时，由于当前我国大学排行市场鱼龙混杂，很多大学排行出现负面新闻，高校对大学排行存在误解，部分高校对大学排行持怀疑甚至反对态度，不愿参与排行，这使得大学排行机构的信息搜集工作难上加难。

为解决我国大学排行数据来源渠道单一、信息不畅的问题，一方面，政府可以建立官方数据库，包括政府部门的统计数据资料（如汇编、年鉴、报表等）、国内外有关数据、有关政府部门、高校的网站以及国家有关刊物、书籍、报纸、内部资料等，根据上述数据资源建立起官方数据库，不仅能够推动我国高校排行的发展，也有助于政府监督高校的发展动态；另一方面，政府应出台相关政策，鼓励大学排行机构建立基于云计算的大数据平台。近些年，随着互联网的大规模普及，云计算也发展迅速。云计算主要是通过先进的网络技术对被监督者实行实时监督，提升数据分析效率，如阿里巴巴、腾讯等都使用这一技术，极大地提升了消费者的使用满意度。引入云计算平台能够极大地提升数据获取速度，而且通过数据集成等工作可以整理出新的信息，快速实现信息增值，可以帮助排行机构节省大量的时间成本，提升排行结果的科学性，使排行结果更客观、更有公信力。此外，高校应该加强学校的信息化建设步伐，加大信息公开的力度，积极主动地回应社会问责和民众关切。

三、优化排行方法与技术

一所高校的综合实力可以分为硬实力和软实力两个方面。硬实力主要指师资力量、财务情况、硬件设备等可测量的内容。软实力则是指一些看不见、摸不着的难以衡量的部分，如学校历史、学校声誉、校园文化、办学特色等。目前，我国大学排行多通过量化的方式测量了学校的部分硬实力，对软实力的测量缺少应有的重视。实际上，一所高校的教育质量和水平并不只是硬实力所能呈现的，还与其软实力有密切关系。学校综合实力是硬实力与软实力共同影响的结果，只是基于可量化的硬指标实施的大学排行，难以客观真实地反映高校的综合实力。因此，排行机构应科学地设计排行指标体系，协调处理好定性指标和定量指标之间的关系，合理增加定性指标的内容，使大学排行能够尽可能全面地反映大学的整体实力。

高校是一个复杂的学术组织，要对这种复杂组织做出科学评价，目前所使用的加权汇总与数据分析方法远远不够，必须同时运用自然科学、社会科学领域中的许多原理，利用现代科学技术手段和方法收集大量的信息，对高校进行多层次的系统分析，并建立科学的信息分析反馈系统。具体来说，就是要优化软实力的评价机制，合理设置定性指标，增强大学软实力的可评价性，将定性方法与定量方法相结合。此外，应建立人工智能大数据分析平台。人工智能大数据分析平台的优势体现在，当评价不同种类的高校或学科时，能够依据指标需要从各高校获取相应的数据，进行提前批处理，接着依据排行对象将之前的数据再次进行处理分析，对众多数据信息进行全方位的分析，揭示一些隐性的深层次信息，为消费者提供更准确的分析报告。因此，借助人工智能数据平台，把人工智能、大数据与排行过程相结合，既可以提升机构的数据分析能力，也可以提高机构获取数据的速度。

四、营造有序的外部环境

我国政府对民间大学排行活动的基本态度是“不赞成、不支持”，但大学排行的市场需求旺盛，各种民间大学排行层出不穷。当前，我国民间大学排行活动基本上处于一种自发随意的状态，由于缺乏基本的准入要求和运行规范，整个大学排行市场呈现出鱼龙混杂的局面，有的排行机构甚至连基本的条件都不具备，受经济利益的驱动堂而皇之地混入大学排行的队伍中。据不完全统计，30 年来（1987—2016 年），中国大陆共有几十个单位或个人发布了上千个各种类型的大学排行榜①，其中的一些大学排行对我国高等教育的健康发展并没有发挥积极作用，有些排行甚至对我国高等教育生态系统产生了极为不良的影响。

为了促进我国大学排行的健康发展，第一，政府应该加强监督。政府是社会规则的制定者和有序运行的维护者，具体到大学排行，完全依靠市场机制不足以保障大学排行市场的有序运行，政府对大学评价有监督责任，应尽快完善相关法规政策，健全相应的管理机制，引导大学排行行为的规范有序。第二，高校应积极转变观念。大学排行是一种外部评价，不仅能为民众提供大学的信息服务，也能为高校的建设发展提供参考，引导高校的发展，提高高等教育质量。高校应树立正确的评价观念，主要是通过大学排行来寻找自身的差距，而不是单纯地看重排行结果。第三，排行机构要加强排行团队的专业化建设。大学排行是一项专业性很强的活动，对专业能力和专业技术水平的要求很高，排行机构及其人员的专业素养是保障评价活动客观公正的先决条件，也是取得公众认可、产生公信力和权威性的基础。因此，排行机构要通过专业教育和评价实践，从政策法规、评估标准、评估技术与方法等方面加强评估人员的专业培训，不断提高评价人员的专业水平。

---

① 蔡莉，蔡言厚. 中国大陆大学排行榜 30 年述评[J]. 中国高等教育评估，2016（4）：3-8.

第四节 案例分析——ARWU

作为世界首家采用多指标的全球性大学排行榜，ARWU 自 2003 年发布以来，引起了国内外媒体的广泛关注，与 QS“世界大学排名”、THE“世界大学排名”、U.S. News“全球最好大学排名”并称为世界四大大学排行。

一、ARWU 的发展沿革

为寻找中国大学和世界名牌大学在科研上的差距，为我国大学发展提供指向性，也为研究业绩和学术声誉的国际化比较提供一个重要的视角，上海交通大学高等教育研究院世界一流大学研究中心建立了 ARWU。2003 年 6 月，ARWU 首次发布，使用六项客观指标对世界大学进行了排名，此后每年连续发布。为了满足对全球大学进行多角度比较的需要，除了 ARWU 以外，该研究中心自 2007 年开始每年编制并发布“世界大学学科领域排名”。“世界大学学科领域排名”的学科领域有五个，包括理学、工科、生命科学、医学、社会科学。

自 2009 年开始，ARWU 由上海软科发布并保留所有权利。上海软科是一家专注于高校绩效评价与提升的专业化研究与咨询服务机构，致力于为全球的高等学校、政府部门、国际组织提供高等学校及其内部组织和功能的绩效评价模型、优质数据和管理解决方案。2009 年 11 月开始，上海软科每年编制并发布 ARWU。ARWU 的学科有五个，分别是数学、物理学、化学、计算机、经济学/商学。2015 年 2 月，上海软科首次发布“中国最好大学排名”，排名范围覆盖教育部公布的全国普通高等学校名单中 918 所办学层次为本科的大学。目前，上海软科的大学排行主要包括“世界大学学术排名”“世界一流学科排名”“中国大学排名”“中国最好学科排名”等。

二、ARWU 排名过程

ARWU 是全球性大学排行榜的首创者，是世界四大大学排行之一，也是上海软科大学排行中发布时间最早、最有影响力的大学排行。

（一）排名理念

ARWU以国际可比的科研成果和学术表现为主要指标，采用可验证的客观数据，进行全球性的大学排名。ARWU主要有两大排行理念：第一，以促进大学的国际化为排行目的。大学排行是建立在高校及利益相关方的多方需求之上的，因此，这必然导致其遵循和反映社会需求。ARWU的目的在于分析我国大学与世界一流大学之间的差距，特别是在学术研究方面的差距，这也是基于中国重点大学建设向国际化发展的客观需要。因此，该排行将指标体系设计的重点放在科研方面的获奖和发表论文的定量指标上，便于在全球高校之间进行对比。第二，强调高校在自然科学领域的科研成果。ARWU主要根据学术与科研表现进行排名，采用在《自然》《科学》上发表论文的折合数，以及被SCIE、SSCI收录的论文数作为科研成果评价指标，采用获诺贝尔奖和菲尔兹奖的校友或教师折合数，以及被引用次数最高的科学家数量作为教育质量和教师质量的评价指标。从这些高质量的评价指标上可以看出，ARWU对高校的国际竞争力十分看重。

（二）排名指标体系

ARWU 指标体系的一大特点是排名指标具有客观性和稳定性。2003 年，ARWU 首次发布时便设立了“教育质量”“师资质量”“科研成果”“师均表现”四个一级指标，以及获诺贝尔奖和菲尔兹奖的校友折合数、获诺贝尔奖和菲尔兹奖的教师折合数、各学科领域被引用次数最高的学者数量、在《自然》《科学》上发表论文的折合数、被 SCIE 和 SSCI 收录的论文数量、上述五项指标得分的师均值六个二级指标，从而确立了 ARWU 的指标体系框架，这一指标体系一直被沿用至今。在此期间，2014 年，汤森路透（Thomson Reuters）研发了新一版的高被引科学家名单，名单上共有 3000 多人。为了避免由使用旧名单转向使用新名单而造成排名结果的不正常波动，作为过渡，2014 年 ARWU 中 HiCi 指标的计算同时使用新旧两版名单，分别计算一所大学在两版名单上的得分，取其平均分作为该大学在 2014 年排名中的 HiCi 指标得分。2019 年 ARWU 依然维持着之前的六个二级评价指标没有改变①，如表 5-5 所示。

① 世界大学学术排名 2019-排名方法[EB/OL]. https://www.shanghairanking.cn/methodology/arwu/2019. [2020-04-10].

表 5-5 ARWU 指标体系及其权重（2019 年）

一级指标	二级指标	代码	权重
教育质量	获诺贝尔奖和菲尔兹奖的校友折合数	Alumni	10%
师资质量	获诺贝尔奖和菲尔兹奖的教师折合数	Award	20%
	各学科领域被引用次数最高的学者数量	HiCi	20%
科研成果	在《自然》《科学》上发表论文的折合数	N&S	20%
	被 SCIE 和 SSCI 收录的论文数量	PUB	20%
师均表现	上述五项指标得分的师均值	PCP	10%
* 对纯文科大学，不考虑 N&S 指标，其权重按比例分解到其他指标中			

（三）排名方法

ARWU 采取位次排名和区间排名相结合的方法，对前 100 名的高校依次排序，前 100 名之后的高校按区间进行排名。以往每年实际排名的大学超过 1200 所，发布的是处于世界前 500 名的大学。2019 年，ARWU 实际排名的大学超过 1300 所，同时公布了世界第 501—800 名的大学，并将它们称为 ARWU 世界 500 强潜力高校。ARWU 主要使用文献计量的方法，数据来源依赖 isiknowledge 数据库和各国教育部门、国家统计部门、大学校长协会等。ARWU 的数据来源主要来自三个部分：获奖数据来自奖项所在的官方网站；科研发文数据来自《自然》《科学》顶级科学期刊以及 SCIE、SSCI 这类权威的引文数据库；另外一些数据则来自各个国家的职能部门（表 5-6）。①

表 5-6 ARWU 的数据来源（2019 年）

指标	数据来源
诺贝尔奖	http://www.nobelprize.org/
菲尔兹奖	http://www.mathunion.org/index.php?id=prizewinners
HiCi	http://www.highlycited.com/
N&S	http://www.webofscience.com
PUB	http://www.webofscience.com
其他	教师数来自各国的教育部、国家统计局、大学校长协会等

① 2019 软科世界大学学术排名[EB/OL]. http://www.zuihaodaxue.com/ARWU2019.html. [2020-04-12].

三、ARWU 特点

从 ARWU 指标体系上可以看出，ARWU 有以下特点：第一，追求客观指标。ARWU 的指标范围不大，所选取的四大指标，即“教育质量”“师资质量”“科研成果”“师均表现”都是国际可比的科研成果和学术表现，全为定量的客观性指标，而且这些指标可以从公共数据库中比较方便地获得相应的权威数据，每所大学都可以通过与其他大学的得分和原始数据进行比较以对排名的结果进行核查，从而确保评价结果的客观性与公正性。第二，重视顶尖科研成果。ARWU 所选的二级指标都是代表高校学术领域的顶尖水平的量化指标，如在《自然》《科学》上发表论文的折合数、获诺贝尔奖和菲尔兹奖的校友折合数、获诺贝尔奖和菲尔兹奖的教师折合数、各学科领域被引用次数最高的学者数量等。只有在这些代表着世界最高水平的学术领域有所斩获，才是名副其实的学术领域的世界一流大学。第三，强调指标体系的稳定性。在世界四大大学排行中，ARWU 是唯一自产生以来指标体系及权重未做任何改变的排行，按照上海软科的观点，这是为了保证评价指标体系的稳定性。指标体系的稳定，对于防止由于指标设置和权重分配发生改变而出现的不正常排位异动具有积极意义。

四、对 ARWU 的审视

ARWU 以国际可比的科研成果和学术表现为主要指标，采用可以验证的客观数据进行全球性的大学排名，被国际权威机构和著名专家公认为是世界上最科学、最权威和最为广泛采用的世界大学排名。但 ARWU 也并非完美无瑕，具体来说，ARWU 的问题主要表现在以下三个方面。

第一，缺少定性指标。ARWU 的四个一级指标和六个二级指标全部都是定量指标，且都指向顶尖科研成果。科研实力在大学学术水平中的占比很大，但不是全部，教学质量、学术声誉、高校文化软实力等因素也是大学学术水平的重要体现。

第二，忽视人文社会科学。ARWU 的四个一级指标只考虑自然科学方面的表现，完全忽视人文社会科学。例如，在衡量“教师质量”的指标上，ARWU 采用的是获得诺贝尔奖以及菲尔茨奖的教师折合数。这就意味着，在人文社会科学方面有作为的学者在此排名中没有被考虑在内。由于理工科的学科特性较为适合目前这种量化的指标体系，对人文社会科学的评价一直处于较为劣势的地位。

第三，轻视人才培养。ARWU 的评价指标都是客观性指标，其中获奖指标占 30%，论文及论文引用指标占 70%。虽然全部采用客观性指标让人们对评价结果的客观性无可争议，但这些客观性指标能真正地体现大学的学术水平吗？大学的学术水平除了体现在获奖和论文及其引用上，它最终难道不是指向培养人才吗？大学最基本的职能是人才培养，人才培养的质量不但取决于教师的学术水平，也体现在教师的教学投入上。大学培养的人才不但体现在获得诺贝尔奖和菲尔兹奖以及发表高水平论文的数量上，还体现在在各行各业做出突出贡献的人上。

第六章

大学认证

大学认证是指经相关部门认可或授权的第三方机构依据科学的评价标准，按照严格规范的认证程序，认定被认证院校或专业是否达到最基本的标准要求和合格水平。大学认证在鉴定院校或专业教育质量的同时，服务于诊断高校在办学过程中存在的问题，进而推进高校教育质量的持续改进，是西方发达国家高等教育外部质量保障的主流模式，是我国大学社会评价的中坚和核心组成部分。

第一节　大学认证的内涵与表现

一、大学认证的内涵与特点

（一）大学认证的内涵

从词源学上来看，“认证”一词源自拉丁语“accredere”，含义为“赋予信任”。《辞海》中对“认证”的解释是，“证明产品、技术成果等达到某种质量标准的合格评定”[①]。近代以来，出于对公众健康和安全的保护，认证首先出现于企业管理领域。按照国际标准化组织的定义，认证是指由国家认可的认证机构证明一个组织的产品、服务、管理体系符合相关标准、技术规范或其强制性要求的合格评定活动。当前，认证指的是一种对某一机构和组织完成特定工作能力的正式认可，如企业管理领域中广泛采用“质量管理体系认证”，它是由取得质量管理体系认证资格的第三方认证机构，依据正式发布的质量管理体系标准，对企业的质量管理体系实施评定，评定合格的由第三方机构颁发质量管理体系认证证书，并给予注册公布，以证明企业质量管理和质量保证能力符合相应标准或有能力按规定的质量要求提供产品的活动。[②]

作为一种外部质量保障手段，高等教育认证是一个以高校自我评估和同行专家评议为基础，以满足公众问责和提高学术质量为目的来保障院校、专业课程质量以及质量改进的外部质量评估过程。美国著名高等教育专家伯顿・克拉克和盖伊・尼夫在其编写的《高等教育百科全书》中是这样定义高等教育认证的：“认证是指高等教育中，通过检查或评估或二者兼而有之，院校或院校中的专业得到认可，表明达到了可接受的最低标准的质量控制和质量保证的过程。”[③]美国高等教育认证委员会（Council for Higher Education Accreditation，CHEA）将高等教育认证定义为：“为了进行质量保障和质量改进而对学院、大学和专业进行审核

① 陈至立. 辞海[Z]. 上海：上海辞书出版社，2019：2365.

② 万融. 商品学概论[M]. 中国人民大学出版社，2013：45.

③ Clank B, Neave G. The Encyclopedia of Higher Education Vol.2: Analytical Perspective [M]. Oxford: Pergamon Press, 1992: 305.

的一种外部质量审查过程，成功通过审查则获得认证。”[①]综上所述，高等教育认证是指，经相关部门认可或授权的第三方机构依据科学的评价标准，按照严格规范的认证程序，判定被认证院校或专业是否达到最基本的标准要求和合格水平后，做出是否获得“鉴定通过”的认定。

高等教育认证制度是由民间中介机构以高校自我评估和同行专家评议为主要手段，对高等教育机构整体或其所设专业进行周期性评估和鉴定，以维持并提高教育质量，从而将高等教育评估、质量保证和自我管理融为一体的独特机制，是当前西方发达国家高等教育外部质量保障的主流模式。但每个国家的政治、经济和文化生态不同，高等教育认证在不同国家有着不同的表现形式。以院校认证为例，英国称之为“院校审核”，德国称之为“体系认证”，荷兰称之为“院校审计”，且每个国家的认证目的、认证标准、认证程序和认证结论都有所不同。在我国，由于特殊的国情，完全独立性质的、专业性的高等教育中介机构还没有发展起来，半官方性质的教育部高等教育教学评估中心开展的普通高等学校本科教学工作评估是当前具有中国特色的高等教育认证评价。

（二）大学认证的特点

大学认证是一种自愿的、非政府性的活动，评价主体一般都是独立于政府和高校之外的社会中介组织，从而确保其评价过程的独立性和公正性，评价标准主要涵盖办学目的、办学条件、办学措施以及办学成效等，认证过程强调高校自我评估和同行专家评议相结合、书面评估和现场评估相结合，评价结果具有权威性。

1. 认证主体的独立性

大学认证是由独立于政府和高校之外的中介机构组织实施的。这些中介机构既不隶属于政府而凌驾于高校之上，又相对独立于任何具体的教育机构和其他任何可能的教育组织或个人。一方面，它们在性质上是代理性的，即代表政府和社会公众去评价一所高校或专业的质量水平是否合格，不是政府的下属机关，因而可以避免在认证过程中受政府权力的牵制而影响评价结果的公正性；另一方面，尽管有些认证机构是由各种学校协会、专业协会或行业派生出来的，但每一个认证机构都制定了明确的规则，以保证这些机构在进行认证活动时不受任何与被认证对象利益相联系的组织或个人影响，确保认证机构的独立性。例如，美国的认证机构大多是由各种学校协会、专业协会或行业协会所属或派生出来的，但认证

① 转引自彭江. 美国高等教育认证制度：历史发展、系统机构及启示[J]. 大学教育科学，2012（2）：92-97.

机构在进行认证活动时能保持高度的独立性，每一个认证组织都有明确的规则约束，美国联邦教育部（U.S. Department of Education，USDE）和美国高等教育认证委员会对认证机构的认可标准有严格的要求。一旦认证机构的独立性受到公众的质疑，其生存就会立即受到影响，受质疑的认证机构所提供的认证信息也很难得到社会公众的接受和认可。

2. 认证标准的科学性

认证标准的科学性是认证结果权威性的基础和前提。虽然不同国家、不同认证机构的认证标准存着显著的差异，表现出统一性与多样性并存的特征，但各认证机构的认证标准都以院校和专业的办学质量与水平为核心，大致涵盖办学目的、办学条件、办学措施、办学成效等方面，同时每一个方面又包含若干个具体的项目，其目的就是要反映认证院校或专业的整体情况。以美国新英格兰学校和学院协会（New England Association of Schools and Colleges）制定的院校认证标准为例，其四大综合性指标体系分别是：有清晰定义的与高等教育机构相称的办学目的；有必要的办学资源以实现办学目的；正在达到办学目的；有继续实现办学目的的能力。[①]当然，各认证机构在强调客观认证标准的同时，也要考虑到不同类型学校的办学理念和特色各不相同，并在认证标准上有特别详细的说明，包括对于每一个项目需要提供哪些方面的材料等，都有明确的规定。这样就使得各高校可以从自身的特点出发，选择适合自己的发展路径，从而实现高校的个性化发展。

3. 认证过程的规范性

各国的高等教育认证程序都强调高校自我评估和同行专家评议相结合、书面评估和现场评估相结合，并在此基础上形成了以高校自我评估为基础、同行专家评议为核心、社会公众共同参与的规范认证方式。虽然每个国家的认证过程存在着一定的差异，但都大致包含了以下几个部分：第一步，认证申请。高等院校要想获得认证，必须按照认证机构的规定提出书面申请。第二步，院校自我评估。被认证机构在收到认证机构同意接受认证的信函后，必须按照认证机构的要求，改进工作，写出书面报告，准备好现场考察所需要的材料。第三步，实地考察。认证机构派出由各方面专家组成的工作小组到被认证机构进行现场考察。第四步，认证决策。认证机构的认证决策委员会根据申请者的自我评估报告、同行专家实地考察报告等做出认证决策。第五步，延续考察。院校在规定时间内完成自评自改后，认证机构会在规定时间内派专家到院校进行后续考察，考察内容主要是认

① 王建成. 美国高等教育认证制度研究[M]. 北京：教育科学出版社，2007：79.

证机构提出的改进建议以及院校其他方面的事物和问题。作为大学社会评价活动中最规范、最成熟的一种模式，高等教育认证不是一项一次性、终结性的评估活动，而是一项过程性、发展性的评估活动。各国的教育认证采取从院校申请到后续考察等一系列步骤,其目的就是让所有参与认证的院校一直处在维护机构资质、不断提升质量、保证学校发展的过程之中。

4. 认证结果的权威性

与大学评议和大学排名相比,大学认证最突出的特点就是评价结果的权威性。大学认证采取以高校自我评估为基础、同行专家现场考察及评议为核心、社会公众共同参与的认证方法，为认证结果的权威性提供了保障。首先，认证完全是自愿性质的，认证机构并不主动要求高校参加认证，高校也并没有必须接受认证的义务，各高校完全依据自身发展需要选择申请参与或不参与认证。由于认证以教育质量改进为目标，被认证学校或专业愿意提供真实、可靠的信息，从而保证了专家鉴定的客观性和咨询意见的有效性，为认证结论的客观性与科学性打下了坚实的基础。其次，认证机构的资质水平是确保认证结果权威性的关键，认证的质量取决于认证评估主体的资质水平。一般而言，教育认证机构都必须得到授权和认可。以美国为例，美国高等教育认证委员会和美国联邦教育部对类型繁杂、数量众多的美国高等教育认证机构进行认可评价，以确保认证机构的资质水平。[①]同时，认证机构的工作者一般都是有经验的教育或相关行业的专家，具有很高的专业素养。认证机构一般都建有数量庞大的专家库，其专家都是经过精心挑选的，经认证机构的会员、单位或有经验的认证专家推荐、本人同意后参与认证活动的，认证机构也会对首次参与认证的专家进行必要的培训，从而确保认证机构认证结果的专业性。最后，社会公众广泛参与认证过程，扩大了认证主体的范围，拓宽了认证的信息来源渠道，使认证处于社会公众的监督之下，既增强了认证在社会公众心目中的独立性和公正性印象，又增强了认证结果的客观性和权威性。

二、主要表现形式

不同国家的教育管理体制不同，大学认证的具体表现形式也各不一样，主要有院校认证与专业认证、合格评估与审核评估等。

---

① 王云儿. 美国高等教育认证制度发展新趋势探析及启示[J]. 中国高教研究，2011（2）：45-48.

（一）院校认证与专业认证

院校认证是认证机构以认证标准为依据，通过院校自我评估和专家实地考察来综合判定一所学校的办学质量和水平是否达到了最基本的质量要求。由于文化传统的影响，各个国家对院校认证的称谓不太一样，如英国称其为“院校审核”，德国称其为“体系认证”，荷兰称其为“院校审计”，我国称其为“本科教学工作合格评估”“本科教学工作审核评估”等。院校认证以整个高校为评价对象，认证标准十分注重高校的办学目的、办学条件、办学措施以及办学成效等。院校认证有明确规范的评价过程，一般包含认证申请、院校自我评估、专家实地考察、认证决策和延续考察等认证步骤。认证机构通过对高校进行院校认证，促使各高等教育机构提升自我能力水平，提高各高等教育机构的办学质量，以达到质量保证的最低要求。

与院校认证将高校作为一个整体进行全面的教育质量认证不同，专业认证是由专业性认证机构对专业性教育学院及专业性教育计划实施的专门认证，为人才进入专门职业界工作的预备教育提供质量保证，并对专业教育加以规范和指导，保证专业教育的质量，进而促进整体教育水平的提高。专业认证的主体是非政府性质的中介机构，主要由相关行业或专业协会和该专业领域的高等教育工作者共同组成，专业认证的标准一般由专业认证机构、行业协会、教育机构以及公众代表一起参与制定，不同专业的认证标准各不相同。认证的程序包含申请、自评、现场评估、结果发布、检查以及再认证等步骤。专业认证激励高校在没有政府的控制和干涉的情况下，努力改进教学，提高质量，专业水平不得低于相关行业的最低质量标准。当然，专业认证也重视院校的办学自主权，强调保持各院校专业培养的特色，满足行业对不同层次人才的需求。

（二）合格评估与审核评估

合格评估与审核评估是当前我国“五位一体”高等教育评估制度的重要组成部分，是中国特色高等教育认证制度的重要表现形式，在推进高校教学改革，提高人才培养质量，促进政府对高校宏观管理和分类指导，引导高校合理定位、办出水平、办出特色等方面发挥着重要作用。2011 年，教育部发布了《教育部关于普通高等学校本科教学评估工作的意见》，对新一轮高校教学评估做出了全面规定。合格评估是国家对 2000 年以来未参加过教学工作评估的新建普通本科院校开展的一种本科教学工作评估形式。合格评估的重点是考察学校的基本办学条件、基本教学管理和基本教学质量，学校服务地方经济和社会发展的能力和应用型人才培养的能力，学校教学改革、内部质量保障体系建设和运行情况。合格评估结论分为“通过”“暂缓通过”“不通过”三种，“通过”的学校五年后进入审核评估。

“审核”一词常用于经济学领域，意为审计、查账。此外，“审核”也包含检查、核实、复验、论证等含义。审核评估是为了提升高校教育质量，由经授权或认可的评估机构对高校的内部质量保障体系进行审查核实的过程。我国的本科教学工作审核评估是在总结过去本科教学工作水平评估经验的基础上，借鉴国外先进的评估理念和手段，基于我国教育发展的实际情况提出的，是中国特色高等教育认证制度的重要组成部分。审核评估的对象是参加过本科教学水平评估并获得“通过”的普通本科学校。审核评估分为内部审核（高校自评）和外部审核（专家进校）两大块。审核评估以成果导向为引导，以高校自评和监督高校本科教学质量保证体系是否完善为核心，坚持“用自己的尺子量自己”，更注重学校的特色发展和内涵建设，符合我国高等教育发展的要求，也方便与国际高等教育评估对接。审核评估最终要形成写实性报告，周期为五年。

第二节 大学认证的发展与现状

高等教育认证制度诞生于19世纪末20世纪初的美国，随后，英国、德国、荷兰、澳大利亚和日本等国纷纷效仿。当前，由非政府、自愿参加的院校协会或专门职业协会下的独立质量认证机构开展认证工作，是西方发达国家高校质量保障的主要手段。在我国，大学认证主要由教育部高等教育教学评估中心负责组织实施，该中心是半官方性质的评估研究机构，体现了大学认证的中国特色。

一、发展历程

认证是最为规范的大学社会评价类型，最早为美国所确立。1913年，美国中北部地区学院与中学协会公布了获得认证资格的院校名单，这是美国高等教育史上第一次真正意义的高校认证。随后，其他地区性院校协会也相继开展了本地区的认证活动。由于其实施的有效性，认证制度相继被英国、德国、澳大利亚和日本等发达国家所采纳。在我国，大学认证突出表现在本科教学评估制度的建立和完善上。

在我国改革开放全面展开的大背景下，1985 年 5 月，中共中央、国务院在北京召开全国教育工作会议，颁发了《中共中央关于教育体制改革的决定》，这标志着我国社会主义教育事业进入全面改革的新时期，我国高等教育管理体制改革全面展开。1985 年的《中共中央关于教育体制改革的决定》第一次提出："教育管理部门还要组织教育界、知识界和用人部门定期对高等学校的办学水平进行评估。"同年，《国家教委关于开展高等工程教育评估研究和试点工作的通知》颁布，在随后的五年内，国家教育委员会启动了高等工程院校本科教学评估的试验。

在试点基础上，国家教育委员会于 1990 年 10 月颁布了《普通高等学校教育评估暂行规定》，这是高等教育评估的一般规律同我国的实践和时代特征相结合所取得的成果，是我国高等教育评估工作开始走向规范化的重要标志①，标志着我国高等教育认证评估制度的初步建立。《普通高等学校教育评估暂行规定》对普通高等学校教育评估的基本任务、基本原则、基本形式[合格评估（鉴定）、办学水平评估、选优评估]做出了规定，明确了合格评估（鉴定）是国家对新建普通高等学校的基本办学条件和基本教育质量的一种认可制度，由国家教育委员会组织实施。1993 年，中共中央、国务院印发《中国教育改革和发展纲要》，明确提出要建立各级各类教育的质量标准与评估指标体系，各地教育部门要把检查评估学校教育质量作为一项经常性的任务。在随后的几年里，教育部分别组织开展了对 1978 年以来新建本科院校的合格评估、对进入"211 工程"行列的高校的优秀评估和对介于上述两种情况之间的高校的随机性水平评估。1999 年开始实施的《中华人民共和国高等教育法》规定："教育行政部门负责组织专家或者委托第三方专业机构对高等学校的办学水平、效益和教育质量进行评估。"自此，我国高等教育的评估制度有了法律依据。

进入 21 世纪以来，在高等教育大扩招的背景下，我国高等教育规模不断增大，高校学生人数急剧增加，高等教育从精英化教育迅速走向了大众化教育，实现了跨越式发展，高等教育质量问题日益突出。2002 年 6 月，教育部颁发《普通高等学校本科教学工作水平评估方案（试行）》，将前一阶段的合格评估、优秀评估和随机评估合并为一个整体的水平评估方案。2004 年 8 月，教育部成立高等教育教学评估中心，专门负责高校的教学工作水平评估。2003—2008 年，我国开展了

① 陆根书，贾小娟，李珍艳，牛梦虎，徐菲. 改革开放 40 年来中国本科教学评估的发展历程与基本特征[J]. 西安交通大学学报（社会科学版），2018（6）：19-29.

普通高等院校本科教学工作水平评估，在“以评促建，以评促改，以评促管，评建结合，重在建设”方针的指导下，重点解决了办学条件达标和教学质量监控体系建立等问题，使高等院校的本科教学取得了巨大进步。

在权衡本科教学水平评估得失、对以往教学评估活动进行全面总结的基础上，2011 年 10 月，教育部发布了《教育部关于普通高等学校本科教学评估工作的意见》，提出建设中国特色“五位一体”的本科教学评估制度体系，具体包括学校自我评估、专业认证及评估、院校评估、国际评估和教学基本状态数据常态监测等要素。“五位一体”本科教学评估制度体系的建立，标志着中国特色高等教育教学评估工作开始走向规范化、科学化、制度化和专业化的发展阶段。随着本科教学评估制度的建立和完善，我国研究生教育、高职高专教育以及其他层次、类别的高等教育评估制度也相继建立和发展起来。

二、现状分析

截至 2018 年年底的统计，我国现有各类高等教育在学总规模达到 3833 万人，共有普通高等学校 2663 所。[①]针对不同层次和类型的高等院校，我国高等教育认证的形式和重点各不相同，其中，本科层次的大学认证最为成熟，特别是本科院校的审核评估涉及面广、影响大、最具代表性。以下的现状分析也主要以本科院校的审核评估为主。

根据教育部的统一部署，我国于 2014—2018 年开展了本科教学工作的审核评估。评估的对象是，凡参加普通高等学校本科教学工作水平评估并获得“合格”及以上结论的高校均应参加审核评估。审核评估范围包括 6 个审核项目、24 个审核要素和 64 个审核要点，涵盖了人才培养和质量保障的各个环节。与全国首轮普通高等学校教学工作水平评估相比，新一轮审核评估不仅是我国高校教学评估实践的新探索，更是对教学评估理论的新认知。从评估理念来看，首轮水平评估重视政府问责、绩效检查和量化评估，新一轮审核评估强调学生中心、成果导向和持续改进；从评估作用来看，首轮水平评估重视奖惩和刚性强化，新一轮审核评估重视问题导向和柔性激励；从教学评估分类来看，首轮水平评估方案统一、标准单一，新一轮审核评估标准多样，强调高校要“用自己的尺子量自己”；从评估重点来看，首轮水平评估将高校具体的教学对象和教学环节作为评价对象，新

① 教育部. 2018 年全国各类高等教育在学总规模达 3833 万人[EB/OL]. http://www.moe.gov.cn/fbh/live/2019/50340/mtbd/201902/t20190227_371430.html. [2020-04-23].

一轮审核评估更重视学校内部质量保障体系的有效性。[①]

具体来说，新一轮审核评估具有以下特点：一是不设统一标准。新一轮审核评估不设指标体系，只规定了一个评估范围，目的在于增加评估方案的弹性和客观中立性。不设统一达到的指定标准，这既反映了主管部门的质量化意识，更鼓励支持学校围绕评估范围，实现特色发展。审核评估最大的特点是学校“用自己的尺子量自己”，即学校要根据自己的办学定位和人才培养目标建立有效的内部质量保障体系。二是不做评估结论。从性质上看，新一轮审核评估是一种事实判断，而非价值判断，审核的重点在于学校办学“五个度”的科学性、合理性，而不做总体性的结论。在审核过程中对学校工作的做法持中立态度，审核报告既要肯定成绩，更要指出不足，提出改进建议，这体现了以学校为本的理念，学校使质量保障与评估的主体理念在审核评估中得到有效落地。三是不对学校分类。审核评估是在研究借鉴国外院校评估经验的基础上，根据中国高等教育实践进行的改革创新，制定出最为个性化的高等教育评估模式，即让高校在没有外部过度压力的前提下，各安其位，实现自主、多元和创新发展。应该说，我国普通高校本科教学工作审核评估取得了很大成绩，对我国高等教育质量建设产生了积极的作用，主要表现在以下几个方面。

第一，强化高校内部质量保障体系建设，促进高校教育质量的持续改进。在上一轮的教学工作水平评估中发现，我国高校内部的质量保障主要停留在教学管理层面，缺乏对人才培养的顶层设计和资源保障，评估指标没有涵盖人才培养的全过程和所有要素，高校还没有建立完整的内部质量保证体系。质量形成于过程，保证质量靠的是质量保证体系。新一轮审核评估以“质量”为核心，以“过程”为重点，以“保障质量”为目的，重在引导高校强化内部质量保障体系建设，即要促进高等院校走内涵式发展道路，引导学校建立自律机制，加强质量保障体系建设，进一步完善学校的办学水平，提高学校教育质量。新一轮审核评估通过审查高校内部质量保障体系建设及运行的有效性，对教学工作的各个环节——包括招生、培养和就业等方面——进行监控和管理，形成了以质量标准、信息采集、监控评估、信息反馈和持续改进为核心的质量保障闭环系统，建立起人才培养质量的社会反馈机制，根据对专业设置、专业调整和教学质量提高方面的及时调控，以及高校人才培养目标与培养效果的达成状况来评估高校的教育质量。在这种评估导向的指引下，高校只有提高质量保障意识，积极主动地去构建高校内部质量

① 刘振天. 从水平评估到审核评估：我国高校教学评估理论认知及实践探索[J]. 中国大学教学，2018（8）：4-12.

保障体系，才能更有效地实现人才培养目标，促进高校教育质量的持续改进。

第二，逐步落实高校办学自主权，突出高校的主体地位。一直以来，落实高校办学自主权、建立现代大学制度是我国高等教育改革的重点，也是我国从高等教育大国迈向高等教育强国的关键所在。与首轮水平评估不同，新一轮审核评估的突出特点是落实管办评分离的原则，教育部和地方教育行政部门负责统筹协调全国普通高等学校本科教学工作的审核评估，制定审核评估的总体方案及规划，加强事中和事后监管，具体的评估工作由社会中介机构负责，形成社会广泛参与的新格局。学校则根据审核评估的范围和要求，制定具有本校特色的自评指标，开展自评工作，并完成审核评估自评报告。教育行政部门、评估机构和学校三方职责明确、分工协作、各负其责，为真正落实高校办学自主权做好了充足的准备。统计发现，在全国开展本科教学工作审核评估的20个省（区、市）中，65%的省（区、市）委托第三方评估机构组织实施，35%的省（区、市）由教育行政部门组织实施，这一方面培育了第三方评估机构，加大了社会参与高校人才培养质量提升的力度；另一方面也为落实高校办学自主权和实现管办评相分离奠定了基础。[①]新一轮审核评估与“质量”“赋权”“问责”相联系，政府不再设置统一的评估标准，而是由高校的利益相关者共同构架内部质量保证体系，强调高校管理者和利益相关者共担责任，凸显了高校自主办学权的回归。

第三，引导高校合理定位，促进高校特色发展。高校办学定位要回答的是“办一所什么样的大学”的问题，而要回答好这一问题，必须依据国家经济建设和社会发展的需要，以及自身办学条件和发展潜力。高等教育评估的重要任务之一就是要引导高校科学定位，多样化发展，办出特色，形成优势。与首轮高等学校本科教学工作水平评估不同，新一轮审核评估主要依据评估对象是否达到了自己制定的标准，“用自己的尺子量自己”，国家没有统一的评估标准，不对审核结果划分优劣。在具体的评估过程中，审核评估的范围主要包括学校的定位与目标、师资队伍、教学资源、培养过程、学生发展、质量保障以及学校自选特色等项目，在每一个项目中，由于学校在各个指标方面具有个性差异，同时，由于审核评估是基于事实做决策，学校的定位与目标发展也便异彩纷呈。审核评估的重点是学校人才培养效果与培养目标的达成度、办学定位和人才培养目标与社会需求的适应度、教师和教学资源条件的保障度、教学和质量保障体系运行的有效度以及学生和社会用人单位的满意度这“五个度”，重中之重是审核高校的内部质量保障

---

① 陆根书，贾小娟，李珍艳，牛梦虎，徐菲. 全国普通高校本科教学工作审核评估：成效、问题与发展策略[J]. 大学教育科学，2020（2）：23-26.

体系是否健全、执行的力度如何，同时还在审核评估中专门设立了特色项目，鼓励高校总结、培育本科教学特色，督促高校根据自身的情况制定自身的发展目标，促进高校的个性化发展。

自 2014—2018 年来，新一轮普通高校本科教学工作审核评估以高校普遍存在的人才培养质量不高、内部质量保障体系不健全、高校定位不准确为突破点，强化了高校在人才培养中的主体地位，突出了高校内部质量保障体系建设，积极引导高校合理定位、特色发展，对我国高等教育质量的提升产生了积极的影响。但也必须看到，本科教学工作审核评估中也存在一些问题，值得引起高度重视和注意。

第一，行政色彩较浓。一直以来，我国高等教育领域采取的是过度集权模式，新一轮审核评估是在管办评分离改革的大背景下进行的，主张要跳出政府-高校这种单向的政府主导评估模式，在审核评估中充分体现多元治理的理念。《普通高等学校本科教学工作审核评估方案》明确指出，中央部委所属院校的审核评估由教育部高等教育教学评估中心负责实施；地方所属院校的审核评估由省级教育行政部门负责，逐步形成管办评分离的评估机制。虽然新一轮的审核评估中超过一半是委托第三方评估机构进行的，但这个第三方评估机构主要是指教育部高等教育教学评估中心。该中心是由教育部直接领导的，具有独立法人资格的行政性事业单位，它是依附于政府的，并不是真正意义上的第三方评估机构。因此，实际上，从评估高校的选取到评估专家的遴选，从评估指标的设定到评估结论的揭晓，我国新一轮的审核评估依旧是在政府教育行政部门的统一组织下进行的，高校作为下级部门和被评估对象，被动接受上级的指导、督促和问责，社会力量的实质参与有限，难以确保评估的公正与民主。

第二，元认证制度缺失。元认证制度源于认证制度，是按照一定的标准或原则对认证机构本身进行评估的活动，其目的是判断评估认证机构的资质水平，规范与完善认证活动。新一轮审核评估的实施主体主要有两类：中央部委所属院校的审核评估主要由教育部高等教育教学评估中心负责实施；地方所属院校的审核评估主要由各地具备条件的专门评估机构负责实施。实际上，目前我国对这两类评估机构都还没有建立起有效的元认证制度。一方面，教育部高等教育教学评估中心是一个半官方性质的教育评价机构，行政性较强，审核评估的一切事项都由国家决定，目前我国并没有对教育部高等教育教学评估中心的评估活动进行元认证；另一方面，对于地方具体实施审核评估的专门评估机构也没有形成有效的元认证制度，评价主体是否具有合法资质、评估过程是否科学合理、评估结果是否公平公正等，这些都迫切要求建立元认证制度。由于元认证制度的缺失，不仅评估的客观真实性和公信力无法得到保证，而且高校在参评过程中的权利常常被忽视，当高校对评估结论有异议时，其无法通过有效的途径和机制维护自身利益，公众对评估结论有所怀疑时也没有可以查证的合法渠道。教育评价是一项主观价值判断与客观数据分析相结合的工作，既然有主观判断，自然避免不了偏差，因此，建立对认证的元评价机制十分重要。

第三，高校被动迎评。审核评估的目的在于诊断高校在办学过程中存在的问题，进而服务于高校的质量改进。从某种意义上说，审核评估能否达到质量持续改进的目的，在很大程度上取决于高校能否从被动转为主动，即从“要我评”到“我要评”，从评估是为了完成任务到评估是为了保障和不断地改进质量。但从我国高校审核评估的现状来看，普遍存在着对内部审核评估认识不到位、制度不健全，以及内部审核是为了应对“外审”而进行的预演等现象，并非真正意义上的旨在自我把握人才培养状态、发现存在问题、持续改进不足的“内审”。①因此，审核评估结束之后，许多高校的工作恢复到原态，整改环节几乎无人问津，从而降低了审核评估的绩效。对于质量管理中发现的问题，多数高校缺乏有效的跟踪反馈，整改过程流于表面，导致审核评估主要发挥的是鉴定功能，而缺乏改进功能。一个具有完善功能的内部质量保证体系应该具备“闭环”特征，即通过监督功能发现偏差，通过调控功能纠正这些偏差，对系统进行改进，这理应是新一轮审核评估的主要目标，但实际上还没有真正实现这一目标。

第四，信息化建设滞后。与首轮水平评估不同，新一轮审核评估对评估的方式与方法进行改进，运用现代信息技术手段，重视对高校教育教学质量的常态监控。评估过程要求学校按照审核评估范围中的审核项目与要素，对数据进行搜集、整理，准确填报“高校本科教学基本状态数据库”，同时需要学校提供以数据为基础、具有专业水准的写实性自评报告，帮助专家全面系统地了解学校的基本情况。这需要被评学校应用相关信息技术，对教育资源的配置、学生学习状态、招生与就业状况、课堂教学质量、学生与社会反馈等方面做出分析，找出问题。然而，当前高校人才培养质量保障的信息化建设工作相对滞后，“高校本科教学基本状态数据库”的采集填报还存在着不少问题，部分院校在数据填报过程中存在“溢美”“掩饰”“漏项”“夸大”的情况，致使高等学校本科教学基本状态数据采集和教学质量年报难以客观、准确、全面地反映教育教学工作整体状态；数据采集以学校整体的方式呈现，没有具体到院系，难以准确地反映

① 张安富. 本科教学工作审核评价的再认识及持续改进[J]. 高教发展与评估，2018（3）：18-27.

各个院系的教学质量和人才培养质量；数据的采集和填报被当成单纯的常规性、行政性工作，没有将数据采集与学校的教学工作和人才培养工作联系起来，对数据信息的深度挖掘分析不够，依托数据信息分析推进学校教育改革发展和人才培养质量提高有待加强。

第三节　大学认证的完善路径

大学认证是高等教育外部质量保障的重要机制，是大学社会评价的中坚，在我国高等教育质量保障中发挥重要的作用。改革开放以来，我国逐步建立起制度化、规范化的大学认证机制，但也还存在不少问题，与高等教育质量建设的要求相比还有相当距离。完善我国大学认证机制，建立中国特色的大学社会评价体系，还需要付出艰辛努力。

一、转变政府职能，强化认证机构的评估职责

我国的高等教育认证评估仍然以政府教育行政部门为主导，院校更多是被动地接受上级下达的评估任务，社会力量的介入十分有限。在我国，政府是公立高校最主要的投资方，迫于生存压力，高校很有可能会放弃自身发展的内在逻辑，导致出现“迎评心理”，最终影响认证评估的价值实现，使评估的效果大打折扣。中介性的高等教育认证机构具有专业性、相对独立性和客观公正性的基本特点，它们的认证评估可以增加社会公众参与的广泛性和透明性。同时，教育评价中介机构为了赢得公众的信任，获得生存的市场空间，必须严把质量关，从而使认证结果的有效性大大增强。

目前，高等教育认证机构依法设立、独立于政府教育行政部门运行已成为高等教育认证制度的世界趋势。[①]当前我国高等教育评估仍然以 20 世纪 90 年代的《普通高等学校教育评估暂行规定》为依据，根据该文件的规定，高等学校的办学水平、教育质量，接受教育行政部门的监督和由其组织的评估。这表明政府仍

---

① 李明华. 橄榄形高等教育认证制度模式的世界格局和中国位置[J]. 清华大学教育研究，2012（2）：55-64.

是高等教育评估的主体，社会中介组织评估还没有得到法律上的认可。借鉴国际高等教育认证主流模式的成功经验，深入推进管办评分离改革，转变政府职能，使政府从具体的评估事务中脱离出来，将评估的权利和责任交给专业性的教育评价中介机构，既是我国高等教育治理体系现代化发展的基本方向，也是我国大学认证机制发展与完善的必然选择。因此，我国政府要加快从管控职能向服务职能转变，尽快出台专门的教育评价法律法规，明确社会中介机构在高等教育评估中的地位和作用，使专业性的教育认证机构的建立以及认证活动的开展有法可依。要完善教育治理的社会参与机制，引导高等教育领域内利益相关者主动参与教育治理，从而形成共同参与、责任分担、边界明确、合作推进的治理体系和评价体系。①这种共同治理体系的形成，有利于充分发挥社会力量在高等教育质量保障中的监督和评估作用，推进高等教育治理能力现代化。

二、重视元认证，提高认证机构的资质水平

与大学评议和大学排行比较，大学认证是最规范、最权威的大学社会评价模式。因此，国家对大学认证的要求也更高，大学认证机构的资质水平如何、认证活动的开展是否合法合规，更加需要通过建立大学认证的元认证机制来保障。依据国外的经验来看，元评价在西方发达国家，特别是在美国的高等教育认证评估中发挥着重要作用。美国有两套成熟完备的元认证制度：一套是民间力量——美国高等教育认证委员会主导的；另一套是政府力量——美国联邦教育部主导的。两套元认证制度各有侧重，认证机构可在两套元认证制度中自由选择其一接受认证。只有通过美国高等教育认证委员会或美国联邦教育部的认可，认证机构才有资格认证高校。在我国高校本科教学工作审核评估中，由于缺乏元评估机制，审核评估出现诸多问题，如审核评估中引导高校落实立德树人根本任务还有所欠缺、对学校内部质量保障体系建设的实际关注不够、指引高校未来发展的功能还有待进一步强化等，这些都会影响到审核评估的实际效果。

2015 年，国务院正式发布《国务院关于印发统筹推进世界一流大学和一流学科建设总体方案的通知》，明确提出积极引入专门机构对学校的学科、专业、课程等水平和质量进行评估，建立健全绩效评价机制，积极采用第三方评价，提高科学性和公信度。由此可见，教育评价中介机构在高等教育评估中将扮演越来越

① 徐蕾，常波. 高等教育评估的价值转向、模式变革与效用优化——基于美、英、荷、法等国的经验[J]. 现代教育管理，2016（12）：29-34.

重要的角色，但由谁来评估、评估机构应具备什么资质水平、评估结果是否可信等都迫切需要通过建立元认证机制来保障。根据我国国情，可以主要依托国家宏观教育评价管理机构建立起对教育评价中介机构的元评价制度。元评价制度的主要内容包括认证机构的准入资质的认定、教育评价机构运行的监管以及认证评价行为的监控等。虽然高等教育认证主要应该由教育评价中介机构具体组织实施，是一种非政府性的活动，但政府并非对大学认证不管不问。政府需通过对认证机构的认可，来保证认证机构的资质水平和认证评估活动的有序规范，从而保障高等教育认证的有效性和权威性。

三、增强高校主体意识，做好自评与整改

在我国高等教育评估中，高校长期以来处于被动接受地位，导致我国高校在评估中的主体意识丧失，一味被动“迎评”和被迫整改。同时，我国高等教育评估十分重视量化指标，看重的是结果是否合格、是否通过，忽视针对办学过程的问题而提出的改进建议。因此，在实际的认证评估中，不少高校将大部分精力放在对指标体系的准备工作上，忽视学校内部质量保障长效机制的建立。要改变这种状况，需要引导评估在真实的自然状态下发生，需要走入真实的教育教学场景，强化高校在认证评价过程中的主体地位，发挥高校的主体作用，特别是要充分发挥学校师生的作用，使他们真正成为评价的主人而不是被监控的对象，切实把学校的自查自评当成自我诊断、自我发展和自我完善的有效手段，努力建立起学校内部质量保障的长效机制，自觉地提高教学质量和人才培养质量。

当前，我国普通高校本科教学审核评估中普遍存在着整改不到位的问题，对于审核评估中发现的问题，多数高校缺乏有效的跟踪反馈，整改过程流于表面。这与审核评估要求以学校为主体、以质量保障为目的、促进高等院校走内涵式发展道路的评估理念相去甚远。持续改进是高校审核评估的最终目的，通过周期性的评估，对学校的定位与目标、师资队伍、教学资源、培养过程、学生发展、质量保障以及学校自选特色等方面进行全面诊断，并在此基础上提出改进建议，从而建立起长期有效的教育教学质量保障体系。当前，我国审核评估中整改检查环节没有落实到位的一个重要原因是没有建立起有效的激励措施，难以督促学校切实加强整改。因此，审核评估应强化对学校整改措施的监督检查，并将整改结果与政策支持、资源配置、绩效考核等挂钩，强化学校的整改意识，督促学校切实

整改、补齐短板，扎实推进高校教育质量的提升。[①]

四、完善信息数据建设，提高利益相关者的参与度

评估实质上是一种信息反馈，是在系统地收集信息与证据的基础上做出的价值判断。信息搜集的全面性将影响评估结果的准确性，进而影响教育决策的科学性，这就要求高校各部门完善信息建设，建立完整的教育信息数据库。世界上高等教育认证制度最为发达的美国从 20 世纪五六十年代开始重视校本信息数据库的建设，人们可通过美国联邦教育部、各高校数据库、高等教育研究机构与中介组织、网站及出版物等获得各种高等教育信息。英国、新西兰等实行高校审核评估的国家均十分重视数据的收集与处理。[②]然而，当前我国高等教育信息数据库的建设还很落后，审核评估主要参照“高校本科教学基本状态数据库”，而该数据库中反映教学的核心数据——教师“教”的数据和学生“学”的数据却很少，且对这些数据的挖掘和分析很不够，制约了审核评估的准确性和有效性。因此，重视高等教育信息数据库建设是完善大学认证的一项重要工作。要充分运用信息技术手段实现对教育质量的动态监测，将“高校本科教学基本状态数据库”中的教师“教”的数据和学生“学”的数据实时、动态地结合起来，让“高校本科教学基本状态数据库”中的数据服务于本科教育，助力常态的教育质量监测，建立更加健全的教育质量保障体系和运行机制，全面提升人才培养质量。

教育评估的目的是提高高校教育质量，需要利益相关者对高校质量和水平进行评议审查，需要广泛吸纳高校管理者、教育者、学生、家长、用人单位、校友等利益相关者的全员参与。然而，当前我国尚未建立利益相关者参与高等教育评价的制度，社会公众难以对高校教育教学工作进行公共监督与社会评价。因此，完善大学认证评估需要进一步提高利益相关者的参与度。为此，一方面，要落实学生主体地位，反映学生心声，学生作为高等教育的核心利益相关者，是高等教育教学质量的直接体验者，要吸引学生参与认证评估，调动学生积极性，体现学生的利益诉求，让学生中心理念真正落地生根；另一方面，要提高社会行业参与度，适当增大教育系统外的专家比例，邀请行业、企业、用人单位的相关人员参与大学认证审核，形成多方参与、多维评价的机制。

---

① 陆根书，贾小娟，李珍艳，牛梦虎，徐菲. 全国普通高校本科教学工作审核评估：成效、问题与发展策略[J]. 大学教育科学，2020（2）：23-26.

② 刘海兰. 本科教学审核评估的有效性研究[J]. 江西社会科学，2014（4）：236-241.

第四节　案例分析——大学审核评估透析

本书研究选取 A 大学作为典型个案，通过分析 A 大学在 2018 年审核评估的前期准备、中期自评、正式迎评和后期整改的具体做法，总结 A 大学审核评估的经验与不足，为今后的本科教学评估工作提供优化策略。

一、A 大学审核评估各阶段重点工作

A 大学办学历史悠久、教育传统优良，是教育部直属全国重点大学、国家“211 工程”“985 工程”重点建设高校、国家“世界一流大学”建设高校。学校现有学科专业涵盖哲学、经济学、法学、教育学、文学、历史学、理学、工学、管理学、医学、艺术学等 11 大门类。拥有博士学位授权一级学科 27 个、博士专业学位授权 1 个、硕士学位授权一级学科 36 个、硕士专业学位授权 20 个、本科招生专业 60 个。2018 年，该校有全日制在校学生 3.6 万余人，其中本科生 2 万余人，研究生 1.5 万余人。拥有教职工 4000 余人，其中专任教师 2000 多人。学校于 2018 年 10—11 月正式接受教育部高等教育教学评估中心本科教学审核评估专家组的进校考察。①

（一）蓄势与启动阶段

首先，邀请专家进行专题报告。为使全校师生更加全面深入地认识审核评估，2016 年 6 月，学校邀请教育部高等教育教学评估中心主任来校做了本科教学工作审核评估专题报告；2018 年 4 月，学校邀请教育部本科教学审核评估专家、东南大学原副校长来校做专题报告，为全校师生详细解读了“一流大学与本科教学工作审核评估”。这些准备工作为顺利启动审核评估做好了铺垫。

其次，发布审核评估工作方案。2017 年 7—10 月为评估启动阶段，学校首先制订了审核评估评建工作方案，成立了审核评估评建工作组织机构，明确了学校

---

① 学校简介[EB/OL]. https://www.hnu.edu.cn/hdgk/xxjj.htm. [2020-04-11].

评建办、评建项目工作组、学院评建工作组的相关任务、职责及人员名单。2017年10月，学校印发《A大学本科教学工作审核评估评建工作方案》，开始全面准备本科教学工作审核评估，制订了专门的工作方案以指导本校审核评估工作的开展。根据审核评估的工作指南与审核要点，方案中明确提出成立审核评估的领导小组与工作小组、评建项目工作组、学院评建工作组，分工较为明确。

再次，成立专门的评建办公室。为做好自评自建工作，2018年4月，A大学专门成立了本科教学审核评估建设办公室，教学副校长为办公室主任，配备副主任若干名，以及专职工作人员3名，还招聘了几名在校学生作为助理管理人员，由此正式开展本科教学工作审核评估迎评工作，使学校评估工作有序推进和落实。

最后，广泛动员相关力量参与评建。为营造评估氛围，加强各单位的沟通交流，深入推进评估各项工作的落实，学校评建办牵头建设了审核评估的门户网站，大力推进网站的内容建设，积极向学校二级单位发起征稿，以做好宣传工作。

（二）自评与自建阶段

首先，撰写报告并且开展自评。2017年10月至2018年9月为学校审核评估的自评阶段。在自评阶段，学校重点组织撰写《A大学自评报告》，且十分强调“在自评中实现自建是头等大事”。《A大学自评报告》的撰写以三稿的进度推进。2018年5月中旬成立了统稿组和确定统稿人，各项目组负责审核各项目业务内容，统稿组负责文字审核。6—8月通过各项目组对成稿的不断修改与学校评建办组织的30余次会议讨论，对自评报告的修改要求和注意事项达成一致。8月底，按照工作进度计划进行自查自评，在形成分项自评报告的基础上统稿完成学校自评报告初稿，由学校评建办统一将纸质稿反馈至单位负责人审核校订和完善自评报告的内容。最后，于9月19日提交校长办公会，根据校长办公会意见进一步修改后，于9月30日上报评估中心。

其次，检查自评自建工作成效。2018年2—9月是自评整改建设阶段。学校对自评发现的问题及时整改，拟订整改建设方案并开展评建工作。根据自评报告的撰写进度，整理填报“高校本科教学基本状态数据库”和收集整理相应支撑材料，组织专家进行模拟评估。为了推进各单位进一步查找问题，巩固人才培养的中心地位，提升办学水平和教育质量，学校评建办采用集中检查的形式对各教学单位和职能部门组织开展自评自建工作检查，前后共进行三轮。

最后，开展学校内部模拟评估。2018年9月20—21日，学校组织和邀请10位校内评估专家开展了学校内部模拟评估，检查走访了30余个职能部门和24个学院。模拟评估过程包括召开评估专家会议、专家集体考察、分散评估检查和召开评估反馈会议等。模拟评估虽然不同于其他院校在正式评估前所采取的“预评估”，但同样是为了发现问题，提高迎评促建水平。

（三）迎评与整改阶段

首先，制订迎评工作方案。A 大学的迎评工作主要从四方面展开：一是制定专家手册，即《A 大学本科教学工作审核评估工作手册》。二是从上到下做好《A 大学本科教学工作审核评估工作每日行程安排》。2018 年 10 月中旬，经过多次召开协调会，讨论了评估期间详细的工作方案，确定工作组和各组负责人，分工明确，具体包括协调组、接待组、会务组、材料组、宣传组、环境组 6 个组。三是落实联络员制度。2018 年 5 月 24 日，学校决定由组织部牵头遴选专家联络员 20 人，由校办牵头对联络员提前做好培训工作。四是制作《本科教学工作审核评估深度访谈参考提纲》并下发各二级单位老师阅读，以做好被专家访谈的准备。

其次，专家开展进校考察。2018 年 10 月 29 日，专家开始进驻 A 大学，展开为期四天的现场考察。专家集中考察了学校 4 个有特色的典型单位代表，快速了解了学校的办学特色和定位；还走访了学院、部门等教学科研、管理教辅单位 68 个；深度访谈了学校领导；与 99 位教师和学生代表进行了访谈；观摩了 60 个专业的 94 门课程的课堂教学；调阅了 14 个学院 33 个专业、112 个班级的 44 门课程共计 4169 份试卷，以及 16 个学院 26 个专业 45 个班级的本科毕业设计（论文）1176 份，覆盖了 2016—2018 届学生；召开了 2 个校友座谈会，20 名校友接受了专家座谈；考察了 2 个用人单位及校外实习基地，查阅了有关支撑材料。

再次，总结并形成问题清单。2018 年 11 月 8 日，A 大学组织了审核评估工作的总结大会。在总结会上，学校发展规划办、人力资源处、财务处、教务处、学工处、校办、宣传部、后勤服务总公司、保卫处、国际合作与交流处等 10 个项目组的组长和单位负责人就本组的迎评工作做了简单的总结发言。总之，此次评估是以最小的成本和投入，取得了一个较为满意的结果，但是也暴露出学校一直没有很好解决的问题，如办学资源不足、师资队伍建设不足、国际化办学水平不高、试卷论文存在质量问题等。学校明确要求各二级单位根据本科教学工作自评自建和专家组现场考察中提出的改进意见，提交问题清单。

最后，提交与落实整改方案。2018 年 11 月到 2019 年 12 月是整改阶段。审核评估专家离校之后的整改阶段才意味着评估工作的真正开始，整改的成效如何决定了审核评估工作的意义和价值。A 大学正式发布了《关于做好本科教学工作审核评估后续相关工作安排的通知》，要求各部门根据本科教学工作自评自建和专家组现场考察中发现的问题和不足，认真梳理并形成问题清单。此外，要及时总结提炼在评估工作中已经探索出来的好经验和好做法，使之常态化和制度化，为今后改进教学提供明确思路。

二、A 大学审核评估的经验

审核评估是对高校教学质量和人才培养质量的一次大考，开展审核评估是提高人才培养质量的关键抓手之一，高校可以化审核评估的压力为整顿教学秩序、提高教学质量的动力。A 大学借审核评估之机，有力地推动了学校各项工作的全面完善和提高，特别是办成了很多“很早想做却没能做成”的事情，特色和亮点主要表现在以下五个方面。

第一，积极动员和宣传。A 大学时间安排精确，宣传资料制作完善且内容充实。学校宣传部既全面又细致地为评估工作的宣传做了很大努力，宣传工作不局限于对评估知识的宣传，通过基层学院和单位的言传身教，让更多师生在先进评估理念的指导下，明白评估工作不论对于学校发展还是自身利益都是百利而无一害的举措，得到广大师生员工的理解和支持，使全校师生主动积极地走进评估、理解评估、参与评估。学校宣传部主要通过完成八项工作营造了浓厚的评估氛围，即“八个‘一’”：协助做好一个评估专题网站、一套宣传张贴画、一个会议文件夹、一本宣传册、一部《千年学府 百年名校》的电视片、做好宣传员一对一服务、完成一系列的新闻报道、实施一项舆情预案。

第二，领导重视和指挥。学校各级领导对审核评估高度重视，投入大量的时间和精力，加强对学校各部门和各单位的评估指导。特别是主管教学工作的副校长，作为学校评建办的主任，不仅主持和组织召集评估工作的大小会议并统一调度指挥，而且亲临一线督促和指导各单位的评建工作，在保证正常教学秩序的情况下，使审核评估工作顺利进行。

第三，评估举措有效。学校评建办是学校评估政策得以顺利下达的直接执行部门。为增强各单位评估工作的连续性和时效性，保证方案的执行度，学校评建办特地给每个二级单位负责人及联络人统一发放了装有评估宣传资料文件的“评估盒子”，其中包括《普通高等学校本科教学工作审核评估工作指南》《本科教学审核评估 111 个引导性问题》《学校各部门重点推进工作梳理表》《各单位审核要点一览表》以及各种通知文件，时刻提醒相关领导和工作人员保持评估意识和迎评状态，确保工作任务责任到人和各项工作的有序衔接。

第四，认真撰写自评报告。自评报告是参评高校对办学定位、人才培养目标与教学质量等各个方面存在问题的整体审视，是高校自我评估结果的集中体现。它不仅体现了参评高校对审核评估工作的态度和认知，也是学校教学工作状态和工作水平的全面展示与呈现。高校的自评报告是让专家对该校取得第一印象的重要材料，是专家开展评估工作的重要依据。A 大学重视自评报告的撰写和修改，自评报告的撰写不仅紧扣 64 个审核要素，而且加入了创新创业、国际化发展水平等专家特别关注的特色内容，为评估专家进校后的评估提供了参考。

第五，重视评建和整改。在评估自评自建与整改过程中，A 大学不断督促各二级单位做好自评自建，先后进行了两轮评估检查、一次模拟评估以及多次个案抽查，对发现的问题采取切实有效的措施进行整改，使校园整体面貌焕然一新。在评估结束后，A 大学又发布了《关于做好本科教学工作审核评估后续相关工作安排的通知》，要求全校职能部门和二级学院交流整改意见、提交整改方案。对于容易解决的一般性问题，各二级单位要立即行动，采取具体、有效的措施开展整改工作，快出成效。对于比较复杂或深层次的问题，要分析、研究、制订整改方案，逐一细化任务和措施，并明确每项任务的牵头负责人及时间表。针对其他问题，在广泛调研双一流高校的情况和做法的基础上形成目标和举措。此外，A 大学对于在评估工作中探索出来的好经验和好做法及时进行总结提炼，将其转化为推动学校教育教学工作的长效机制。

三、A 大学审核评估的问题与改进

虽然评估专家对 A 大学自评报告的撰写、评估的组织工作以及现场考察的结果给予了充分肯定，对 A 大学的教学质量和人才培养质量表示高度满意，但 A 大学在此次审核评估中也暴露出了一些问题，其中既包括 A 大学审核评估中的问题，也包括审核评估这一中国特色高等教育认证制度自身存在的问题。

第一，职能部门执行效率不高。在审核评估过程中，为推进各职能部门有效开展自评自建工作，学校评建办组织召开了多次协调会，形成《学校各部门重点推进工作梳理表》。该表十分详细，要求各单位在梳理工作的同时填报工作内容简述、完成时限、与评建工作的相关度、到期达成效果、到期完成度等内容。但个别部门没有充分认识到审核评估的重要意义，把评估工作当作副业，甚至视为包袱，有抵触思想，对评估任务没有认真钻研，导致学校部分迎评工作效率不高，预留的调整时间不足，影响后续环节的顺利推进。

第二，存在被动迎评现象。在我国，高校评估中的被动迎评现象较为普遍，A 大学在审核评估过程中也表现出类似问题。在专家进校考察期间，学校倾向于尽力呈现好的一面，努力把最能代表学校水平的东西提供给专家看，对于存在的问题避重就轻，一般不会主动暴露问题。对于专家在评估过程中发现的问题，也主要是寻找解释说明的理由，担心这些问题会影响学校评估的结论。针对存在的问题，学校也会根据评估的需要做出一些改进举措，但评估结束专家离校后，有些临时性举措常常难以长久保持。

第三，长效评估机制有待加强。与国内大多数高校一样，A 大学没有常设的主管评估工作的职能部门，只是在教务处下设评估科，在有评估任务时才启动运行。为适应审核评估需要而成立的学校评建办是临时性机构，评估一结束，该机构就解散了。从内部组织机制来看，没有稳定的领导小组和工作班子，不利于学校形成成熟的评估制度体系和长效的评估机制，不利于评估经验的总结和评估工作专业化水平的提升，也会削弱对问题的整改力度，不利于高校内部质量保障体系的建设和先进评估理念、评估文化在高校落地生根。

第四，评估行政色彩较浓。从某种意义上说，审核评估的实施标志着我国本科教学评估逐渐由国家教育行政部门主导的强制性评估，转向以高校内部自主评估为主的审核性评估。但从实际推行来看，审核评估仍然是政府教育主管部门集中评估权力，地方和学校权力有限，社会力量介入不够。在评估过程中，参评高校的权利容易被忽视，当高校对评估结论有异议时，无法通过有效的渠道维护自身利益。

第五，评价专家队伍建设不足。专家组实施现场考察是评估开展的关键环节，因此必须建设一批结构稳定、评估素养扎实、评估本领过硬的评估专家队伍，同时，专家队伍应该尽量实现成员基数扩大化，而不是固定几个专家在不同高校不停周旋。在此次 A 大学审核评估过程中，专家组成员主要是各高校从事行政工作的校级干部，基本上是具有理工科学术背景的专家，具有人文社会科学学术背景的专家不多，具有教育学、评价学等学术背景的专家几乎没有，也没有企业行业的代表。此外，专家身份基本上是暂时的、一次性的，评估并不是他们的专职工作，随着评估任务的结束，专家组的使命便完成，专家身份随即消失。

第六，相关群体参与度不高。审核评估是我国教育行政部门在总结和吸取首轮普通高校教学工作水平评估经验的基础上推出的不设统一标准、不做评估结论、不对高校分类、重视强化高校内部质量保障体系的新型评估模式。要想实现审核评估的既定目标，很重要的一个方面就是扩大评价主体的范围，避免由单一评估主体自身认识能力和获取信息渠道的单一性而影响评价结果的客观性、真实性和准确性。但在A大学的审核评估过程中，参与者多为职能部门和教学学院的负责人，教师、学生、社会、企业等直接利益相关者的参与度不高。

总结A大学审核评估中的经验和不足，可考虑从以下几个方面加以完善：首先，要转变政府在审核评估过程中的角色定位，从管理者转向服务者，真正实现评估权力的下放，充分发挥教育评价中介机构的作用，落实高校办学自主权；其次，要建设专业化的评估队伍，严格遴选专家，提升专家的准入门槛，注重专家的来源广泛性和学科背景的多元性，建立结构合理、科学配比的专家队伍；再次，高校要树立迎评自建的阳光心态，要保持平常心，既不夸大成绩，也不掩盖问题，并主动暴露问题，将审核评估作为“照衣镜”，利用评估全面审视学校办学现状，剖析问题，积极落实各项整改措施，只有这样，才能从根本上化被动为主动，真正实现以评促建的目标；最后，要完善数据信息平台建设，审核评估强调基于事实的判断，高校自评报告及其他报告的数据要与“高校本科教学基本状态数据库”保持一致，这要求学校要切实做好相关数据的收集整理和挖掘分析工作，努力改进办公信息化水平，加强学校的基本数据库建设，让“高校本科教学基本状态数据库”中的数据信息服务于本科教育，服务于学校的本科教育质量保障体系和运行机制，全面提升人才培养质量。

第七章

大学社会评价的实现机制

对于一般管理系统，其主要包括运行机制、动力机制和约束机制。其中，运行机制是管理系统的主体，是指系统的结构通过相互联系和相互作用的要素得以运行并产生的功能和性能；动力机制是为管理系统的运行提供动力的机制；约束机制是对管理系统的行为进行修正的机制，其功能是保证管理系统的正确运行以实现管理目标。[①]大学社会评价活动具有一般管理系统的基本特性，其实现机制就是指能够保证大学社会评价活动的有效进行，使其功能得以实现的构造及其运行原理，其内部构成也主要包括运行机制、动力机制与约束机制三个部分。

① 程勉中. 现代大学管理机制[M]. 北京：人民出版社，2006：65-88.

第一节　运 行 机 制

大学社会评价的运行机制是指大学社会评价活动在有规律的运行过程中，影响这种运行的各组成因素的结构、功能及其相互联系、相互作用的过程、方式和原理。运行机制是大学社会评价机制的主体，如果运行不畅，则大学社会评价活动就无法有效开展。

一、运行机制内涵与构成

（一）运行机制的内涵

"运行"有运动、行进、运转、运作等含义。《现代汉语词典（第 7 版）》将"运行"解释为周而复始地运转。[①]"机制"涉及系统的构造、运行及功能，是指客观事物或现象的结构组成部分的相互关系，以及其间发生的各种变化过程，是决定客观事物或现象存在状态的作用原理和作用过程。有研究者认为，"运行机制"是"机制"的动态体现，是机制的重要构成。运行机制是整个过程中表现出来的一种强有力的内在推动力和自动制度安排（包括制度框架、组织体系、法律规范、调控手段和行为目标等）中的有机组成部分，机制的运行过程就是系统各部分之间不断进行协调的过程。运行机制一方面凝聚着各要素并受制于社会环境中的诸多因素以及人们对制度、体制的选择，另一方面又有相对的独立性，有其固有的运行机制和模式，并且这一运行机制内部又可细分为若干个细微的运行系统，相互之间存在着联系。[②]综上，本书将"运行机制"界定为：在客观事物或现象有规律的运行过程中，影响这种运行的各种因素的结构、功能及其相互联系、相互作用的过程、方式和原理。

---

① 中国社会科学院语言研究所词典编辑室. 现代汉语词典（第 7 版）[Z]. 北京：商务印书馆，2016：1624.

② 祁敬宇. 金融协调运行机制论纲[M]. 北京：中国财经出版社，2006：30.

大学社会评价是除政府和高校之外的“第三股力量”，即社会力量对大学的办学水平与质量做出价值判断的过程，大学社会评价的运行机制则是大学社会评价活动在有规律的运行过程中，影响运行的各组成因素的结构、功能及其相互联系、相互作用的过程、方式和原理。简言之，大学社会评价的运行机制就是大学社会评价运行“带规律性的模式”。

（二）运行机制的构成

作为大学社会评价机制中负责运行的部分，运行机制的构成主要包括以下几部分：第一，运行主体——社会力量。它包括毕业生及家长、社会用人单位、民间组织以及媒体等，是实施大学社会评价的主要力量。第二，运行目标——评价指向。评价主体实施评价活动，或者是为满足社会大众对大学的信息需要，或者是帮助大学进行诊断和改进，它总是有所指向的，这就是大学社会评价的运行目标；第三，运行基础——信息系统。评价是价值判断过程，事实依据是做出价值判断的前提，要想对大学做出评价，必须要全面、准确、及时地收集大学的相关信息，这是大学社会评价运行的基础。大学社会评价的运行机制就是大学评价活动主体为实现一定的评价目标，在收集相关资料信息的基础上，依据一定规则对大学进行的价值判断。

第一，大学社会评价的运行主体——社会力量。在我国，无论是政府评价还是高校自评，其评价主体都是单一的，或者是政府教育行政部门，或者是高校自身，而社会力量作为高等教育质量的评价主体，涉及面很广，这些社会力量既可能是个体，也可能是团体，如学生、家长、毕业生、校友、社会人士；既可能具有一定的权威性，也可能是并没有多少权威性的社会团体，如用人单位、慈善机构、媒体等；既可能是民间的，也可能包括半官方半民间的组织或机构，如教育评估院、高等教育学会等。

第二，大学社会评价的运行目标——评价指向。社会需要是大学社会评价的主要追求。社会需要从来都是多样的，评价主体的多元性决定了大学社会评价的目的具有多样性。它既可能是为考生及家长选择报考学校提供参考，也可能是为用人单位选聘员工提供参考；既可能是为回应社会对大学的问责，实现社会对高校运行的知情权和自由表达权，也可能是为回应政府对大学的问责，为政府的教育决策提供参考依据，提升其教育治理能力。

第三，大学社会评价的运行基础——信息系统。美国学者格朗兰德认为，评价可以被简单地表述为：“评价=测量（量的记述）或非测量（质的记述）+价值判断。”[①]这就是说，评价的本质是在量或质的记述基础之上的价值判断，即评价的基础是事实判断。没有准确、可靠的数据信息，任何教育评价都无法保证其客观公正性和科学性。与其他教育评价一样，大学社会评价也是建立在准确的信息数据之上的价值判断。例如，大学排行本质上是各大学教育质量信息数据的比对，准确、可靠的信息数据决定着大学排行结果的客观性、公正性以及科学性。因此，要想对大学做出价值评判，必须要全面、准确地收集大学的活动信息与数据。

二、运行机制现状与问题

改革开放以来，我国大学社会评价活动取得了可喜的成绩，评价主体日趋多元，专业性的社会评价中介机构迅速发展，数量不断增加，社会评价形式进一步丰富，评价活动日趋活跃，整体运行环境也在不断改善。但存在的问题仍然十分明显，运行机制的不畅就是其突出表现，以下从运行机制构成的三个基本要素进行具体分析。

（一）从运行主体来看，独立性与专业性不强

大学社会评价的主体具有多元性，广泛包括普通民众、社会团体和专业性的教育评价中介机构。专业性的教育评价中介机构的特殊地位，决定了它是大学社会评价中最值得关注的主体。目前我国的教育评价中介机构主要有三大类：一是政府下属的半官方教育评价中介机构。它们主要依托于教育行政部门而建立，属于事业单位性质，是接受行政部门领导、在财政上基本依赖政府拨款的独立法人实体。它们的评价业务主要来自政府的委托，评价活动所形成的质量报告直接服务于政府的教育决策，如教育部高等教育教学评估中心、教育部学位与研究生教育发展中心、上海市教育评估院、江苏省教育评估院、重庆市教育评估院等。二是由民政部门批准成立的非营利性民间机构，属于民办非企业，运营费用主要来源于教育评价业务收费，如河南省教育评估中心、山东省现代教育评估中心、江西省高等教育评估所、重庆天正教育评估监测咨询服务中心等。此类教育评价机构因属于教育行业，故其主管机关主要为各级教育行政部门，虽然不是行政部门的直属机构，但其成立一般需要通过主管部门审查，且每年需定期向主管单位报送工作报告。三是工商部门批准成立的民营营利性公司，也可称为企业型第三方

---

① Gronlund N E. Measurement and Evaluation in Teaching (4th Edition)[M]. New York: Macmillan Publishing, 1998: 96.

教育评价中介机构。随着管办评分离改革的推进和我国各项事业改革进程的加快，政府对教育的干预开始逐渐放缓，从最初的集权管理慢慢转向了宏观调控，这为企业型第三方教育评价中介机构的发展提供了契机。此类评价中介机构在经费上属于“自给自足”，从机构组建到人员配备，再到项目选择及经费筹集等需要依靠自身实力完成，是完全的“第三方评价机构”。例如，麦可思公司就是第三方教育数据咨询和评价机构，通过从不同角度收集的数据信息对高校的教育质量进行测评，为高校改进教育质量提供数据报告，属于提供诊断和咨询服务的专业化数据管理公司。另外，北京东方原点教育科技发展有限公司、北京星立方科技发展股份有限公司、北京公众学业科技服务有限公司等也属此类机构。

政府下属事业单位及民政部门注册机构同属公共事业组织，具有事业性、服务性、非营利性等特征，且其组织架构、业务来源等类似，因此，它们可被统称为事业型第三方教育评价中介机构。工商部门注册机构则属于企业型第三方教育评价中介机构。

客观、公正的大学社会评价有赖于评价主体的独立和专业，但我国的专业性教育评价中介机构多是在政府推动或主导下建立的，不是“官办官营”“官办民营”，就是“民办官助”，带有官方或半官方的色彩。特别是实施认证评估的教育评估机构基本上都是教育行政部门下属的事业单位，在资金来源和人事调配等方面依附于上级主管部门，在业务（评估项目）上主要依靠政府的委托，缺乏独立性和中介性。表 7-1 为重庆市教育评估院 2017 年教育评价项目表。[①]从表 7-1 中可知，其评价项目基本来自上级教育行政部门，即重庆市市教委委托，极少有学校、机构以及个人单独委托开展的评价项目。在评价项目开展过程中的评价标准、评价程序及评价指标的确定上也易受上级部门意志的影响。

表 7-1　重庆市教育评估院 2017 年教育评价项目表

评价领域	项目名称	委托部门
基础教育评价	全面改善义务教育薄弱学校基本办学条件评估专项	重庆市市教委
	义务教育发展基本均衡区县评估	
	重庆市义务教育特色学校评估	
职成教育评价	中等职业学校设置状况复查评估	
	中职学校实训基地建设项目绩效评价	
	新增试办专业复查验收	

① 根据重庆市教育评估院官网资料整理而成。

续表

评价领域	项目名称	委托部门
高等教育评价	高校本科教学工作审核评估 高职院校人才培养工作评估 高职教育新专业合格评估	重庆市市教委
综合类评价	依法治校示范校评估（第六批） 民办高校年检工作 全市性社会组织评估	重庆市市教委
教育质量监测	2017 年国家义务教育质量监测	教育部基础教育质量监测中心
教育质量监测	中职学生就业质量测评 学前教育质量监测 重庆市高校就业质量年度测评	重庆市市教委

一些民间的评估中介机构存在明显的营利性质，中介性也不十分明显，影响了其作用的有效发挥。此外，高等教育评价是一项专业性很强的工作，但我国现有的教育评价中介机构的专业性还不强，年轻的高学历专业人员少，以聘用兼职人员为主，队伍年龄较大且不稳定。

（二）从运行目标来看，以满足外部需求为主，对内在价值关注不够

教育是培养人的活动，教育的价值内在地包含了人的发展的价值，教育评价应该充分体现满足社会需要和人的发展的价值取向。但目前的大学社会评价多以社会需要为准绳，以满足社会需要为目的。以大学排行为例，其产生的最初动因就是为学生及家长择校提供参考，具有很强的市场导向性，市场的需求和商业性目的是大学排行的主要动力。不可否认，大学排名客观上确实起到了引导高校竞争、促进高校发展的作用，但其直接目的并不在于促进学生发展或实现教育的内在价值，而是商业性的——吸引读者或网民注意，进而获取经济利润。例如，U.S. News 每年 9 月刊登的“全美最佳大学排行”一出，该杂志的销量便大幅增加；英国 THE 推出的“世界大学排名”也都一直发表在报纸、期刊上，其主要目的也是吸引读者的眼球，提高杂志的销售量。

在国内比较有影响的几大高校排行榜中，武书连榜将对社会的贡献作为唯一衡量标准；网大榜标榜站在消费者的角度来评价大学；校友会榜的累积性指标可以帮助民众了解大学的办学条件和已有的办学资源；中评榜从教育投入、产出和

效益几个方面全方位地对大学进行评价，帮助考生和家长了解不同层次的大学在教育投入、产出及效益方面的信息。总体来看，几大排行榜的主要目的都是为社会提供相应的需求信息，如了解大学、选择学科专业、引导学生择校等，而帮助大学进行自我诊断、提高人才培养质量并不是排行榜的直接目的。

（三）从运行基础来看，信息资料建设滞后

掌握真实、充分、及时的信息资料是评价的基础。随着教育信息化的不断推进，我国教育信息化的基础设施体系已初具规模，业务信息系统和数据库已部分建成并开始发挥作用。国家级教育数据库的建设也取得了一定成效，教育部教育管理信息中心经过多年的发展，建立了“教育统计数据”资源平台，现已涵盖了高等教育、基础教育、职业教育、特殊教育等领域的有关分科情况、校舍情况、教职工人数、学生人数等基础性统计数据。尽管国家级和省级教育基础信息数据库的建设都有了一定的进展，但是必须清醒地看到，我国教育信息化建设的整体水平仍然相对落后，与发达国家相比还存在较大差距，还面临着诸多的困难和挑战。例如，到目前为止，我国还未建成国家级教育基础信息数据库，相关的建设信息，如设计方案、资金投入等都不够透明。国家和地方的教育信息建设技术标准与数据类型还缺乏统一的规范，数据的整合和综合利用率偏低，重复建设和资源浪费现象严重。[①]信息资源的畅通度和透明度也不够高，同时缺乏有关制度条例或法律法规来保障这种畅通和透明等。这些问题在高等教育领域的表现更为突出。

当前我国社会信息透明度还比较低，这包括教育信息数据的不透明，许多与大学社会评价有关的信息处于严格保密状态中，普通民众和民间社会组织要想获取此类信息较为困难，这就为大学社会评价带来诸多不便。教育部高等教育教学评估中心建立了定期采集和公布全国普通高等学校办学条件及教学基本状态数据的制度，每年对高校的基本状态数据进行采集，内容包括学校基本信息，如学校基本条件、学科专业、教职员工信息、人才培养、学生信息、教学管理改革和质量监控等方面的情况，但仍存在“思想上对高等教育数据库建设重视程度不够”“数据体系不太完整”“数据收集、整理与运用技术有待改进”等诸多问题。[②]更为突出的问题是信息资源的共享机制没有真正建立起来，高等教育的数据透明度

---

① 左明章，邓果，李莎莎. 美国国家教育统计中心对我国教育基础信息数据库建设的启示[J]. 中国电化教育，2012（8）：30-34.

② 黄艳霞. 美国高等教育数据库建设的经验与启示[J]. 扬州大学学报（高教研究版），2010（4）：71-75.

不高，政府教育管理部门的数据信息和高校自身的信息披露程度较低，政府相关管理部门在数据发布上有着严格的限制。

虽然我国早在 2008 年就已颁布出台了《中华人民共和国政府信息公开条例》，对于信息公开管理体制、发布协调、保密审查及监督等问题都做了明确规定，但在现实中尚未得到有效落实。另外，在传统压力型体制下，有些部门出于政绩的考量，对于一些教育数据，如学生人数、教职工人数、教育投入和经费等，可能存在少报、漏报、不报等问题，而对于另一些数据，如教育成效、科研业绩、获奖情况等，又可能存在虚报、多报等弄虚作假现象，从而导致一些教育信息失真，无法反映出教育实际情况。这些均对教育评估工作的有效开展产生了不利影响。

三、运行机制的完善路径

当前，我国大学社会评价的运行存在运行主体独立性和专业性不强、诊断和改进教育质量的功能不强、评价的数据信息资源建设滞后、运行不畅等诸多问题，完善大学社会评价的运行机制，需要从如下三方面努力。

（一）培育教育评价中介机构，加强多元社会评价主体建设

与发达国家相比，我国高等教育评价中介机构起步较晚，发展还很不成熟，普遍存在着独立性不高、专业性不强等突出问题。加强教育评价中介机构的建设，提高教育评价中介机构的效力，发挥它们在大学社会评价中的作用，当务之急是努力提高这类机构的独立性，提升其专业化水平。

1. 增强教育评价中介机构的独立性

按照“管办评分离”的要求，政府要进一步转变职能，做好“放管服”改革。当然，政府的放权不是指政府放任不管，而是指政府应从具体评价事务中退出，主要行使监管职责。因此，应注意通过制度保障评价机构的独立性，使社会力量能独立、自主地行使评价职能，政府的作用主要是对这些评估机构的资质和评估标准进行认定与审查。

2. 提升教育评价中介机构的专业水平

大学评价是一项专业性很强的专门活动，既要熟悉大学情况，也要掌握相关的评价专业知识，从事大学评价的社会组织应该具有足够的资质和专业能力，掌握专门的评价工具和手段。如果只是具有独立地位，能够独立开展大学社会评价活动，但没有必要的评价资质，不具备相应的评价能力，那么评价的客观公正性就无法得到保证，评价体系的有序运行也无法维持。提升大学评价中介机构的专

业能力主要有赖于队伍人员专业水平的提高，为此，要善于吸纳既熟悉大学情况又掌握教育评价理论与技能的专业人才，引进教育评价尤其是大学社会评价方面的专家，或者聘请他们为顾问，指导评价工作，还要对评价人员组织相关专业培训学习，努力提高从业人员的专业素养。此外，还要充分发挥相关教育评价行业协会在提升成员单位专业水平上的作用，通过专门研究与联合攻关、经验报告与问题研讨等途径，为各成员单位提供相互交流和学习的机会。

（二）评价目标的合理调整

大学社会评价是一项有目的的活动，评价目标的定位准确是大学社会评价活动得以有序运行的保证。由于大学社会评价的特殊性，人们在评价理念及目标的认识上容易出现偏差，容易注重社会需求的满足，忽视教育的本体价值。大学社会评价是从社会角度对大学进行的评价，评价者多是社会个体、群体和组织，也多以满足社会需求为主要目标，如毕业生主要看学校的所教所学对自己个人成长和事业发展的满足程度；家长主要看大学提供给自家孩子就读的条件和未来职业发展的可能；用人单位强调大学毕业生在本单位的实际表现和岗位能力；大学排行关注考生选择学校及学科专业的需要；等等。但大学社会评价也属于教育评价，教育评价不能背离教育的本体价值。教育是培养人的活动，任何教育评价如果离开了人才培养这个核心，也就偏离了教育评价的基本宗旨和目标，大学社会评价也概莫能外。

1. 体现教育价值

大学社会评价，特别是专业性的教育评价中介机构的评价，应该明确自身评价者的角色定位，准确把握教育价值主体的需要，协调不同教育价值主体之间的矛盾，秉持正确的评价理念，校准大学社会评价的目标导向，既能关注社会需求的满足，又能充分考虑教育本体价值的实现，合理确立评价标准，科学地评价大学教育，揭示大学的教育价值和功能，引导大学的健康发展。当然，上述评价目标的调整只是一般而论，不具有普遍的指导意义，不是要求所有的大学社会评价都必须满足上面的要求。实际上，由于大学社会评价的复杂性，不同的大学社会评价的形态和类别可以有各自不一样的评价目标定位。例如，不同的大学排行应该是各有侧重的，有的大学排行主要满足学生及家长选择学校的需要，有的大学排行主要引导学校追求一流办学水平，而有的大学排行则主要是为行使社会问责的功能等。

2. 强调持续改进

在评价目标的认识上容易出现的另一个偏差是，强调教育问责功能，忽视教学改进的作用。评价是价值判断的活动，具有诊断、鉴定、导向、激励、育人的多重功能和价值，但主要的功能应该是改进的功能。大学社会评价的目的应该是大学教学、研究和社会服务水平的改善，是持续的改进和提高。从当前我国大学评估的现实情况来看，无论是合格评估还是审核评估，评价者主要从管理者的角度，奉行自上而下的原则，更多体现了教育问责的目的，评价主要与鉴定、分等、做出资源分配的决策相联系，维护的是外部评价者或决策人的利益和权威。以新一轮普通高校本科教学审核评估为例，虽然新一轮审核评估强调不设统一标准、不对高校分类、不做评估结论，强调高校自身质量建设，与上一轮的教学工作水平评估相比，淡化了问责的色彩，但由于评价仍由上级主管部门主导，与资源配置及“双一流”建设相关联，行政色彩和问责意味仍然存在，各高校莫不谨慎小心，精心准备，严肃应对。大学社会评价必须转变只重问责、轻视改进的传统评价观，校准评价的目标定位，把大学评价看作高等学校自我发展、自我完善的重要举措，通过评价，使学生提高学业成就，使教师提高教育教学水平，使管理者提升管理能力，使学校提高社会影响力和知名度，这应该是包括大学社会评价在内的所有高等教育评价的理想目标。

（三）完善高等教育信息收集、整理及公开发布制度

信息的全面准确及公开透明不仅是大学社会评价客观公正的基础，也是大学社会评价得以有序运行的保证。在西方发达国家，大学接受社会监督、披露相关信息有相对成熟的制度安排，这一制度为公众提供了全面了解整个高等教育及各高校运行信息的有效途径。在我国，信息不对称问题严重影响了高等教育的有序运行，阻塞了高等教育与社会系统间的信息沟通，不利于高等教育的控制与调适。建立完备的高等教育信息收集、整理和公开发布制度，是确保大学社会评价得以有序运行的基础条件。

1. 国家层面的信息建设

一方面，要加强宏观高等教育数据信息的收集、整理工作。可考虑由教育部高等教育教学评估中心专门负责，以“高校本科教学基本状态数据库”为基础，建立专门的国家高等教育信息统计中心或全国高等教育信息数据库。该中心负责收集、整理和分析所有与高等教育有关的信息，不仅要为政府提供高等教育信息服务，更要为社会公众提供高等教育信息服务。在数据库的内容上，应尽可能全面和详尽，将院校基本信息、招生数、毕业生数、毕业率、学生资助情况、财务、教职员工数、工资待遇等作为高等教育数据库的信息条目；在数据来源上，可采

取各高校和地方政府上报数据的做法，但要对其进行严格审核，以确保数据的真实性。

另一方面，要加大高等教育信息公开的推进力度。在我国，由于许多教育数据信息由政府部门掌握，受制于当前相关部门的保密规定，社会评价机构很难获得政府的数据信息支持，这给大学社会评价的信息收集带来了一定困难。因此，在健全信息发布保密审查机制、明确审查的程序和责任、严守法律法规和其他有关保密规定的基础上，国家应该加大高等教育信息公开的推进力度。

2. 高校层面的信息建设

高校要积极稳妥地推进信息公开相关规定的落实。教育部于 2010 年颁发的《高等学校信息公开办法》强调，高校要依据相关法律法规及规章，按照一定的程序，将在开展办学活动和提供社会公共服务过程中产生、制作、获取的，以一定形式记录、保存的信息，及时、准确地向政府、学校教职工及学生或社会公众公布，并对高校信息公开的原则、内容、途径和要求、监督和保障等都做了明确规定。总体来看，该办法的出台对于推进高校信息公开产生了积极作用，取得了可喜成效，也在客观上促成了目前各高校的本科教育质量报告和毕业生就业质量报告公开发布的全面推行。但由于各高校对国家规定的理解不同，还由于部分高校出于自身利益的考量，目前各高校信息公开的程度存在差异，一些高校仍存在信息公布不完整、不透明、不及时，甚至不真实的问题。为保证高等教育信息公开和发布制度能落到实处，教育部以及省级教育行政部门应以推动《高等学校信息公开办法》的执行为契机，检查各高校的信息公开工作，并根据该办法第二十七条的规定，对执行不力的单位及相关人员予以追责。

第二节　动力机制

动力机制是为大学社会评价活动提供动力的部分，是调动与维持大学社会评价活动持续开展的力量。缺乏动力机制的能源供给和支持，大学社会评价活动的有效开展将无法维持。

一、动力机制内涵与构成

（一）动力机制的内涵

“动力”原是一个物理学名词，指使机械做功的各种作用力。随着自然科学与社会科学的发展和不断融合，不同学科、不同领域的原有专业名词开始相互借鉴，“动力”一词也开始在心理学、管理学、法学、经济学、教育学等众多社会科学领域被广泛使用。在社会科学中，“动力”一词主要是描述推动社会发展的各种作用力。有研究者认为，社会历史的发展是社会内部多种动力共同起作用的结果。各个动力既有各自相对独立的运动规律和独特的职能作用，又相互制约、相互作用，按一定的规律有机地结合为一个整体，即动力系统以一股强大的合力推动社会前进。[①]

一般而言，动力机制是指推动事物发展变化的构造、功能和条件，或是指一个事物赖以运动、发展、变化的不同层级的推动力量及其产生、传输并发生作用的机理和方式。动力机制是指推动某一事物运动发展的各力量之间的结构关系，是动力系统推动某一事物发展变化的内在工作方式、作用机理。[②]我们大致可以从以下几个方面理解动力机制的含义：首先，动力机制具有系统整体性。动力机制是多种动力的合力系统，同其他系统一样，推动某一事物发展的动力系统是由无数个相互关联、相互冲突、相互交错的动力因子及其能量组成的一个整体系统。其次，动力机制具有“权变”结构性。任何一种动力机制都有自己独特的适应环境条件变化的结构方式，并随着外部环境的变化而发生结构性的改变。最后，动力机制具有开放性和包容性。随着历史的发展、实践活动的不断深入、科学技术和文化的不断进步以及社会主体自身潜能的不断发挥，这一合力系统将增添许多新的要素。

大学社会评价的动力机制是指推动和促进大学社会评价的动力构造、功能和条件及其相互作用机理。作为大学社会评价机制的重要子机制，动力机制就是为大学社会评价活动提供动力的部分，既是调动与维持大学社会评价活动持续开展的力量，也是保证大学社会评价体系存续发展的能源供给支持。

（二）动力机制的构成

事物运动和变化的动力有两个基本来源：一是来源于事物内部的矛盾运动；

---

① 徐伟新. 新社会动力观[M]. 北京：经济科学出版社，1996：198.

② 王浩斌. 马克思主义中国化动力机制研究[M]. 北京：中国社会科学出版社，2009：9.

二是来源于事物与外部的矛盾运动。唯物辩证法认为，内部矛盾运动是事物运动、发展和变化的内在根据，外部矛盾运动是事物运动、发展和变化的外在条件。因此，按来源的不同，大学社会评价的动力机制可被分为内在动力与外在动力两个方面，它们相互联系、相互影响，共同作用于大学社会评价活动。

但内外动力的二分法略显简单粗放，与大学社会评价实践的契合度不够紧密。根据辩证唯物主义关于事物运动变化的基本观点，结合大学社会评价的具体实际，我们认为，大学社会评价活动的动力来源可以细分为三方面：一是评价主体实施社会评价的积极程度。它不仅受制于评价主体对大学社会评价重要意义的认识以及评价主体自身发展的考虑，还受制于评价主体实施评价活动所需要的人财物等资源保障。二是社会大众对大学社会评价的关注程度。随着大学与社会关系的日益密切，社会公众对大学社会评价的关注程度也越来越高，这在客观上为大学社会评价提供了存在与发展的条件。大学社会评价在多大程度上满足了社会公众对其的关注度，及其为社会大众提供了多少有关高等教育方面的有价值信息，反过来又会影响着普通民众对大学社会评价的关注程度。三是高校对大学社会评价的参与程度。高校是大学社会评价的对象和客体，无论是基于扩大学校社会影响的考虑，还是基于诊断和改进的需要，高校对大学社会评价的态度及参与程度，都是大学社会评价存在与发展的重要动力来源和影响因素。

二、动力机制现状与问题

随着社会力量的迅速发展及参与大学事务积极性的提高，各种形式的大学社会评价活动在我国迅速发展，日益活跃。但总体来看，当前我国大学社会评价仍然存在动力不足的问题，虽然民众对大学社会评价的关注程度较高，但是大学社会评价的外部运行环境不佳，教育评价中介机构地位不明，人财物的资源保障匮乏，同时高校对大学社会评价在观念上还存在排斥，这些都制约了评价主体实施大学社会评价的积极性。

（一）教育评价中介机构地位不明

大学社会评价的主体包括社会成员个人、群体及社会组织，其中，专业性的教育评价中介机构具有十分重要的地位。无论是大学排行还是大学认证，都主要是由教育评价中介机构来具体实施的，它们在专业、规范的大学社会评价中发挥着重要的作用。它们的身份地位如何，直接影响到大学社会评价主体的积极程度。

如果它们没有合法的身份和地位，那么由其实施的大学社会评价的合法性也会受到质疑，并直接影响到其从事大学社会评价活动的积极性。

从西方发达国家的经验来看，教育评价中介机构均有法律明确规定的地位。例如，1975 年成立的美国教育评估标准联合委员会是教育领域首个获得美国国家标准学会执行标准委员会认可的重要组织,并且是在特拉华州法律许可下成立的。法国于 1984 年颁布的《萨瓦里法》是高等教育评估制度改革的里程碑，法国国家评估委员会就是依据此法成立的独立的评价机关，其任务是跟踪评估所有的公立高校，并定期向国家提交高等教育状况的调查报告。1993 年 6 月，加拿大的魁北克省高校教育评估委员会经地方法规授予成立，具有独立法人地位。英国于 1997 年在高等教育质量委员会与高等教育基金会的基础上合并组建的高等教育质量保障署是一个独立的公益性机构，并已在法律许可下注册成为独立机构，其资金主要是从高校缴纳年费以及与政府、其他委员会、高等教育机构、私人签订的合同或协议等渠道获得，保证经济上的独立。“可见，西方各国多是通过制定、出台相关法律法规，确立高等教育第三方评估的法律地位，进而保障其独立性、提升专业性、明确规范性，最终达到有效促进高等教育优质发展的目的。”①

然而，在我国，教育评价中介机构的地位一直没有得到法律的正式认可。在现行的教育法律法规中，教育评价中介机构的性质、地位不明确，教育评估法律法规建设滞后。我国至今尚未制定专门针对教育评价中介机构的设置、性质、人员构成、准入条件等的统筹性文件，仅有一些教育政策文本，如《普通高等学校教育评估暂行规定》《中国教育改革与发展纲要》等文件对其略有涉及，但大多是原则性提法，操作性不强。这直接影响到我国教育评价中介机构的独立性、专业性和规范性，同时也直接影响到这些机构参与大学社会评价的积极性。

（二）高校参与大学社会评价的积极性不高

高校是大学社会评价的客体和对象，它们的积极参与是大学社会评价存在的基础，也是大学社会评价的动力来源之一。但一般而言，除非万不得已，谁也不愿意成为别人或别的组织评头品足的对象。再加上大学社会评价还处在发展过程中，还存在着许多不完善和不成熟的地方，这在客观上会影响到高校对大学社会评价，特别是大学排行的认同程度。对于管理者而言，评价是简便有效的管理工具，但对于被管理者来说，被评价总会给人带来一种被监视的不自在感。作为学术组织，高校天然地抗拒来自外界的监督和评价，无论这种评价是基于问责的需

① 曹辉，郑智伟. 高等教育第三方评估的法律地位探讨[J]. 上海高等教育评估，2018（4）：1-5.

要还是基于改进的目的。有组织的评价是一把双刃剑，如无必要，可以缓评、少评甚至不评。许多有组织的评价的目的原本是督促高等学校履行其公共责任与社会使命，便于社会监督，通过更详尽、更透明的信息公开方式完全可以达到这一目的。即使有些评价是必要的，但也不宜过频，应尽量拉长评价周期。①

从我国高校参与大学社会评价的实际情况来看，目前还很少有高校是自愿或主动要求由民间机构来评价的。大学的支持与配合是大学社会评价得以顺利进行的必要条件，相反，大学的抵制必然会对大学社会评价产生巨大压力，甚至难以为继。这在大学排行中的表现十分明显。由于目前还缺乏合理的分类标准，大学综合排行的指标体系及评价标准还存在不足，数据信息的收集也存在诸多困难和不便，无法保证数据信息的准确与全面，来自高校的质疑之声不断。例如，从1997年开始对亚洲大学进行排名的《亚洲周刊》坚持了几年之后，终因众多大学的联合抵制于2001年终止了排名活动。从1991年开始从事排名的加拿大《麦克林》杂志也因众多大学的抵制，其责任编辑Anne Dowsett Johnson辞职，排名工作困难重重。②我国国内的大学排行还处在发展过程中，还有许多不完善的地方，来自高校的排斥和抵制更加强烈，处境十分艰难。

（三）大学社会评价的外部环境不佳

长期以来，我国的高等教育评估工作主要由各级人民政府及其教育行政部门组织实施。尽管这些年国家推行管办评分离改革，倡导政府管教育、学校办教育和社会评教育，但口号喊得多，实际作为却不够，对社会评价教育还缺乏制度上的有力保障。我国政府也出台了一些对社会中介组织予以扶持的政策，但强调组织规范和管理的较多，实质性的扶持举措较少，在国家层面还没有形成较为明确的扶持政策文本。在少数发达城市出台的扶持政策文本中，如上海浦东新区发布的《关于“十二五”期间促进浦东新区社会组织发展的财政扶持意见》、广州市发布的《广州市扶持发展社会工作类社会组织实施办法（试行）》等，政府给予社会组织的财政支持政策十分有限。现阶段，包括教育评价中介机构在内的我国社会组织普遍面临着人财物等资源困境，所有这些都会对教育评价中介机构的评价活动产生不利影响。经费短缺迫使教育评价中介机构需要花费相当多的精力去筹措经费，甚至向高校索要各种名目的“赞助”，这势必会影响评价的独立、客观与公正；同时，教育评价中介机构缺乏财力，从业人员待遇差，难以吸引高水

① 阎光才. 学术影响力评价的是非争议[J]. 教育研究，2019（6）：16-26.

② 林晓青. 大学排名的危机及对策建议[J]. 中国高教研究，2009（8）：42-44.

平的专业人才，从而影响教育评价中介机构的专业性和稳定性。

除了政策支持不够外，社会环境和文化氛围也会对大学社会评价活动形成制约。中华民族历史悠久，源远流长，曾经创造了灿烂辉煌的古代文明，但传统文化中的“国家主义”“官本位”思想也影响到人们对教育评价中介机构的认可，普通民众更倾向于相信权威，认为只有政府主导的评价才是合法的，并对它产生较高的认同度从而使其具有较高的公信力，而对高等教育引入大学社会评价的认识不足，对来自民间的大学社会评价持怀疑甚至否定态度。甚至有不少人认为，民间组织是以自身营利为目的的，评价结果具有利益倾向性。这些都在客观上影响到了人们对大学社会评价的态度。有研究者对广东省 21 个地级市的“第三方教育评估机构的培育”进行网络调查，结果显示，53.2%的答卷者认为，第三方教育评估机构应由政府发起成立；32.3%的答卷者认为，其应由事业单位组织发起成立；37.3%的答卷者认为，其应由社会组织发起成立。①

三、动力机制的完善路径

大学社会评价内外部动力不足的解决之途，需要从明晰教育评价中介机构的法律地位、强化对大学社会评价结果的有效利用，以及营造有利于大学社会评价的良好环境和氛围等方面考虑。

（一）明晰教育评价中介机构的法律地位

大学社会评价形式多样，主体多元，但专门的教育评价中介机构是规范的大学社会评价的实施主体，当前，它们的法律地位不明确，直接影响到大学社会评价活动的开展。

1. 确立教育评价中介机构的法律地位，调动大学社会评价主体的积极性

教育评价中介机构的概念最早由陈玉琨教授于 20 世纪 90 年代初提出。目前，我国的教育评价中介机构主要包括教育行政部门下属的半官方机构、民政部门注册的机构和工商管理部门注册的机构三类。我国现行法律法规对这些教育评价中介机构的法律地位及其责、权、利关系等缺乏明确的界定和说明，不利于它们独立自主地开展教育评价活动，影响到大学社会评价的有效运行，必须加以规范。

在大学社会评价中，教育评价中介机构与政府、高校、社会用人单位等构成

---

① 莫玉音. 广东省教育评估机构现状及第三方教育评估机构发展的研究[J]. 上海教育评估研究，2016（6）：56-60.

两层基本的法律关系：当它们接受政府部门的委托，承担相关认证评价任务时，它们就与政府部门形成了行政法律关系；当它们接受高校或用人单位的委托时，它们就与高校、用人单位等形成了民事法律关系。总的来说，高等教育评价中介机构与相关利益主体之间形成了契约式的互动关系。作为连接政府与高校、高校与社会的双重中介身份，高等教育第三方评估机构在法律运行过程中自然也形成了既有行政法律关系又有民事法律关系的双重法律关系。①就与政府的关系来看，由于我国的特殊国情，教育评价中介机构在行政法律关系中的独立性有限，特别是从以前的政府机构"转变"过来的半官方评价机构，与政府机关仍然存在隶属关系，其独立性并不明显，对于这类机构而言，明确其独立法人地位是其拥有合法性的前提和基础。就与高校及用人单位的关系来看，教育评价中介机构与高校或用人单位是平等的民事责任主体，其独立性已得到法律上的认可，关键是要为它们的生存与发展创造法律、政策等条件。

2. 明确教育评价中介机构的权利、义务

作为联系政府、高校、社会的中介机构，在上述法律关系中，教育评价中介机构应享有相应的权利和义务。总体来看，教育评价中介机构应该享有的权利包括独立自我管理的自治权利；不受外在干预，独立开展评估活动的权利；请求委托方或服务对象（相关行政机关、高校及用人单位）在资料信息方面给予必要的配合、在人财物等方面予以支持的权利；从委托方或服务对象处获得一定报酬，作为开展活动的经费的权利；等等。教育评价中介机构应该承担的义务包括遵纪守法的义务；在自治规则范围内活动的义务；不得牟取私利的义务；采用科学合理的评价指标和评价标准实施客观公正的评价的义务；等等。

法律制度的作用在于明确法律主体的地位，确定法律关系各主体的责、权、利。教育评价中介机构的法律地位及其权利和义务应该在国家相关法律中有明确具体的规定，以确保它们在大学社会评价中作用的有效发挥，尤其是政府要提供相关制度供给，尊重社会力量参与大学评价的权利，通过制定专门的法律法规，鼓励、支持教育评价中介机构的发展，将评价职能逐步转移给教育评价中介机构。

（二）强化对大学社会评价结果的有效利用

大学社会评价的结果如果能够得到有效利用，会让评价主体觉得评价活动是有价值的、受重视的，能够增加其成就感，进一步激发其实施大学社会评价的积

① 黄明东，陶夏. 高等教育第三方评估机构的法律身份及其适用逻辑[J]. 大学教育科学，2018（3）：51-56.

极性。大学社会评价结果的有效利用主要有三个方面。

1. 为政府的教育决策提供咨询服务

教育管理部门对高等教育进行宏观调控的方法和手段多种多样，但必须建立在充分了解高等教育现状的基础之上，大学社会评价是帮助政府了解高等教育运行情况、实施高等教育决策管理的有效途径。大学社会评价的结果可以全方位、多角度地为政府相关部门提供高等教育质量信息，降低政府的管理成本，建立高校和政府、社会之间信息沟通的桥梁，为政府部门的教育决策和管理提供反馈信息，提高高等教育决策管理的科学性。例如，大学的排行排名不只是给大学排出先后次序，还可以揭示学校在教学、科研、社会服务等方面存在的问题，为分析高等教育系统的整体状况提供借鉴，供各级政府在决策时参考。因此，在国家的“双一流”建设高校的遴选及其建设成效的评估中，都特别强调坚持公平公正、开放竞争、择优建设的原则，强调要有效利用国内外有影响力的第三方评价结果。

2. 为高校改进工作提供信息支持

外部社会评价的结果是高校内部质量保障的重要信息来源。近年来，尽管不同的大学排行的评价指标、评价方法、数据来源各不相同，但权威的国内外大学排行结果客观上对高校的建设发展具有重要参考价值。对于高校而言，权威的大学排行机构通过建立规范的指标体系和广泛收集客观数据而形成的大学排行结果，能帮助高校诊断问题、找出差距，进而明确自己的努力方向，制定有针对性的大学发展战略。此外，高等教育的全球性竞争加剧了院校之间的等级分化，我国要建设世界一流大学和一流学科，实现从高等教育大国到高等教育强国的历史性跨越，就必须具有国际视野，通过分析国际大学排行指标体系和评价标准，对比我国大学在权威的国际大学排行榜中所处的地位，找出自身与“世界一流”的差距，可以为“双一流”建设提供发展方向和发展思路等方面的借鉴，加快“双一流”建设的步伐。

3. 为社会用人单位提供信息参考

大学作为典型的利益相关者组织，不同的利益相关者有着不同的价值诉求，高等教育评估的实质就是对不同主体利益诉求的一种价值整合的判断，其合理性和有效性有赖于利益相关者的参与和支持。[①]随着我国市场经济体制的建立和完善，高等教育与社会的关系日益密切，大学治理也越来越需要社会力量的介入和

---

① 尹晓敏. 利益相关者参与逻辑下的大学治理研究[M]. 杭州：浙江大学出版社，2010：134.

参与。引入大学社会评价机制，将利益相关者的价值诉求纳入高等教育评价中来，使高等教育评价与社会公众的价值诉求相联系，有助于沟通高等教育与社会之间的联系，吸引社会力量积极参与高等教育建设，也能够为社会公众提供大学建设发展的相关信息，强化大学的社会监督机制。此外，大学社会评价还可以为社会资源的投入提供选择的参考，引导社会教育投资的流向，健全社会支持高等教育建设发展的长效机制。

综上，评价结果的有效利用对于大学社会评价的持续推进具有重要意义。但需要强调两点：一是评价结果有效利用的前提是评价的客观和公正。如果评价得出来的结论不谨慎，不能客观、真实地反映大学实际情况，不具有可信度和权威性，那么评价结果的利用就无从谈起。二是评价结果有效利用的关键是要建立相关机制。这包括政府的政策调整、资源调节及招生计划调控机制，高校的人才培养工作调整、资源分配的调节和人力资源分配的调控机制，社会用人单位对高校毕业生的选聘、经费支持机制等。

（三）营造有利于大学社会评价的良好环境和氛围

大学社会评价是社会参与大学治理的重要途径，符合教育自身规律和教育现代化的客观要求，能有效推进教育治理体系和治理能力的现代化。然而，我国当前大学社会评价的外部环境和氛围还存在诸多问题，阻碍了大学社会评价作用的充分发挥。

1. 转变政府职能

传统计划经济体制形成的路径依赖使得政府在我国高等教育事务中承担了大多数的责任和权力，从而使社会组织的作用空间有限。因此，转变政府职能，一方面是要实行政校分离，给予高校应有的办学自主权，尊重高校面向社会依法办学、自主管理的权利，对大学的管理要从“政府控制模式”转向“政府监督模式”；另一方面是政府应充分发挥教育评价中介机构在大学治理中的作用，特别是发挥社会力量在高等教育质量监督方面的作用，引导社会力量参与高等教育质量评价，借助教育评价中介机构的独立性、中介性、专业性和权威性等特点，推进高校办学质量和办学水平的全面提升。有研究者提出，政府可以从扶植型政策、保护型政策和奖惩型政策三方面支持教育评价中介机构。①扶植型政策支持主要包括委托评估费用、启动经费、荣誉奖励、舆论等的支持以及外部环境的创造等；保护型政策支持主要是对其在组建、评估、服务过程中以法令形式实现政策性保护和

① 莫玉音. 第三方教育评价的困境及策略[J]. 上海教育评估研究，2018（2）：6-10.

规范，对第三方评价的方向和标准有总体性和概况性的引导和指向，以法律的形式对第三方评价机构的权利和义务进行规定；奖惩型政策支持主要是政府对优秀的第三方教育评价中介机构予以嘉奖，对不合格的机构予以警告、责令整顿甚至停办处理。如果没有政策保障，大学社会评价就难以得到社会的认同，更谈不上保证其合法性了。

2. 必要的社会支持

与西方发达国家相比，教育评价中介机构在我国产生和发展的时间不长，还很“年轻”，它们的成长还离不开广泛的社会支持，特别是社会的经费支持。大学社会评价需要必要的人财物的投入，特别是需要一定的经费作为保障。尽管目前从事大学社会评价的组织中不乏财力雄厚的企业，但也有缺乏运行经费的民间科研机构。社会评价机构从事的是公益性事业，国家和社会应给予资助，特别是在其发展初期，政策扶持与经费支持尤其重要。当然，评价机构本身也要开源节流，并以自身高质量的评价服务获得政府、高校和社会的认可，这样才可能获得更多稳定的投入和资助。根据萨拉蒙的统计分析，从世界范围来看，在所有民间组织的收入中，平均有 34%的收入来自公共部门，尤其是在健康和社会服务领域，民间组织收入的主要部分不是来自捐赠和收费，而是来自公共部门的支持；在社会服务类民间组织的收入中，来自政府的资金占 42%。[①]可见，政府购买民间组织服务是一项多赢的举措，这为我国政府购买教育评价中介机构的服务带来了有益启示。把购买民间教育评价中介机构的服务产品纳入政府采购目录和公共财政预算中，可以提高教育评估产品的供给能力，同时可以增强民间教育评价中介机构发展的物质保障。

3. 文化环境的培育

“一切问题都是由文化问题产生，也都该从文化问题来求解决。”[②]文化不仅对社会发展具有导向、规范和调控作用，还对社会发展具有整合组织、汇聚力量的作用。这种汇聚来源于不同群体对文化的认同性，从而起到统一、汇聚社会力量的作用。[③]大学作为研究高深学问与培养专门人才的文化组织，具有追求卓越的文化传统。大学追求卓越的文化传统以及作为典型的利益相关者的组织特性，决定了政府不能垄断大学的评价权，不能用单方的意志代替多样化的社会

---

① 莱斯特. M. 萨拉蒙，等. 全球公民社会——非营利部门国际数[M]. 贾西津，等译. 北京：北京大学出版社，2007：34-35.

② 钱穆. 文化学大义[M]. 台北：正中书局，1952：1.

③ 孙雷. 现代大学制度下的大学文化透视[M]. 北京：光明日报出版社，2010：42.

需求，而应该是多元主体平等参与、协商制定。因此，应积极营造多元评价主体参与高等教育评价的文化环境，并融合利益相关者的视角，发挥社会力量在高等教育质量评价与监督中的作用，使大学这个学术组织在追求质量的时代不断迈向卓越。

第三节 约 束 机 制

约束机制是对大学社会评价活动进行监督与制约，使其符合评价规范和活动目标的机制。任何有目的的行为，除了动力充沛和运行稳定外，还离不开必要的约束与规范，否则，这种活动极有可能背离自己的原有目标，偏离正常的运行轨道，甚至误入歧途。

一、约束机制内涵与构成

（一）约束机制的内涵

“约束”就是制约和限制，以使当事人的行为不超出必要的界限，不允许某种行为发生，一旦发生则对行为主体进行惩罚。激励与约束常常被联系起来使用，激励是行为的推动力，而约束则是行为的制约力，如果把激励比喻成发动机，则约束起到刹车的作用，激励和约束相辅相成，两者缺一不可。在管理学视域下，约束机制是指企业所有者（约束主体）通过约束因素与企业员工（约束客体或约束对象）相互作用的形式。这些相互作用的形式既表现为企业的正式制度（一系列相互配合的约束企业员工行为的制度的集合），又表现为企业的非正式制度（对企业员工行为有制约作用的价值观念、文化传统和道德标准）。约束企业员工行为的目标、诱导或约束企业员工行为的因素以及这些因素作用的时间、条件和程度，构成了约束企业员工的一套完整机制。①

在高等教育领域，大学社会评价的约束机制是指能够对大学社会评价的组织和运行起限制作用的各种因素或力量，以及这些因素和力量之间的相互关系。约

① 陈学彬，等. 论金融机构激励约束机制[M]. 上海：复旦大学出版社，2006：32.

束机制的目的是对大学社会评价活动进行监督与制约，使其符合评价规范和活动目标。与管理学相类似，在大学社会评价领域，约束机制与激励机制也是对应的。大学社会评价的激励机制就是前面所说的动力机制，它是大学社会评价活动的推动力量，维持大学社会评价活动的持续运行；而约束机制则是大学社会评价活动的制约力量，对大学社会评价活动进行必要的监督和限制，使评价活动符合评价规范和活动目标的需要。

一般而言，人类活动的开展都是为了实现一定的目标，或为了达到一定的要求。但在这个过程中，不可避免地会出现偏离目标和要求的行为。因此，对活动主体的约束就成为必要。事实上，“任何事物的发展都是与约束联系在一起的。没有不受约束的发展，而如果没有发展也就无所谓约束”①。大学社会评价也是如此，约束机制作为大学社会评价机制的组成部分之一，是大学社会评价活动得以有效开展和持续发展的重要保证。

（二）约束机制的构成

按来源的不同，大学社会评价的约束机制由两部分构成：一是自我约束，即自律；二是外在约束，即他律。从伦理学来看，自律即支配人的道德行为的道德意志纯由自己的理性所决定，而不受制于外部必然性；与此相反，他律即支配道德行为的道德意志受制于外部必然性，而非由自身的理性决定。

大学社会评价的自我约束包括建立健全评价机构的内部制度、加强评价人员的道德修养和实行评价主体之间的相互监督等，即评价机构的内部管理和评价机构之间的行业自律两方面内容。评价机构的内部管理主要包括评价机构的内部制度建设和评价人员的职业道德修养建设等内容，这是自我约束的关键。行业自律是为了规范行业行为，协调同行利益关系，维护行业间的公平竞争和正当利益，促进行业发展，在评价机构之间建立起来的约束机制。行业自律包括两个方面：一方面是行业内对国家法规政策的遵守和贯彻；另一方面是行业内的行规行约制约自己的行为。

大学社会评价的外在约束包括法律约束和制度约束两个方面，涉及国家的教育评价法律法规和教育行政部门的管理两个层面。从国家的教育评价法律法规来看，就是要制定专门的教育评价法律法规和管理办法，明确规范教育评价的主体、程序以及操作流程，同时出台具有操作性的评价细则，明确教育行政部门、第三方评估机构、评价客体（学校等）的权利与义务，为评价提供合法性的支撑。从

① 姚启和. 高等教育管理学[M]. 武汉：华中科技大学出版社，2000：176.

教育行政部门的管理来看，就是要进一步明确政府在大学社会评价中的元治理角色定位，设计和建立大学社会评价制度，指导建立评价标准和基本评价规则，加强对专业性的大学社会评价机构的治理和认可，加强对评价机构的评价活动的统一监管，为评价机构的发展与完善创造条件，为大学社会评价活动的治理提供基本原则。

人作为社会成员，是自律与他律的统一。在自律与他律的关系中，自律是内因，起着主要的和决定性的作用；他律是外因，起着次要的和条件性的作用。二者相互结合，相互促进，对立统一，他律只有结合自律，并通过自律的升华才能发挥更大的效能，而自律也必须以他律为前提，并通过转化为他律的标准才能为社会广泛接受。大学社会评价中的自我约束与外在约束也是这样。外在约束是自我约束的制度基础。良好而严谨的制度和监督体系可以树立明确的行为标准和规程，使人们能预见到不规范行为带来的不良后果和自己要承担的责任，从而更好地规范自己的行为，做到自我约束。自我约束是外在约束发挥作用的重要条件。制度体系中每个个体的自我约束，能够使制度体系得到最高效率的运行，从而使制度发挥出更大的作用。

二、约束机制现状与问题

随着大学社会评价在我国的兴起和发展，维持其有序运行的约束机制也在逐步形成，但总体来看，当前我国大学社会评价的约束机制的乏力十分明显，这是影响大学社会评价公信力和权威性的重要原因。大学社会评价约束乏力表现在外在约束缺位和自我约束不够两方面。

（一）外在约束缺位

大学社会评价是我国教育领域深入推进管办评分离改革的关键环节，在我国教育现代化建设中的作用不言而喻。它的兴起和发展，一方面需要法律法规确保其地位和权利，另一方面也需要法律法规对其进行必要的规范和约束。然而，十分遗憾的是，目前为止，我国既没有全国人民代表大会及其常务委员会制订的与教育评价相关的法律，也没有国务院发布的专门条例，仅有的一部专门性管理规定是 1990 年由教育部发布的《普通高等学校教育评估暂行规定》。作为部门规章，该暂行规定的出台对起步阶段我国的高等教育评价工作发挥了很大的作用，功不可没。然而，时隔 30 年左右，中国的社会经济发展发生了巨大变化，教育的改革发展已远非当年的情形，整个教育管理和评价的内外形势也大不一样。顺应起步阶段需要的暂行规定根本无法满足今天教育评价的现实需要。因此，可以说，目前我国大学社会评价十分活跃，但在国家层面却还没有一部专门的法律、法规或部门规章规定。由于缺乏明确的法律规定，各类教育评价中介机构的地位不明，权利与义务不清，行为举止无所依据，不仅其合法性得不到保障，其规范性也无法达到要求。

政府部门的行政管理也是规范教育评价中介机构、推进大学社会评价有序运行的重要约束。目前我国的教育评价中介机构主要有三类，在管理上实施的是"多头审批，双重管理"模式。从"多头审批"来看，隶属于政府部门的半官方机构因为是事业单位，主要由机构编制部门审批（登记），如教育部高等教育教学评估中心、江苏省教育评估院、上海市教育评估院等；营利性教育评价中介机构是市场性的企业公司，在工商部门登记注册，如麦可思公司、北京星立方科技发展股份有限公司等；非营利性的教育评价中介机构属于社会团体，在民政部门登记，如21世纪教育研究院、上海市教育评估协会等。从"双重管理"来看，我国对社会中介机构实行的是登记管理机关和业务主管单位共同实施管理的体制，登记管理机关主要负责社会中介机构的成立、变更和注销登记，以及对已登记的社会中介机构实行年度检查、财务审计等；业务主管单位主要担负社会中介机构的领导责任，建立和落实管理制度等。这种管理体制明确了政府的主导责任，规范了中介机构活动与发展的方向，具有一定的合理性。但其弊端也十分明显，不仅表现为管理登记机关之间缺乏沟通，各自为政，在管理口径方面不统一，缺乏管理的宏观性和协调性，更表现为"这些管理机构只注重登记注册性的管理，而对各类组织的运行缺乏有效的监管手段"①。这样就使得对大学社会评价活动，尤其是对专业的教育评价中介机构的管理处于有名无实的尴尬局面。

（二）自我约束不够

由于教育评价中介机构的发展时间不长，加上外部的法律规范和行政管理的缺失，部分评价主体的自我约束不够。在内部管理方面，目前，有相当一部分教育评价中介机构还没有形成完善的工作标准和运行机制，不能对评价人员的行为进行有效引导和约束。在评价过程中，评价方法选择、评价数据采集、评价结果确认等环节的随意性很大，给评价的公信力和权威性带来了很大的负面影响。当前，财务监管制度不严是社会组织内部管理缺失的突出表现，极易产生"公益腐

① 中国行政管理学会课题组. 中国社会中介组织发展研究[M]. 北京：中国经济出版社，2006： 62.

败”，并由此导致诚信危机。还有一些教育评价中介机构自身定位不清。例如，少数半官方评价机构以“第二政府”自居，在内部组织建制上模仿行政机构做法，背离了社会中介机构的本色。另有一些社会机构打着民间教育评价中介机构的旗号从事营利性教育评估，弄虚作假，谋取私利，造成“劣币驱逐良币”效应，损害了教育评价中介机构的健康发展。实际上，评价过程中在任何环节出现的问题都可能会影响最终评价结果的客观性和公正性。例如，评价人员的教育观念不同、在评价过程中对搜集数据的看法不同、个人偏好不同等都会影响评价结果的客观性和公正性。

目前，大学排行活动的乱象较多，社会议论也较多。例如，大学排行的位次在很大程度上由排行指标体系和权重决定，指标体系和权重不同，某所高校在排行榜中的排行位次就可能不一样。因此，排行指标体系和权重的设置既可能是高校质量的诠释，也可能成为排行舞弊的“温床”。也就是说，排行机构是很有可能通过调整指标和权重，甚至直接篡改数据，来改变高校的排行位次的。前些年媒体曝光的某排行机构的“赞助费”事件就曾在社会上产生了恶劣的影响。还有些排行机构的排行结论不严谨。例如，2005 年，网大榜研究组向 2471 位专家和学者寄出了函件，请他们给大学的声誉打分，479 人回函，回复率为 19.4%，2004 年的回复率为 19%。[①]暂且不论指标体系合不合理，这么低的回复率不得不令人怀疑其评价结果的效度，但这个结果最终还是被公布。

三、约束机制的完善路径

大学社会评价约束机制需要从内部和外部两个方面加以完善，具体而言，涉及宏观、中观和微观三个层面的治理：宏观层面主要是完善政府的宏观管理；中观层面主要是要建立行业自律机制；微观层面主要是加强评价机构内部建设，提升专业水平和道德自觉。

（一）完善政府的宏观管理

大学社会评价的约束机制的完善，政府负有外部约束的职责，主要包括完善法律法规、设立专门管理机构、建立元评价制度等。

---

① 2005 年网大教育中国大学排行榜导读——声誉调查[EB/OL]. http://rank2005.netbig.com/cn/rnk_0_0_3.htm. [2019-06-17].

1. 完善法律法规

法律法规的规范主要依靠国家的强制力，是大学社会评价得以有效开展的重要外部约束。改革开放以来，我国的教育立法工作成效显著，2010 年颁布的《国家中长期教育改革和发展规划纲要（2010—2020 年）》明确提出了“六修五立”的立法任务。“六修”即修订教育法、职业教育法、高等教育法、学位条例、教师法、民办教育促进法，“五立”即制定有关考试、学校、终身学习、学前教育、家庭教育等法律。目前，我国已完成了《中华人民共和国教育法》《中华人民共和国高等教育法》《中华人民共和国民办教育促进法》的修订任务。上述的这些法律中有部分条款涉及教育评价方面的内容，但总体来看，我国对教育评价的法律规范还十分不足。有人曾提出，我国应该建立专门的高等教育评估法。①但我们认为，在目前情况下，教育评价的专门立法时机还不成熟，比较可行的方案是，在对《普通高等学校教育评估暂行规定》进行修订的基础上，可由国务院制订专门的教育评价条例。在教育评价条例中，一方面要明确规范教育评价的主体、程序以及操作流程，明确教育行政部门、教育评价中介机构、评价客体（学校等）的权利与义务，为评价提供合法性的支撑；另一方面是对包括大学社会评价在内的教育评价行为进行规范和约束，确保教育评价活动的有序开展。各地方也可以根据本地实际，制定相关的实施细则或办法。2016 年，山东省教育厅出台了全国首个评价办法——《山东省第三方教育评价办法（试行）》，明确了评价各方的权利和义务、评估结果运用等事项。2017 年，《云南省教育厅 云南省人民政府教育督导委员会办公室关于印发云南省第三方机构开展教育评估监测工作暂行办法的通知》发布，对第三方教育评估监测机构的资质认定办法、工作程序、监督管理等方面做了详尽的规定。

2. 设立专门管理机构

专门的管理机构是政府实施宏观管理的组织保证，我国目前还没有专门的教育评价管理机构，这也是我国教育评价存在诸多问题的重要原因。关于国家层面高等教育评价管理机构的建立，可以有三个选择方案：一是在教育部高等教育司下专设评估处；二是在教育部教育督导局下设教育评估管理处；三是依托教育部高等教育教学评估中心，扩大其职能使之具有管理的职责。目前，教育部高等教育教学评估中心的主要任务是负责组织实施高等学校本专科教育的评估工作，在其七项职责中并没有包括对高等教育评价进行管理的职责。因此，可考虑将高等教育教学评估中心拓展为“高等教育评估与管理中心”，在其原有职能的基础上，

---

① 刘波，杨蕾. 走向他律和自律的民间教育评估机构[J]. 黑龙江高教研究，2016（2）：19-23.

再赋予其对高等教育评价实施监督与管理的职能。以上三个方案各有优劣，需要在充分调研的基础上慎重选择。此外，还可考虑成立全国高等教育评价指导委员会，成员主要由高等教育评价专家组成，下设常务办公室并挂靠教育部高等教育司评估处。常务办公室的主要任务是在委员会的指导下，具体负责评价标准、评价规范、评价规程等宏观层面的教育评价事宜，听取全国高等教育评价指导委员会的学术咨询，指导和协调各省市的教育评价活动等。

3. 建立元评价制度

教育评价是一项主观价值判断与客观数据分析相结合的工作，既然有主观判断，自然避免不了偏差，因此有必要对评价工作本身进行元评价以确保评价的客观性和真实性。元评价在西方发达国家，特别是在美国的高等教育评价中发挥着重要作用。在美国，高等教育评价的元评价被称为"认可"（recognition），实施认可的组织有两个：一个是1996年成立的美国高等教育认证委员会；另一个是美国联邦教育部。认可的目的是审查并检验认证机构的能力和质量，规范其认证行为。目前，我国很大一部分教育评价中介机构缺乏应有的专业资质和能力，如果没有有效的制度规约，不仅评价的专业质量无法得到保证，更有可能会异化为市场交易行为，严重扰乱教育评价环境。根据我国国情，可以主要依托国家宏观教育评价管理机构建立起教育评价的元评价制度。元评价制度的主要内容包括：一是准入资质的认定，包括是否在法律上具有独立承担民事责任的能力；是否取得行业主管部门许可的专业资质；是否具备委托评价服务必备的硬件设施和专业人员配置；是否具有承担教育评价服务所必备的专业技术、手段和能力；是否在行业内有着良好的声誉和业绩；等等。不符合教育评价资质和水平的机构，不得进入教育评价领域开展相关的教育评价活动。二是机构运行的监管，包括机构组织的规章制度是否健全、运行机制是否符合规定、是否具有稳定的经费来源、评价人员和技术人员是否有相关从业背景等。对有问题的机构进行跟进指导、责令整改、停业甚至撤销退出。三是评价行为的监控，包括制定规范化的评估秩序、评估成本的核算与公开制度、外部审计制度、收费制度等，健全监督与问责机制。政府就是要通过元评价制度建设，来规范教育评价中介机构的市场行为，推进这些机构的规范化与组织化建设，使其成为能够担负教育评价责任的活动主体。

（二）建立行业自律机制

行业自律是行业成员将一部分权利交出，在行业组织的监督下进行自我规范、自我协调的行为机制。[①]行业自律也是约束社会组织行为的一个重要途径。实行行业自律和内部自律，既可弥补政府管理和社会监督滞后的问题，又可健全社会中介机构自我约束、自我完善、自我发展的自律性运行机制。[②]相对于政府的宏观监管，在大学社会评价的约束机制中，行业自律因其更为具体、更具针对性，也更能发挥调控作用，是教育评价领域突破“强政府、弱社会”社会治理模式的有效途径。

1. 引导行业协会发展，强化行业自律功能

行业协会是由行业内的微观主体组成的自治组织,其职能是行业服务与自律、行业协调和担任本行业的代表、维护行业利益等。也就是说，行业协会是以实现行业保护、行业发展和自律功能为主要目的的社会组织。自律是实现行业保护和发展的前提条件，没有自律，就不可能实现行业的健康发展。因此，行业协会的功能还是要定位于“自律与监管”上，即规范本行业的行为，并对其进行监督与管理，以弥补市场调节与政府宏观调控的不足。

加强大学社会评价的行业自律，需要从引导行业协会发展、强化协会的自律功能做起。目前，与大学社会评价关联紧密的行业自治组织或协会主要有两个。一是 2010 年由教育部高等教育教学评估中心、上海市教育评估院、江苏省教育评估院等单位倡议发起的“全国高等教育质量保障与评估机构协作会”。该协作会共有会员单位 200 余个[③]，是全国行业性高等教育质量保障与评估机构的社会群体组织，成立时的功能定位包括高等教育质量保障与评估机构的组织建设、能力提升、民主管理和行业自律等。但该协作会自成立后开展的活动十分有限，基本处于停滞状态，没有开展实质性的自律活动。二是 2015 年由中华教育改进社发起组织的“第三方教育评价机构联谊会”。该联谊会旨在建立全国第三方教育评价机构联络、交流学习、合作的平台，改变各自为战的局面，促进中国第三方教育评价机构合作发展，对外争取社会认同，拓展政策空间和发展机会，对内提高理论水平和施测能力，增强专业实力，形成气候，逐渐形成专业的第三方评价规范，提升第三方评价的整体信誉[④]，但行业自律的功能并没有被纳入其中。此外，中国高等教育学会是高等教育工作者及高等教育机构自愿组成的全国性的研究高等

① 胡娟. 高等教育行业自律：美国经验与中国探索[J]. 清华大学教育研究，2014（2）：60-67.

② 周耀虹. 中国社会中介组织[M]. 上海：上海交通大学出版社，2008：276.

③ 教育部. 以提高质量为核心 建设科学规范评估制度——高教质量保障与评估机构协会成立[EB/OL]. http://www.moe.gov.cn/jyb_xwfb/gzdt_gzdt/moe_1485/201011/t20101102_110519.html. [2020-05-12].

④ 储朝晖. 中国第三方教育评价发展的机遇和挑战——兼论第三方教育评价机构联谊会发展[J]. 评价与管理，2018（2）：12-16.

教育科学的学术团体，是目前国内最大的高等教育行业协会，其分支机构“教育评估分会”专门负责教育评价方面的研究与交流。但中国高等教育学会的宗旨是针对高等教育的理论与实际问题开展研究，它只是一个学术性群团组织，而不是具有自律功能的行业自律机构。

由上可见，目前教育评价相关行业协会的作用主要限于培训、咨询、调查、统计、会议交流等浅层次，与理想中的地位和价值还存在相当距离，我国大学社会评价的行业自律目前面临着组织或功能缺失的窘境。行业协会是行业自律的实施主体，是实现大学社会评价行业自律的组织保证，行业自律的当务之急是要解决组织保证的问题。行业协会是自治组织，政府的指导和扶持当然重要，但其成长发展和作用发挥主要靠自我的作为。上述的行业协会都有了一定的发展基础，当前的主要问题是缺乏自律功能。因此，目前行业协会的主要任务应该是完善功能定位，强化其在行业规范和行业自治管理方面的作用。具体到大学社会评价活动的行业管理，可主要依托全国高等教育质量保障与评估机构协作会组织实施。该协作会是行业性高等教育质量保障与评估机构的社会群体组织，在中国高等教育学会的业务指导下，致力于全国高等教育质量保障与评估机构的组织建设和能力提升，也是对大学社会评价机构进行民主管理的行业自律组织，可担负起社会评价机构的资格认定、评价规范的制定、评价机构运行以及评价活动的监管等工作。

2. 明晰行业自律的范围，完善行业自律机制

行业自律的内容一般包括行业的社会责任、行业的专业水准以及行业伦理规范等。这些内容常常也是政府管理可能要涉及的内容，行业自律与政府监管关系密切，有时甚至还会存在功能的重合。行业自律与政府监管的目标是一致的，都是维护大学社会评价活动的有序，保证评价市场公平、公正与公开。但行业自律属于内部自我约束，政府管理属于外部强制监管，需要协调好两者之间的关系。协调的基本原则有两个：第一，行业自律是政府监管之下的自律。政府主要是从法律法规上对大学社会评价活动进行规范，对违法行为进行制裁；行业自律则更多是大学社会评价活动的组织者、违规行为的发现者，它的自律行为需要在国家的主导下和法律法规规定的范围内进行。政府应该尊重行业自律的独立性，但又要对其进行适当的限制及规范，避免行业过分自律管理而引发教育评价市场的不公正。第二，行业自律是政府监管的基础。政府监管的重点大多是宏观的和间接的，政府部门很难及时、全面地了解大学社会评价内部的具体情况，政府监管之外不可避免地存在着灰色地带。行业协会距离教育评价主体较近，拥有专业优势，借助行业自律，能够有效地约束评价主体的不规范行为，促进大学社会评价的健康发展。总之，大学社会评价的约束管理需要行业自律与政府管理并重，需要双管齐下，共同发力，才能有效保障大学社会评价的有序开展。在当前国家相关法律法规还没有修订和完善到位的情况下，教育评价活动的规范尤其需要依靠行业自律来实现。

行业自律多以制度形式明确规定组织成员的基本行为标准，包括行业准入制度、服务态度、服务水准、职业道德以及违规后应该受到的惩罚等。行业自律最普遍的机制就是通过规范性文件约束成员的行为，维持良好的行业秩序。具体来说，行业规范大体可以分为四类①：一是基本性规范，即协会章程、协会组织及运行规范；二是行为规范，包括该行业的技术标准和工艺要求以及职业道德规范；三是惩罚规则，主要是指协会对违反章程或行为规则的个体是否应当做出惩罚以及如何做出惩罚的规定；四是争端解决规则，这部分内容有时是散见于章程以及其他文件当中的，但有时由行业协会单独制定，主要规定协会成员相互发生争议或成员与协会发生争端时如何去解决。在大学社会评价领域，上述规范常常表现为公约、共识或守则等。例如，第三方教育评价机构联谊会在成立之日就明确提出了联谊会的八条“共识”，包括明确第三方教育评价的职能定位、建立第三方教育评价行业标准、培训教育评价专业人才、提高对第三方教育评价结果的使用和认识水平、建立多元和多样性的第三方教育评价机构等。其中，“建立第三方教育评价行业标准”中明确规定：一要确立服务标准，立足于服务学生成长发展，推动学校质量管理改革，解决行业服务品质良莠不齐的问题；二要逐步建立评价机构的专业标准，提高教育评价机构的专业化程度，改进命题技术、教育测量技术、统计与分析技术、评价技术，有效和可靠地解决认知诊断、制订个性化方案等问题，促进行业整体专业水平的提升。

（三）加强评价机构内部建设，提升专业水平和道德自觉

大学社会评价活动主要通过评价机构及其评价人员来具体实施，机构内部建设水平和人员专业素质与道德水准，将最终决定大学社会评价约束机制的成效。

1. 改善评价机构的组织结构

教育评价中介机构的内部组织结构是实现科学评价功能的载体，也是评价组织自治的关键。影响内部组织结构的因素有很多，一般包括组织目标、组织技术和组织文化三个方面。首先，组织目标决定组织层级结构设计，教育评价中介机

---

① 黄坡，陈柳钦. 政府规制与行业自律的辩证关系研究[J]. 学习论坛，2005（12）：43-46.

构可通过设置管理委员会作为机构决策中枢，负责组织战略决策，把握组织发展的正确方向。其次，教育评价中介机构中评估人员的专业知识和经验是评估的关键，需要专业人员投入大量的时间和精力对任务进行分析，这种“非常规技术”组织类型需要分权度高、管理幅度窄、横向沟通强的组织与之契合。因此，给予评估人员宽松自由的工作环境、适度的“自由裁量权”以及畅通的交流环境，有利于激发评估人员的积极性，增强评估的实效。最后，组织文化类型也是影响组织结构的因素之一，重视外部环境战略和强调对外部环境变化做出快速回应的“适应型文化”是适合教育评价中介机构的文化类型。因此，打造一个管理层次较少、管理幅度适中、集权化程度低、注重横向沟通的组织架构，是教育评价中介机构的合理选择。通过合理的组织管理结构，实现权、责、利的分离和制衡，可以有效预防教育评价中介机构沦为个人谋取私利的工具。

2. 加强评价队伍建设

组织的运行需要通过“人”这一载体来实现，教育评价中介机构的评估人员决定了组织的专业性和权威性，特别是评价专家队伍建设。建立“评估专家库”能够有效满足评价活动持续运作的人力资源需求，专家队伍的组成要实现结构的多元化，最好由政府人员、高校代表和社会相关人士等组成。教育评价中介机构与评价专家之间是平等的契约关系，可以通过订立合同条约来规范双方的权利与义务。评价机构对评估专家实行动态管理，保证评估专家的“身份自由”。评估专家也可以根据评价机构的发展情况、影响力，在履行合约的基础上自由选择去留。这就类似于篮球俱乐部中的球员根据球队的水平、球队的等级来决定是否“转会”或是继续效力于该组织。除了评价专家外，教育评价中介机构还应该重视选拔全职的专业评价人才。教育评价中介机构的核心业务是评价，同时还涉及教育信息的交流与服务、教育问题的调查与报告、教育评价课程与培训、教育数据分析与建构等业务，这些工作都有赖于高素质的专业人员。教育评价中介机构需要拥有数学、教育统计学、心理测量学、计算机等相关学历背景的人才，当前许多教育评价中介机构的人员队伍数量、结构和素质还远远满足不了行业发展的需求。

3. 提升评价专业能力

教育评价是一项专业性很强的活动，对专业能力和专业技术水平的要求很高，评价机构及其人员的专业素养是保障评价活动客观公正、实现有效约束的先决条件，也是取得公众认可、产生公信力和权威性的基础。评价机构应把专业化理念内化为成员的价值取向、行为准则，形成专业意识和敬业精神，以优质专业的评估服务赢得社会认可。评价机构要建立评价反思改进机制，做到理论与实践结合、实践生成理论、理论指导实践，要通过专业教育和评价实践，从政策法规、评估标准、评估技术与方法等方面加强评估人员的专业培训，不断提高评价人员的专业水平。要加强与国内外同行的广泛交流和合作，努力把机构建设成为新的评估思想的倡导者和实践者。教育评价中介机构要想在评价市场上保持优势，既需要立足本国，积累和总结已有的评价经验，又要放眼全球，与国际先进的教育评价组织进行沟通与交流，学习先进的评价理念和技术，不断掌握评价的新政策、新理论和新的评价技术，增强评价机构的竞争力。过硬的专业素养和专业能力不仅是评价机构实现自我约束的保证，也是评价机构参与评价市场竞争的制胜法宝。

4. 严守评价道德规范

育人为本、客观公正、诚实守信、专业水准、服务精神等教育评价基本规范，是大学社会评价实现自我约束的保证，是教育评价活动必须坚守的行为准则。大学社会评价的自我约束是评价机构得以生存与发展的内在品质和组织力量，发展到理想状态则成为一种具有强大影响力的大学评价文化，这种品质和文化保证大学社会评价机构能自觉遵循社会所期待的主流价值标准，坚持正确的价值取向，自觉对大学社会评价活动进行调节和规范。“打铁还需自身硬”，促进教育评价机构的健康发展，发挥教育质量评价的积极作用，首要任务就是要加强评价机构的规范化建设，提升评价人员的职业道德水准。评价的客观公正以及评价职业规范的坚守，是大学社会评价具有公信力和权威性的关键，也是其获得社会广泛支持、实现持续发展的保证。因此，要建立合理的内部监督体系，建立和完善信息公开制度，将教育评价机构的评价标准、程序、结果等公之于众，努力营造诚信评价、阳光评价、公正评价、务实评价的评价文化，形成评价机构成员道德驱动的自律机制，积累良好的社会声誉和口碑。

第八章

大学社会评价的境外经验及启示

重视和保障高等教育质量已成为当今世界潮流，在大学治理与质量评价中引入社会力量是世界各个国家和地区的共同选择，并形成了许多有代表性的模式。其中，美国民间组织对大学的认证，英国准官方机构的大学审核，日本官民结合的第三者评价体系，以及中国台湾地区的高等教育评鉴制度等，都颇具特色。本书主要选取这四个典型案例进行研究，希望能对我国大学社会评价体系建设和机制完善有所启示。

第一节　美国大学社会评价的经验及启示

美国是世界上高等教育最发达的国家，完备的高等教育质量保障体系是其高等教育长盛不衰的动力源泉。源于美国的政治、经济和文化传统，在美国的高等教育质量保障中，政府的作用偏弱，社会力量占主导。美国的大学社会评价历史悠久，体系完备，发育成熟，颇具特色。

一、美国大学社会评价概况

美国是教育分权国家的典型代表，中央政府没有直接管理高等教育的权力，州政府也只能在法律规定范围内行使管理权，这催生了美国高等教育市场调节机制的形成。美国政府和高校之外的社会力量通过各种途径和形式参与高等教育评价和管理，主要包括利益相关者的大学评议、新闻媒体等的大学排行以及社会中介组织的大学认证。

（一）利益相关者的大学评议

美国的高等教育普及化程度很高，高等教育质量与其利益相关者休戚相关。因此，美国高等教育的利益相关者普遍关注高等教育发展，积极参与高等教育评价，各种论坛、沙龙、集会等大学评议形式多样，大学生满意度调查和用人单位满意度调查普遍开展，各种慈善机构和教育捐赠机构或个人也积极参与高等教育评价、监督与保障。

第一，大学生满意度调查。美国的大学生满意度调查诞生于 20 世纪 60 年代，但真正普遍开展则是 20 世纪 90 年代以后的事情了。当时，由于国家财政对教育拨款减少，大学为了克服生存危机、改进大学教育质量、吸引生源，大学生满意度调查逐渐盛行。1994 年，在美国全国通用的大学生满意度调查工具——《大学生满意度量表》（College Students' Satisfaction Scale）正式问世，随后美国全国性的调查——“全国大学生满意度调查”（National Student Satisfaction Study，NSSS）

正式启动。之后每年测评 1 次，到 2019 年，已进行了 26 次。[①]当前，大学生满意度调查已成为大学管理的常用工具，在美国高等教育管理中发挥着重要作用。

第二，雇主评价。美国是世界上较早开展顾客满意度调查的国家，早在 1994 年，美国密歇根大学商学院与美国质量协会一起研发了美国顾客满意度指数模型，该模型用来衡量顾客对不同行业的产品或服务的满意程度。随着美国高等教育进入大众化阶段，高等教育质量由“投入”质量转变为“产出”质量，由重学术声誉质量转变为重社会责任。与高等教育的“产出”——毕业生直接联系的雇主，是高等教育质量的直接体验者，对高等教育产品质量的高低有着无可争辩的发言权。雇主评价能在一定程度上弥补高校内部评价以及同行评价的不足，增强高等教育评价的公正度和可信度。

第三，公益慈善机构参与高等教育管理。服务社会的公益思想在美国有着广泛的群众基础，其公益教育精神推动着公益教育事业的快速发展，个人和社会组织热心于捐资助学，在共同参与中实现“自然责任”。在美国，慈善基金会就是公益教育的重要推动力量，在美国成千上万个规模各异的慈善基金会中，卡内基教学促进基金会具有典型代表意义。1905 年，美国钢铁大王安德鲁·卡内基斥资 1000 万美元成立了卡内基教学促进基金会。卡内基教学促进基金会的使命在于“从事所有必要的工作来鼓励和支持教师职业和高等教育，使之成为高尚的事业”。100 多年来，卡内基教学促进基金会对美国高等教育的发展持续产生了重要的影响，促进了美国教育事业发展，建立了卡内基高等教育院校分类标准，推动了美国高等教育改革。[②]

（二）新闻媒体等的大学排行

美国是世界上最早开展大学排行的国家。1983 年，U.S. News 发布了第一份“全美最佳大学排行”，该排行自 1987 年以来每年都会编制和出版。这份大学排行主要基于卡内基高等教育院校分类标准，依据每年发送给每所学校的调查数据编制而成。在全球化的背景下，为满足世界各地考生在全球范围内选择理想大学的需要，2014 年 10 月，U.S. News 开始独立发布“全球最好大学排名”。U.S. News“全球最好大学排名”是继 U.S. News 本科排行、U.S. News 研究生院排行之后推出的具有巨大影响力的全球性大学排行。当前，除 U.S. News 发布大学排行之外，《金钱》《普林斯顿评论》《华盛顿月刊》《福布斯》《今日美国》《院校网》，

---

① 徐晓辉，赵国强，刘敏. 大学生满意度测评量表构建[J]. 高教发展与评估，2010（6）：55-61.

② 朱永东，张振刚. 卡内基高等教育分类的演变及启示[J]. 高教探索，2017（2）：5-12.

甚至美国联邦教育部等机构，也发布各自的大学排行评价。①美国大学排行机构以独立的新闻传媒组织为主，也涉及公司、研究机构甚至美国联邦教育部，这体现了美国大学排行评价主体的社会化、多元化取向。

U.S. News“全美最佳大学排行”一直是最有影响力的大学排行榜，经过多年的努力，以其规模较大、数据来源可靠、具有较高参考价值等优势，逐渐成为美国大学评价中比较权威的大学排行榜，被广大公众所认可。在排行目的上，U.S. News“全美最佳大学排行”的主要服务对象是消费者，即主要是为学生和家长的择校服务，但客观上它也发挥着引导高校之间的竞争、影响政府的教育决策和校外捐助资金流向等作用。在评价指标体系上，U.S. News“全美最佳大学排行”的评价指标由 7 个一级指标、16 个二级指标构成（表 8-1）②，分别从本科学术声誉、学生保留率、师资水平、学生的选拔性、财务资源、毕业率表现和校友捐赠七个方面对高校进行评价。在数据来源上，U.S. News 每年都会通过问卷调查从各大学收集大学排行的最新数据，同时辅以大学和各相关教育机构的年度统计报告，以及针对教育界和用人单位的声誉调查的结果等数据。在排行方法上，U.S. News“全美最佳大学排行”最让人津津乐道的特色就是对大学进行分类排行。U.S. News“全美最佳大学排行”根据卡内基高等教育院校分类标准的分类结果，对大学进行分类排行，并依据所分类别（大学类别、学科门类、专业类别）设计相应的指标体系，使评价主要针对特定院校，增强其可比性。

表 8-1　U.S. News“全美最佳大学排行”指标体系（2019 年）

一级指标及权重	二级指标及权重
本科学术声誉（22.5%）	学术同行评估得分（15%）、高中辅导员评级得分（7.5%）
学生保留率（22.5%）	六年期毕业率（18%）、新生保留率（4.5%）
师资水平（20%）	小于 20 人小班比例（6%）、大于 50 人大班比例（2%）、教师薪水（7%）、有本学科最高学位的教授比例（3%）、生师比（1%）、全职教师占比（1%）
学生的选拔性（12.5%）	入学考试成绩（8.125%）、原高中班级前 10%新生比例（3.125%）、录取率（1.25%）
财务资源（10%）、毕业率表现（7.5%）、校友捐赠（5%）	财务资源（10%）、毕业率表现（7.5%）、校友捐赠（5%）

① 陈金圣. 美国大学排行的评价标准与价值取向[J]. 高等教育研究，2017（2）：84-94.

②《美国新闻与世界报道》“全美最佳院校”排名评价指标体系[EB/OL]. https://www.usnews.com/education/best-colleges/articles/how-us-news-calculated-the-rankings. [2020-04-21].

（三）社会中介组织的大学认证

高等教育认证制度诞生于 19 世纪末 20 世纪初的美国。高等教育数量的增多、对象的扩大以及结构的变化，带来了整个高等教育领域的无序和混乱。为了保证高等院校的招生质量，一些区域内已出现了院校的自愿联合组织，按照一定的标准对中学进行考核评估，这就是中学认证。随后，这种模式开始被推广到高等院校，从而形成了院校认证，高等教育认证制度正式确立。[①]自 1885 年第一个“前认证组织”——新英格兰学校和学院协会正式成立开始，经过 100 多年的发展，美国高等教育认证制度已趋于成熟和完善，并逐渐形成了一种以高校自我评估为基础、同行专家现场考察和评议为核心、社会公众共同参与的高等教育质量评价模式，该模式对于保证美国高校及专业的办学质量与水平、提升高等教育系统竞争力起到了至关重要的作用。

完整的美国高等教育认证制度由认证（accreditation）和认可（recognition）两部分构成。认证是指认证机构对高等教育机构和专业所进行的质量评估；认可是指认可组织对认证机构的资质进行承认的过程。[②]由于美国高等教育认证机构类型繁杂、数量众多，认证机构的资质由谁来保证至关重要，认可是对这些认证机构进行外部质量保证的最主要的形式。美国主要有两个机构开展对高等教育认证机构的认可工作，分别是美国高等教育认证委员会和美国联邦教育部，它们分别代表行业协会和政府机构，各自独立开展认可工作，并且在认可的对象、标准等方面都有所不同。美国高等教育认证委员会的认可标准主要聚焦于学术品质的保证与提高。美国联邦教育部的认可标准将重心放在考察受评机构是否有足够的质量来获得美国联邦政府的资助经费。美国联邦教育部的多数标准可以量化，且对办学条件的要求较为具体，而美国高等教育认证委员会则没有量化指标，不对学校的微观事务做具体要求，注重鼓励学校特色发展。高等教育认证机构可以自由选择任意一个对其进行认可评估，也可以选择同时接受二者的认可评估。截至2018年，美国的高等教育认证机构中，仅接受美国联邦教育部认可的有26所机构，仅接受美国高等教育认证委员会认可的有36所，另外有25所同时接受美国联邦教育部和美国高等教育认证委员会的双重认可。[③]

美国的认证机构一般都是民间的、非营利性的组织，按认证机构的类型可分

① 熊耕. 美国高等教育认证制度的起源及其形成动力分析[J]. 外国教育研究，2004（6）：61-64.

② 侯杰. 美国高等教育认证制度及其启示[J]. 当代教育科学，2018（1）：90-94.

③ Council for Higher Education Accreditation. Directory of CHEA- Recognized Organizations [EB/OL]. http://www.chea.org/pdf/2017-2018_Directory_of_CHEA_Recognized_Organizations.pdf. [2019-08-23].

为全国性认证机构、地区性认证机构和专业性认证机构。全国性认证机构主要从事与宗教信仰有关以及与个人职业发展有关的单科性院校的认证工作，如圣经学院认证协会（Accrediting Association of Bible Colleges）、远程教育与培训认证委员会（Accrediting Commission of the Distance Education and Training Council）。地区性认证机构是美国高校认证的主要承担者，负责美国各州几千所高校的认证工作，美国六大地区性院校协会下的8个院校认证委员会的认证活动在地域上覆盖了全美国，分别是高等学习委员会（原中北部学校和学院协会）（Higher Learning Commission）、中部学校和学院协会（Middle Association of Colleges and Schools）、西部学校和学院协会（Western Association of Colleges and Schools）、南部学校和学院协会（Southern Association of Colleges and Schools）、西北部学院和大学委员会（Northwest Commission on Colleges and University）、新英格兰学校和学院协会所属的高校认证机构。专业性认证机构名目繁多，覆盖的学科专业范围大小不一，认证的对象是院校中某一个专业或学科，分布在医药、教师、律师、工程、农业等领域，是美国高等教育质量保证体系中数量最多的一类认证机构。截至2009年，美国共有全国性认证机构11个、地区性认证机构8个以及专业性认证机构66个。①

美国六大地区性认证机构都按照各自的认证理念开展认证工作，认证标准有所不同，但核心标准一般都包含学校办学宗旨、学校的定位、学校的整体战略目标、组织管理机构、师资、教学质量、招生、专业、课程、设备等方面内容。在认证程序上，六大地区性认证机构必须按照美国高等教育认证委员会和美国联邦教育部的指导方针开展认证工作，一般包括五个步骤：提出申请、院校自我评估、专家实地考察、评估决策、延续考察。美国的认证工作并不是一劳永逸的，认证结束后，高校需定期接受评估，只有符合认证要求的学校才能取得被认可的资格。

二、美国大学社会评价的经验

（一）大学评议的经验

在美国，利益相关者参与高等教育评价的形式多种多样，如大学生满意度调查、雇主评价以及公益慈善机构参与高等教育管理等，这些评价形式得到普遍开展，一般都是每年一次，评价指标涵盖面广，评价技术较为成熟和规范，评价结

---

① 王云儿. 美国高等教育认证制度发展新趋势探析及启示[J]. 中国高教研究，2011（2）：45-48.

果常得到有效利用。具体而言，美国大学评议的特点与经验主要体现在以下几个方面。

第一，利益相关者积极参与大学评议。市场是影响美国高等教育的主要力量，在高等教育运行中发挥基础性作用，市场机制是美国高等教育的基本调节机制。在美国，代表市场力量的主体是由学生、家长及企业雇主组成的教育消费群体。他们是高等教育的核心利益相关者，在市场作用的影响下，积极主动参与高等教育的声誉评估，从而为高校的内部管理与改进传达市场声音，同时也为学生、家长和企业提供有关高校的有价值的信息。另外，以媒体为代表的社会力量具有强烈的社会舆论效应，可以激发社会各界关注和评判高等教育，促进高校不断提高教育质量和办学水平。

第二，重视教育产出，促使高等教育更好地融入社会、服务社会。美国大学评议的实践证明：高等教育要想成功地服务社会，保证自身的质量，就要接受社会监督及评价。而与高等教育的“产出”——毕业生直接联系的雇主，在这一监督评价过程中发挥着举足轻重的作用。美国的雇主评价范围非常广泛，形式也多种多样。例如，2007 年底，彼得·哈特研究公司（Peter D. Hart Research Associates, Inc.）代表美国高校协会访谈了 301 家美国公司，这些美国公司的规模都在 25 名雇员以上。除了直接的雇主访谈这种形式外，美国雇主评价还包括宏观的大学排行、社会媒体评价，以及微观的学生实习评价、专业教学评价等，如美国的《华尔街日报》与哈里斯互动公司（Harris Interactive）的商学院排名只选取雇主评价作为评价指标，包括“雇主对学校和学生的看法”“前往学校招聘的雇主数量”“雇主再次光顾该校招聘的意愿”。[①]该排行设置单一评价标准的依据是，雇主是高等教育的最终“消费者”，而高等教育人才评价最合适的办法就是依靠社会反馈，即依靠社会用人部门对毕业生做出评价。

第三，评价技术成熟，指标覆盖面广。美国大学评议开展时间较早，评价技术成熟，评价经验丰富。以大学生满意度调查为例，美国的大学生满意度调查诞生于 20 世纪 60 年代，直到 20 世纪 90 年代，大学生满意度调查才逐渐盛行。当前，大学生满意度调查已成为大学管理的一项常用工具，在大多数院校普遍开展，《大学生满意度量表》也由最初的 248 个项目缩减到 70 多个项目。再以雇主评价指标体系为例，在彼得·哈特研究公司的雇主评价中，评价指标包含 12 个方面的基本技能和知识储备：团队协作能力、道德价值观、跨文化交流能力、社会责任感、定量分析能力、沟通技巧与良好的语言表达能力、自觉性、充分的适应能力、

① 文澜. 美国《华尔街日报》MBA 学校排行榜[EB/OL]. http: //www.cqvip. com/. [2019-10-21].

批判性思维、写作技巧、自我定位、全球化视野。这些指标基本涵盖了毕业生综合素质的方方面面。[①]

第四，评价结果得到有效利用。美国的大学评议每年都会在全国范围内实施，实用性强，调查结果既可以为高等院校提高服务质量提供相关信息，同时又能为学生选择高校和高校人才培养模式变革提供参考，为形成高校社会问责机制奠定了基础。美国大学评议的结果一般都采用正式报告的形式呈现，大多数院校都会根据此报告反馈的数据信息，对评议中的具体问题做出反应，大到院校层面的宏观战略决策调整，小到为学生学习成绩提高和教师教学服务改进提供指导。美国的大学评议结果得到了广泛的使用，在保证美国高等教育质量方面发挥了重要作用。此外，美国的大学评议还与大学排行相联系，大学评议的结果不仅成为大学生选择专业的重要参考，而且为高校拨款提供了依据。

（二）大学排行的经验

美国是世界上最早开展大学排行的国家，自 1983 年 U.S. News 发布第一个大学排行榜以来已经有 30 多年的历史，大学排行目的明确，排行以院校分类为前提，排行标准多元，定量与定性相结合，数据来源广泛、客观、可靠，其排行经验为其他国家借鉴。

第一，排行目的明确。美国的大学排行以满足学生及其家长的需求为首要任务。美国高校数量众多，在高等教育招生市场中，各高校间的生源竞争异常激烈。由于信息不对称，学生及其家长被铺天盖地的宣传广告、邮件、招生电话甚至电视、广播所淹没。为了获取准确的高校信息，学生及其家长往往会把大学排行作为选择合适大学的参考依据。越来越多的证据表明，大学排行能向学生和家长提供各种可比数据，供他们在选择学校时参考，也确实能影响到学校的入学人数、申请者的质量和学校的声誉，大学排行的变化会对申请者的入学决定产生重要影响。美国大学排行以“为个体的自我实现服务”为主要目的，重视为学生和家长提供尽可能全面、丰富的择校信息。

第二，排行以院校分类为前提。1983，年 U.S. News 发布的本科院校排行榜并未进行分类排行。但美国高等教育系统十分复杂，高等院校类型多种多样。不同的高校所承担的职能不同，评价的标准也应有所区别。基于此，1987 年，U.S. News 开始参照卡内基高等教育院校分类标准进行分类排行，之后，分类排行的

---

① 李婷婷. 从美国雇主的角度看高校应该如何评估和提高学生的学习能力和知识水平[J]. 世界教育信息，2009（1）：52.

理念一直贯彻至今，已成为 U.S. News“全美最佳大学排行”的一大特色。卡内基分类法是由美国卡内基教学促进基金会公布的高等学校分类法，于 1973 年首次公布，经过四次修订，分别出版了 1976 年版、1978 年版、1994 年版和 2000 年版。最新的 U.S. News 大学排行所采用的是 2000 年公布的最新版分类法，将大学分为四类，即全国性大学、授予硕士学位的大学、全国性文理学院、授予学士学位的综合性大学。不同类型的大学排行在指标设计和权重分配上也有所不同。

第三，排行标准多元，定量与定性相结合。现代市场的需求是多元的，大学的使命与职能是多元的，这就要求评价标准也是多元的。经过多年的发展，美国大学排行已从单一的学术卓越标准，转向包含学术质量、教育可负担性、产出绩效乃至大学生满意度等多重价值标准，并出现了强调教育投资收益和社会公益贡献等新的评价标准。[①]以 U.S. News“全美最佳大学排行”为例，经过几十年的发展，尽管其指标体系仍主要由 7 个一级指标、16 个二级指标构成，但其内涵与权重却根据不同类型高校的排行需要各有侧重，重视教育投入与产出并重。例如，教育投入指标有学生录取率、学生保留率、SAT/ACT[②]成绩、师生比、小班比例、大班比例、财务资源等 10 项，教育产出指标有学术声誉、毕业率、校友赞助率等 6 项。该排行还以定量指标为主，定性指标仅有一项，即“本科学术声誉”，被赋予了 22.5%的权重，重视定量指标与定性指标相结合。[③]这样既可以减少评估专家的主观随意性，又可以克服对难以量化的指标（如学术声誉）进行评估的困难，有利于做出客观公正的评价结果。

第四，数据来源广泛、客观、可靠。U.S. News“全美最佳大学排行”为了确保大学排行所有数据的客观、真实、可靠，通过多种渠道采集数据。首先，从高校获取数据。采用调查表的方式由高校进行数据填报，提供有关统计资料。美国高校一般都设有专门负责数据收集和整理的机构，工作人员大多是统计学和数据管理方面的专家，而且美国也出台了数据信息公开的相关法律法规，高校必须按要求公示自己的相关数据信息，这些措施为大学排行机构获取高校有关数据信息提供了切实保障。其次，从通用数据服务（Common Data Service，CDS）获取数据。CDS 是一个数据中心机构，U.S. News 是该中心的发起者之一，可以十分方便地使用该中心的相关数据。最后，从其他相关教育组织获得数据，如大学教授协会、美国国家教育中心教育统计部等。此外，为了确保数据信息的真实可靠，

① 陈金圣. 美国大学排行的评价标准与价值取向[J]. 高等教育研究，2017（2）：84-94.

② SAT（scholastic assessment test，学术能力评估测试），ACT（American college test，“美国高考”）。

③ How U.S. News Calculated the 2021 Best Colleges Rankings[EB/OL]. https://www.usnews.com/education/best-colleges/articles/how-us-news-calculated-the-rankings. [2020-04-20].

排行机构还会委派专门人员对收集来的原始资料和数据进行调查分析，有时也会参照上一年度采集到的数据进行核实、校对和整理，并交给各大学请它们自己审核，甚至雇用专业公司实施专家评价，以保证数据的真实、准确。此外，排行榜的最后一般都有注解，以解释各种数据的来源和构成。

（三）大学认证的经验

美国的高等教育认证制度历史悠久，认证机构具有高度的独立性，认证目的明确、标准科学、过程规范、结果权威，在高等教育质量保障中发挥着重要作用。

第一，以自我改进为目标，高校主动参与认证。美国高等教育认证有两个目标：机构目标和公共目标。其中，机构目标主要指向高校的自我改进以及高校办学者质量和水平的提升；公共目标主要指向保障高等教育消费者的利益以及公众对高等教育质量的知情权。[①]在美国的高等教育认证实践中，机构目标通常超越公共目标占主导地位，原因在于各种非政府的认证机构都是由学校发起成立的，且认证由高校来维持运转。美国高等教育认证制度的最显著特点之一是其非政府性、自我约束性，高等教育质量认证是院校的自愿行为，而非政府的行政命令。各个院校都可以自行选择是否认证以及采取哪种形式的认证。为了保障和提高学术质量以及加强学校间的沟通与协调，同时为了获得美国联邦政府的资助以及提高声誉，吸引更多、更好的生源，高校都会主动寻求认证。基于这个自我改进的共同目标，高校之间制定出了一致同意的规范和原则以保障基本的学术质量。

第二，民间机构主导，并通过认可机制保障。美国独特的政治生态和文化传统为高等教育认证制度的发展提供了良好的制度环境。美国宪法规定，宪法没有提及的事情留给各州人民自己去解决，联邦政府不能直接干预教育事务，这为社会中介组织主导的高等教育认证制度的自由发展提供了空间。美国对高等院校的认证则由民间机构占主导，认证机构具有高度的独立性和自主性，每个机构都不隶属于政府机关，它们是依据法律法规建立起来的具有独立地位的实体，都有自己的总部和董事会，在决策、人事、财务及日常管理等方面具有非常高的自主性，政府无权干涉。在人员构成方面，机构人员主要由政府、学术界和工商界的高等教育利益相关者组成，非政府性人员占多数。各机构的运行经费大多数来自会员院校所交的会费以及各院校参与认证所交的费用，各机构自负盈亏，不受政府控制。为保证认证机构工作的科学性和民主性，认证机构自身也要接受评估，这被称为“认可”。认可的目的是审查并检验认证机构的能力和质量，规范其

---

① 彭江. 美国高等教育认证制度：历史发展、系统机构及启示[J]. 大学教育科学，2012（2）：90-95.

认证行为。

第三，认证标准科学、过程规范、结果权威。美国认证机构都按照各自的认证理念开展认证工作，认证标准有所不同，但都非常重视高校的使命与目的、资源与支持，以及个性化、特色化发展等。例如，高等学习委员会于2014年修订的标准包括五个一级指标，即办学使命；完整性：有道德、负责任的行为；教学：质量、资源与支持；教学：评价与改进；资源、规划与学校效率。高等学习委员会的认证标准具有很强的综合性、专业性和科学性，涉及学校的办学宗旨和目标、如何实现这些目标以及正在实现的目标，同时鼓励高校根据自己的使命与定位，努力办出水平、办出特色。在认证程序上，美国高等教育认证制度基本上确立了高校自我评估和同行专家评议相结合、书面评估和现场评估相结合的认证规范，形成了以高校自我评估为基础、同行专家评议为核心、社会公众共同参与为保证的科学认证方法。无论是院校认证还是专业认证，认证程序都比较规范，一般包括五个步骤：提出申请、院校自我评估、专家实地考察、评估决策、延续考察。由于认证目的在于高校的自我改进，高校积极主动参与认证评估，并主动开展自评工作和提供真实的数据资料，再加上认证标准科学，过程规范，认证机构资质水平得到认可，认证专家具有很高的水准和威望，从而保证了认证结果的有效性和权威性。

第四，外部认证和内部评价有效整合。美国高等教育认证采用的是院校自我评估和专家实地考察相结合的方式。在美国激烈的市场竞争中，高校为了生存，为了获得更高的社会声誉，为了获得政府的资助，必须把质量视为生命，而市场体系的自由竞争、优胜劣汰原则进一步强化了高校对自身质量的重视。自我评估是质量保障和质量提升的基石，认证建立在高校自评报告的基础上。院校自我评估能够使学校管理者从内部更加全面地了解自己的实际情况，并通过优劣势分析来推进内部的质量保障，也为外部考察做好准备。外部的专家实地考察是指认证机构根据院校的自评报告和认证标准对高校进行实地考察，从而对高校的办学质量做出全面的评估。认证机构在审阅了高校或专业的自评报告以后，会派出一个专家视察小组对申请认证的高等院校或专业进行现场考察。在整个认证过程中，专家视察小组也会与被认证的高等学校反复交换认证信息与意见，力求从认证需要满足的诸要素出发准确地表述院校和专业的办学条件和教学质量。通过认证机构的进校考察，激发高校内部自我改进的动力，进一步完善高校内部质量保障体系和自我评价机制，由此形成了以外促内、内外结合的高等教育质量保障体系，保障了美国高等教育的健康发展。

三、对我国的启示

美国是世界上高等教育最发达的国家，发达的高等教育源自成熟的、完备的高等教育质量保障体系。美国高等教育教育质量保障的最大特色是建立了成熟的、完备的大学社会评价体系和机制，美国的高等教育认证制度体系完备、机制健全、功能完备，美国的大学排行和大学评议也有不少值得我国学习和借鉴的经验。

第一，转变政府职能，完善高等教育认证制度。政府的放权和赋权是社会力量参与高等教育评价的前提条件，美国成熟的、完备的大学社会评价体系得益于美国的“有限政府”和“服务政府”。一直以来，我国的高等教育沿袭了计划经济的管理体制，政府是唯一的行政管理主体，集“管、办、评”于一身。与美国以民间力量主导高等教育评价不同，我国高等教育评价主要是在政府的主导下自上而下开展的，评价机构隶属于政府，其具有的独立性和中介性有限，很难在政府和高校之间扮演“缓冲器”的角色，这极大地削弱了高等教育评价的社会监督功效。同时，这种单一主体的教育治理体系与方式很难满足当前日益增长的多元化的教育需求。当前，我国“管办评”分离和“放管服”改革深入推进，社会中介组织参与高等教育评价逐步得到国家和社会的认可。借鉴美国大学社会评价中政府的角色定位，我们应尽快转变政府职能，完善高等教育认证制度。一方面，要深化“放管服”改革，从以前的集权政府、全能政府转向有限政府、服务政府，管理方式从以前的直接管理转向间接管理，即将政府的管理职能转向以法规、拨款、规划等为主的宏观调控；另一方面，要完善高等教育认证制度，让中介性、专业性的认证机构主导高等教育评价过程，使评价机构能以独立自主的身份进行高等教育质量评估，提高评估活动的效率与效能。

第二，加强教育法治建设，培育教育评价中介机构。一直以来，我国高等教育评价领域的法律法规还很不完善，社会力量参与高等教育评价的权利有限。例如，1990 年颁布的《普通高等学校教育评估暂行规定》指出，高等教育评估工作由各级人民政府及其教育行政部门组织实施，并指出各级评估机构不是民间组织，十分强调国家教育行政部门对高等教育评估的组织领导，教育界、知识界、用人部门进行的社会评估只是政府评估工作的依靠力量。进入 21 世纪以来，国家逐渐重视社会中介机构在高等教育评价中的重要作用，例如，2010 年公布的《国家中长期教育改革和发展规划纲要（2010—2020 年）》提出，“推进专业评价。鼓励专门机构和社会中介机构对高等学校学科、专业、课程等水平和质量进行评估”。但目前，我国的高校评估仍主要以《普通高等学校教育评估暂行规定》为依据，并没有出台新的教育评价方面的法律法规以对教育评价中介机构的合法地位给予确认，政府仍然是高等教育评估的实际主体，主导着教育评价相关事务，教育评价中介机构的独立性和权威性没有得到体现，其专业性和科学性离教育评价的实践需要也还存在较大差距。借鉴美国高等教育认证的成功经验，我国应该尽快出台专门的法律法规和政策，鼓励、支持教育评价中介机构的设置与发展，将评价职能逐渐转移给教育评价中介机构，努力使教育评价中介机构真正成为我国高等教育多元评价主体中的重要组成部分，成为具有独立身份地位、能够独立行使评价权利的教育评价实体。

第三，完善高校自我评价机制。高等学校是精英聚集的学术组织，具有追求卓越的特质和自我纠错的功能，实现高校的健康发展必须首先建立在高校的自觉行动上，主要通过高校内部质量保障机制来实现。美国高等教育认证过程中的大学自我评价展现了美国大学自我管制的功能，也符合美国大学自主的精神。大学自我评价是整个高等教育认证活动过程中的重要组成部分，高校通过自我评价，可以系统地检视自身的优势和缺陷，形成问题的解决方案，进而可以持续提升质量水平。然而，长期以来，我国高等教育领域存在“一管就死、一放就乱”的现象，出现这种现象的原因是多方面的，高等学校内部质量文化氛围不浓、质量意识不强、质量体系和机制不完善是重要原因。相对于高校自身的运行和发展来说，外部评估活动是短暂的，它所发挥的质量评价和改进的作用也是有限的，必须建立起高校内部常态化的质量保障体系和自我评价机制，才能持续不断地促进高校办学质量和水平的提升。因此，当务之急是培育高校内部质量文化，切实树立起自我质量保障意识，完善内部质量保障体系和机制，增强高校内部评估的效能，充分发挥学校质量建设的内生动力，使高校在外部控制力量减少的情况下，仍然能够确保质量、提升品质。

第四，引导利益相关者积极参与高等教育评价。在美国，高等教育利益相关者参与高等教育管理的权利得到专门的法律法规的保护，同时，这些法律条文明确规定其参与的范围、方式和职责等内容。因此，社会力量参与高等教育质量保障的积极性很高，纷纷以各种形式参与高等教育评价。社会评价是美国高等教育的质量屏障，美国的高等教育利益相关者积极参与高等教育评价，大学生满意度调查、雇主评价在全国范围内开展，社会公益慈善机构也积极参与高等教育管理与评价。此外，美国的新闻媒体评议也十分活跃，尤其是由媒体发布的大学排行榜在评价和监督高校提高办学质量、提升办学水平方面的作用显著。然而，目前我国高等教育质量评价的主体仍然以政府为主，尤其是院校合格评估和审核评估等覆盖面广、影响大的认证评价，更是由政府主导，其他利益相关者的参与程度不够。因此，全面提高高等教育质量，激发高等教育利益相关主体参与教育质量保障与评价的积极性，还是需要先解决制度约束的问题，通过相关法律法规明确利益相关者的主体地位，激发其参与高等教育治理的活力，提高它们的参与度，努力构建起政府、社会和高校共同保障高等教育质量的体系。鉴于此，我们必须转变传统的单一教育评价观念，树立全新的、多元的、多主体的高等教育评价理念，充分发挥利益相关者在高等教育质量保障中的作用，形成以政府为主导、学校为基础、社会为中坚的高等教育多元评价体系。

总之，美国的大学社会评价历史悠久、体系完善、功能完备，有许多值得我国借鉴和吸取的成功经验。但在借鉴美国经验的同时，我们又必须清醒地认识到，美国经验孕育于美国独特的政治文化生态之中，是其特定社会环境和文化传统的产物，不一定都适合中国，切忌对其进行完全照搬或简单模仿。我们必须坚持扎根中国大地，培育中国特色的大学社会评价文化，构建中国特色的大学社会评价体系。

第二节　英国大学社会评价的经验及启示

英国的高等教育在世界享有盛誉，其重要原因在于英国非常重视教育问责。市场性质的问责主要表现为大学生满意度、校友满意度、雇主评价以及大学排行等；专业性性质的问责主要表现为高等教育质量保障署（Quality Assurance Agency for Higher Education，QAA）的院校审核。英国 QAA 的院校审核、THE 和 QS 的大学排行以及大学生满意度调查、雇主评价中有不少成功的经验值得我国学习和借鉴。

一、英国大学社会评价概况

（一）大学评议

随着高等教育经费来源的多元化，来自学生的学费收入以及工商业界的收入在大学总收入中所占的比例越来越高，市场力量对高等院校的问责力量也越来越大。市场问责的方式包括大学生满意度调查、雇主评价、教育捐赠人对高等教育的评价等。

首先，大学生满意度调查。与美国相比，英国的大学生满意度调查出现较晚。英国最早的大学生满意度调查于 1999 年在英国利默里克大学首次开展,起初这种调查仅限于一所大学之中，2005 年后，由英格兰高等教育基金委员会负责组织，全国大学生满意度调查开始展开，整个调查过程及报告撰写由英国 Ipsos MORI 公司负责具体实施①，此后，每年进行一次大型调查。

其次，雇主评价。英国是世界上较早开展雇主评价的国家，英国最早的雇主评价于 1994 年由 High Fliers Research 组织开展,每年一次,延续至今。High Fliers Research 是一家专门研究大学毕业生就业市场的机构，在英国具有较高的权威性。②随着雇主评价逐渐受到高校和社会的重视，它也发展成为大学排行的重要指标。2005 年，THE“世界大学排名”中新增加“雇主评价”一项，根据笔者计算，该项占总权重的 10%。

最后，教育捐赠人对高等教育的评价。教育捐赠是英国文化的传统，也是影响和推动英国高等教育发展的重要力量。英国高等教育捐赠的主体包括个人、企业及慈善基金会与信托机构等。随着英国政府在大学拨款与评估方面大量引入市场机制，强化政府对大学资金使用的限制，教育捐赠对大学的教学、科研和人才培养的影响也越来越大，成为英国高等教育政策中的一项重要内容。

（二）大学排行

在英国，大学排行发挥较大作用，成为市场问责的表现形式之一。目前，英国比较有影响力的民间排行榜有梅菲尔德大学顾问公司发布的“英国大学指南大全”（The Complete University Guide）、《卫报》制作的大学排行榜、THE 大学排行榜、《星期日泰晤士报》（The Sunday Times）制作的大学排行榜等，其中最具国际影响力的当属 THE“世界大学排名”。

THE“世界大学排名”的前身是《泰晤士报高等教育增刊》大学排行榜，最早于 1986 年推出，当时公布的是英国高等学校分学科排行。1992 年正式开始对英国大学进行综合排行，之后每年都公布“英国大学排行榜”。由于参数设计相对合理、数据来源可靠，此排行榜具有较高知名度和可信度。2004 年，《泰晤士报高等教育增刊》成为独立的刊物，更名为《泰晤士高等教育》，并与国际高等教育资讯机构 QS 联合推出了“世界大学排名”。自开展排行以来，泰晤士报排

① 杨晓明，金龙，张艳. 英国大学生满意度调查及其启示[J]. 北京科技大学学报（社会科学版），2008（1）：145-148.

② 英国毕业生职业调查[EB/OL]. https://www.highfliers.co.uk/. [2019-08-11].

行榜评价指标均包含 8 个参数：学生满意度、科研水平评估、学生入学成绩、毕业前景、荣誉学位获得比例、学业完成率、生师比、教学设施和服务费用支出。2018 年，THE 公布了 2019 年“英国大学排行榜”，评价指标由原先的 8 个增加到 9 个，包括学生满意度、教学质量及办学经验、科研水平、入学标准、毕业生就业前景、生师比、基础设施投资、毕业率、获得第一学位或更高的第二学位的学生比例。[①]当前，泰晤士报排行榜已经成为英国政府、公众以及社会各界评价英国高等院校质量的重要依据，对高等院校提高教育质量发挥了促进作用。

此外，2004 年，英国 THE 和国际高等教育资讯机构 QS 公司合作，推出了“THE-QS 世界大学排行”。2010 年，THE 与 QS“分手”，开始与汤森路透合作,对世界大学排行规则和方法进行修订,主要考察研究型大学的核心使命——教学、研究、知识转化和国际化程度的完成情况等，现行的指标体系仍沿用 2011—2012 年排名的指标体系，主要包括 5 个一级指标和 13 个二级指标（表 8-2）。[②]

表 8-2　THE“世界大学排名”评价指标体系及权重（2020 年）

一级指标	二级指标	权重
教学（30%）	生师比	4.5%
	博士硕士学位授予比	2.25%
	博士生师比	6%
	声誉调查（教学相关）	15%
	师均收入	2.25%
研究（30%）	师均学术论文	6%
	师均研究收入	6%
	声誉调查（研究相关）	18%
论文引用（30%）	论文被引次数	30%
产业收入（2.5%）	师均产业收入	2.5%
国际化程度（7.5%）	国际国内教师比	2.5%
	国际合作论文比	2.5%
	国际国内学生比	2.5%

① 《泰晤士高等教育》英国大学排行榜排名方法与指标[EB/OL]. https://www.timeshighereducation.com/student/best-universities/best-universities-uk. [2019-08-21].

② THE World University Rankings 2020: Methodology[EB/OL]. https://www.timeshighereducation.com/world-university-rankings/world-university-rankings-2020-methodology. [2019-10-21].

英国另一个重要的大学排行是 QS“世界大学排名”。QS 是一家专注于提供高校教育和毕业生招聘信息的国际高等教育咨询机构，为全球的本科生、研究生、工商管理硕士（master of business administration，MBA）和在职学生提供与用人公司和学校之间的信息交流。QS“世界大学排名”始于 2004 年，在指标的设置上，该排行榜设立学术领域的同行评议、雇主声誉、师生比例、国际教师比例、国际学生比例、单位教职论文引用数 6 个指标。其中，学术领域的同行评议（学术声誉）占 40%，成为该排行榜的主要特色，另外，重视师生的国际化程度也是该排行榜的重要特点，国际教师比例和国际学生比例两项相加占 10%（表 8-3）。[①]

表 8-3　QS“世界大学排名”评价指标体系及权重（2020 年）

指标	权重
学术声誉	40%
雇主声誉	10%
师生比例	20%
教职论文引用率	20%
国际教师比例	5%
国际学生比例	5%

（三）大学认证

英国高等教育具有非常完善的外部评价和质量保障体系，英国的大学认证主要表现为院校审核模式。院校审核是一种类似财经系统的财务审核方式，它不鉴定审核对象本身的学术水平，而主要通过对其内部质量保障机制的考察和评议，进而实现质量保障的目的。

20 世纪 90 年代初，英国有两套并行的高等教育质量保障体系：一套是高等教育质量委员会主导的院校层次的学术质量审计；另一套是高等教育基金委员会附属机构——教学质量保障委员会主导的学科层次的教学质量评估。这两套高等教育质量保障体系在主体、目标、层次、标准、程序上各不相同，由此引发了一系列问题，如背离了英国大学的自治精神、花费巨大、公信力不足、评估结果难得到有效利用、高校负担沉重等，受到公众的批评和指责。在此背景下，政府、

① QS 世界大学排名 2020 排名方法[EB/OL]. https://www.qschina.cn/qs-world-university-rankings/methodology. [2019-10-22].

高校、拨款机构意识到有必要建立统一的高等教育质量保障体系。

1997 年，由大学校长委员会和高等教育基金委员会合作成立新的高等教育质量保障机构——QAA，负责全英国高等教育机构教学工作方面的评估，同时也负责对海外院校进行院校评估。QAA 成立之初是为了融合原先的院校层次的质量审计和学科层次的评估，从而建立起统一的英国高校学术标准和质量标准。2003 年以前，QAA 的评估主要集中于科目的审查。2003 年，QAA 终止了院校层次的质量审计，代之以院校审核为主要形式的外部质量保障模式。与以前的院校质量评估不同，院校审核不再直接评估高校的学术质量和水平，而是强调高等教育质量保障是高校自身的责任，高校自身必须建立完善的内部质量保障体系，这是院校审核考察的重点。2002—2005 年为 QAA 院校审核的过渡期，审核对象包括英格兰和北爱尔兰所有高等院校；2005—2011 年进入稳定期，审核对象不变，周期为六年一次。

QAA 院校审核的宗旨和目标包括：确保院校具有完善的内部质量保障体系，保障英国高等教育学位发放和资格认证的学术标准；确保院校能够向学生和其他利益相关者提供适合的学习机会和有效的学习方法，从而保障其能获得相应的高等教育学位；确保院校具备对各项学科的学术标准进行管理的有效方法。QAA 的院校审核包括外部参照点和内部关注点。[①]外部参照点主要包括高等教育资质框架（各层次学历和学位的学术标准和质量准则）、学科基准陈述（每类学科各层次学位和学历教育的基本学术和质量标准）、行为准则（学校的质量管理和运作的工作原则和行为指南）等。内部关注点在不同时期有所区别，表 8-4 所呈现的就是 QAA 在 2002—2005 年和 2005—2011 年两个时段的重点关注内容。[②]QAA 院校审核大致可分为四个阶段：第一阶段为准备阶段，包括遴选审核小组、召开审核会议等；第二阶段为审核阶段，包括简单调查、审核调查、学科审核调查和总体调查等；第三阶段为公布结果阶段，审核专家依据审核使用的参照标准和实际考察的结果公布审核报告，报告结果分为“充满信心”“信心不足”“没有信心”；第四阶段为后续考察阶段，在审核结束后的第三年会对学校进行短期检查，考察学校学术标准和质量管理的改进情况，并就以后三年的质量保障工作进行指导。

---

① QAA. Handbook for Institutional Audit: England and Northern Ireland, Quality Assurance Agency in Higher Education[M]. Mansfield: Linney Direct, 2009.

② 高等教育质量保障署 2002 年和 2006 年院校审核手册[EB/OL]. http://www.qaa.ac.uk/reviews/institutional Audit/default.asp. [2019-09-23].

表 8-4　QAA 院校审核主要关注内容

2002—2005 年院校审核主要关注内容	2005—2011 年院校审核主要关注内容
内部质量保证（特别是学科/课程层面）的评价及其结果	学术标准的管理机制
外部制定参照系（包括行为守则、高等教育资格框架和学科基准陈述）的运用情况	学习机会的管理机制
有关课程质量和学术标准的公开信息	公开发布的院校信息
内部的信息管理制度及其对质量和标准进行有效监督的贡献	质量提升的制度举措
课程标准的制定、使用和公布情况	联合办学的机制安排
预期的学术标准和学生实际达到的学术标准	学术型研究生的机制安排
学生的经历	
教育工作者的质量保证，包括指定的标准和教学效力的评价、改进及奖励的方法	

二、英国大学社会评价的经验

（一）大学评议的经验

英国非常重视以大学生满意度、校友满意度、雇主评价、教育捐赠人评价为代表的市场问责，这种教育问责得到了政府的大力支持，评价指标全面，评价理论成熟，评价公信力较高。

第一，政府的大力支持。重视学生需求，满足学生需要，通过学校与学生间的互动来提升教育品质，是英国大学的追求。尤其是在高等教育生源竞争日趋激烈的当下，学生和校友对大学提供的各类服务的满意程度如何，在某种程度上决定着大学生源的数量和质量。在英国，大学生满意度调查作为“顾客”反馈的有效方法，很早就开始使用。当前，英国的大学生满意度调查工作由英国高等教育拨款委员会组织，全英学生联合会配合，调查过程及报告撰写由英国 Ipsos MORI 公司具体实施，因此，可以说是政府力量在主导英国大规模的大学生满意度调查。随着利益相关者对高等教育质量的关注，雇主评价逐渐成为市场问责的重要组成部分，得到英国政府的大力支持。英国政府鼓励社会向高等教育实施捐赠，并通过税收激励政策和匹配资助计划等来吸引社会力量参与捐资助学。

第二，评价指标全面。英国是高等教育市场化程度较高的国家之一，大学评议的标准主要基于市场消费者理论建构，指标涉及面很广，涵盖被调查对象的方方面面。以大学生满意度调查为例，英国全国大学生满意度调查所使用的《大学生满意度量表》由英国高等教育学会与 Ipsos MORI 共同设计，共 23 个项目，内容广泛涵盖课程教学、评估与反馈、学术支持、组织和管理、学习资源、个人发展、整体满意度 7 个指标。各高校自己使用的调查量表没有统一固定的版本，针对高校自身的情况自主设置，一般包括大学生在校学习和生活的各个方面。在英国，雇主评价的问卷也十分全面，内容覆盖道德观念、沟通与语言表达的能力、写作技巧、定量分析的能力、团队协作的能力、适应能力、社会责任感、自觉性、跨文化交流的能力、批判性思维、自我定位、全球化视野等方面。①

第三，评价理论成熟。英国大学评议的快速发展得益于成熟的评价理论的指导。以大学生满意度调查为例，虽然英国的大学生满意度调查开始的时间要晚于美国，但在政府的大力支持和成熟评价理论的支撑下，其发展十分迅速。英国的大学生满意度调查理念先进，目的明确，主要以大学面向现实、全面提高教育服务质量的自觉管理行为为目的。通过调查，大学决策者可以看到学生对学校各个方面的满意程度，也可以找到学校亟须解决的关键问题，以提高市场竞争力。英国大学生满意度调查内容十分全面，涵盖大学学习生活的方方面面。

第四，评价公信力较高。评价对象的广泛性、评价内容的全面性、评价过程的规范性为评价结果的公信力奠定了基础。例如，每年 8 月，英国开放大学网站将会公布最新一期的大学生满意度调查结果,这个结果已成为高等教育管理部门、高等教育机构以及学生及其家长了解高校服务水平和办学质量的重要依据。大学生满意度调查为新生在选择学校时提供了重要信息，也是对学校及学院满足学生需要的一种敦促。英国的雇主评价同样具有较高的公信力。英国的雇主评价由专门从事毕业生就业调查的公司开展，且雇主评价和大学排行相联系，评价的结果与学校的排行密切相关，不仅是大学生选择专业的重要参考，也成为政府对高校拨款和问责的依据之一。

（二）大学排行经验

英国是世界上较早开展大学排行的国家之一，大学排行榜种类众多，既有国内的大学排行榜，又有世界大学排行榜，其大学排行榜在世界范围内有广泛影响。

第一，以服务高等教育消费者为排行理念。从排行目的来看，英国国内的大学排行榜从不同角度为学生及其家长提供详细的信息，不仅有综合性的大学排行和单科性的大学排行，还有一些联盟和组织内的排行，力图通过多样化的形式为

---

① 高耀丽. 美英高等教育问责制度比较分析及启示[J]. 现代教育管理，2010（9）：105-108.

公众提供尽可能详细的大学信息。此外，英国的大学排行榜也会向公众介绍每项指标的信息来源和评估方法，这种公开、透明的方式极大地便利了民众了解大学排行榜的侧重点，进而做出理性的选择。英国的大学排行榜以服务公众为排行理念，且指标全面、数据可靠，因而受到英国公众的欢迎，特别是 THE 的“英国大学排行榜”已经成为英国政府、公众以及社会各界评价英国高等院校质量的重要依据，对各高等院校提高教育质量发挥了重要的促进作用。

第二，重视人才培养。英国的大学排行榜特别重视高校人才培养过程和质量的评价，THE“英国大学排行榜”的 9 个一级评价指标中有 7 个指标直接涉及学生，分别是学生满意度、教学质量及办学经验、入学标准、毕业生就业前景、师生比例、毕业率、获得第一学位或更高的第二学位的学生比例。QS“世界大学排名”的 6 个一级指标中有 5 个指标直接涉及学生，分别是学术声誉、雇主声誉、生师比、国际教师比例、国际学生比例，权重总和超过 60%。英国“完全大学指南排行榜”的 10 个一级指标中有 8 个指标是指向学生的，分别是入学标准、学生满意度、毕业前景、生师比、学术服务开支、基础设施开支、优秀生比率和毕业率。高校最基本的使命是培养人才，英国的大学排行榜指标体系中给予人才培养和教学非常高的权重，表明了其对人才培养工作的重视，这种以学生为中心的理念备受民众欢迎。

第三，突出学校的办学效益。英国的大学排行榜非常重视学校的办学效益，指标设计基本涵盖了教育投入与教育产出，且以教育产出为主。例如，THE“世界大学排名”指标体系涵盖教学投入、教学环境、教学质量、学术声誉、科研实力、毕业生质量及国际化等诸多方面，教育投入指标和教育产出指标相结合，以及从入学标准到毕业去向的跟踪式评价，可以反映出大学的办学质量和办学效益。QS“世界大学排名”侧重主观性指标，学术声誉占 40%，雇主声誉占 10%。这两种声誉调查就是侧重于教育产出，从同行内部人员和雇主的角度获得关于大学学术实力和毕业生质量的评价，从而综合评价一所大学的办学质量。

第四，数据来源多样、可靠。英国的大学排行榜的数据来源主要有三条渠道：一是官方性质的高等教育统计局；二是高等教育基金委员会组织专家开展的“英国科研卓越框架”，这是英国的大学排行榜科研质量指标评价的数据来源；三是高等教育基金委员会委托第三方调查公司组织的“全国学生调查”，这是学生满意度指标的数据来源。除此之外，每个大学排行榜还有自己独特的数据来源渠道。例如，THE 和汤森路透合作，收集了世界各大洲的相关数据，对众多权威专家和学者进行了调查。QS“世界大学排名”是在收集了超过 7 万名学者和超过 4 万名雇主的答复后得出的调查结果，成为世界同类调查中规模最大的调查。[①]英国的大学排行榜数据来源途径的稳定性、多样性以及民间性等特征，使其排行结果更加客观和可靠。

（三）大学认证的经验

在英国专业机构的外部评价中，QAA 的院校审核最具代表性，在英国高等教育质量保障中发挥着举足轻重的作用。QAA 的院校审核体现了问责与改进的平衡，充分尊重大学的办学自主权，注重高校的内部质量保障，将评估结果与大学经费挂钩，促使大学不断提高办学质量。

第一，高度独立的审核机构。虽然英国的院校审核模式是一种政府指导下的质量评估模式，QAA 是在政府推动下成立的，但政府在对 QAA 的管理上奉行“支持而不控制”的原则，QAA 保持着高度的独立性和中介性，主要体现在三个方面：首先，经费来源多元。QAA 是一个接受高等教育基金委员会契约委托与院校费用资助的独立法人机构，机构经费来源渠道多元，主要包括高等教育机构拨款、院校的会费、银行利息以及其他收入。其次，人事管理自主。QAA 实施董事会管理制，董事会由 15 人组成，包括高等教育机构 4 人、高等教育基金委员会 4 人、工商界或其他专业领域的独立人士 6 人和学生代表 1 人，没有政府人员。[②]最后，业务运行独立。QAA 依据高等教育机构自评和审核小组审查，独立公布 QAA 审核报告，不需要政府授权。

第二，体现问责与改进的平衡。QAA 成立的宗旨就是加强院校对学术标准和有效管理的责任，确保院校建立完善的内部质量保障体系，并将外部的质量要求转化为院校内部的自觉行为。QAA 成立之初非常重视学校的绩效表现，普遍开展大范围、强制性和周期性的外部评价，并依据评估结果中的“成绩”和“效能”表现建立拨款机制，以此来监控高校的办学质量和水平，体现出较强的问责功能。然而，问责并不是审核的核心目的，质量改进才是审核的核心目的，无论是内部质量保障还是外部质量保障，其根本目的都在于促进学校提升办学水平、改进教育教学质量。基于此，QAA 新一轮院校审核非常重视“追求质量持续改善”的目的，强调审核评估要调动高校在质量审核中的能动性，激发高校内部质量保障的积极性，并通过建立 QAA 与审核院校之间的协作关系，帮助院校提高高等教育质量，力图实现问责与改进间的平衡。

---

① 杨波. 2015 年“QS 世界大学学科排名”发布[J]. 陕西教育（高教），2015（6）：26.

② 李晶. 英、澳两国高等教育审核制度：概况、特征与启示[J]. 高教探索，2018（7）：82-88.

第三，审核人员多元化、专业化。英国高等教育保障中十分注重吸引学生及其家长、校友、教育捐赠人、社会用人单位等高等教育利益相关者的参与。QAA的人员构成主要来源于四个方面：高等教育机构、高等教育基金委员会、工商界或其他专业领域以及学生代表。QAA明确规定，董事会成员必须有1名学生代表，吸纳学生参与机构的日常运行以及审核评估的决策。这种人员构成的非政府性和多元化，体现了各方利益的均衡，保证了机构运转和管理的公正性与合理性。英国对审核人员的选拔与培训十分重视。QAA的审核人员由各机构推荐，但QAA首先会公布审核人员的选择标准，该标准非常重视教学、管理经验以及丰富的专业知识，以此来保证审核的专业性和可靠性。各机构推荐的人员经考察合格后还必须参加QAA组织的培训，培训方式包括会议培训、模拟训练、审核测试等。QAA通过严格的培训，使审核人员明确自己的角色，全面认识和掌握审核目标、审核准则、审核流程，从而履行好审核责任，完成审核任务。

第四，注重内部质量保障。独立自治是英国高等教育机构的传统特征。QAA院校审核的重要特点之一就是把对学术标准和教学质量的管理责任交还给高校，充分发挥高校内部质量保障体系的作用，这不仅有利于调动大学的积极性，也减轻了大学接受审核的负担。QAA主张质量管理应是一个提升的过程，而不是一次性的审核过程。QAA成立之初就将审核的重点放在院校是否有健全的质量保障体系以及该体系能否正常运行上，将具体的质量保障工作主要交由学校自己负责。QAA坚信，“成功的高等教育评估模式，往往是高校自我觉醒和外部推动的有机结合”[①]。QAA作为外部质量保障机构，必须重视高校在评估中的主体地位，尊重高校的自我判断和创造精神，积极引导高校主动、自觉地承担起办学质量和水平提升的主体责任，只有这样，才能实现内部质量保障与外部质量保障的有机结合，共同保障高等教育质量。

三、对我国的启示

英国的大学社会评价发展成熟，颇具特色，尤其是英国半官方性质的QAA开展的院校审核与我国的本科教学审核评估具有某些相似特征，英国的成功经验能够给我国一定的启示。

第一，增强绩效问责，将评估结果与大学经费拨款挂钩。在市场竞争日趋激

① 徐蕾，常波. 高等教育评估的价值转向、模式变革与效用优化——基于美、英、荷、法等国的经验[J]. 现代教育管理，2016（12）：29-34.

烈、高等教育迈入普及化时代的大背景下，强调绩效问责是国际高等教育质量保障的一大趋势，建立政府与高等院校的“成绩”和“效能”相关的拨款机制是强调绩效问责的重要形式。英国高等院校的办学经费大部分由政府资助。政府对高校拨款时会参照 QAA 的质量审核结果，根据 QAA 的审核报告，选择拨款对象和比例。QAA 的审核不仅会影响到大学的声誉、招生，更会影响到大学的拨款经费，与大学的生存和发展直接相关。因此，各大学都非常重视 QAA 的质量审核，并推进大学积极改善内部质量保障体系，提高人才培养质量。我国高等院校以公立性质为主，办学经费也主要来源于政府拨款，但我国还没有建立起与绩效相关的高校拨款机制，也无法通过关键绩效指标的考核和资金引导实现对高等教育人才培养质量的评估和监控，导致我国高校的危机意识普遍不强。“反正经费来源于财政拨款，办好办不好，钱不会少”，这种思想严重阻碍了高校办学质量和水平的提升。因此，借鉴英国高等教育质量保障中将院校审核的结果直接与大学拨款经费相联系的拨款机制，唤起高校的忧患意识，促使高校重视自我保障机制的建设，不失为一种可考虑的选择。

第二，尊重大学办学自主权，注重高校内部质量保障体系的构建。英国有着浓厚的大学自治传统，QAA 审核的目的也在于鼓励高校建立和完善内部质量保障机制，将外部的质量要求转化为高校内部的自觉行动。然而，当前我国的高等教育评估仍然由政府主导，新一轮的审核评估也主要由教育部高等教育教学评估中心组织实施。教育部高等教育教学评估中心是隶属于教育部的行政事业单位，经费、人事、业务等方面的独立性不强，政府在整个评估过程中处于绝对的领导地位，作为被评估对象的高校则处于从属地位。这在客观上可能会造成高校一味地迎合政府的评估需要而缺乏自我质量管理的主动意识，高校自身的质量责任不明确、质量意识不强，不少高校的内部质量保障体系建设常常是迫于外部压力的临时行为选择，评估一结束，一切又复归原样。党的十八大报告明确提出了“推动高等教育内涵式发展”的战略目标，要推动高等教育内涵式发展，政府要进一步简政放权，扩大省级政府教育统筹权和学校办学自主权，尊重高校在内部教育质量保障中的自主权。同时，进一步明确高校自身的责任意识，强化高校质量自治，推进高校提升自我评估、自我完善、自我发展的能力，促进高校建立完善的内部质量保障机制。

第三，关注学生诉求，重视学生体验。学生作为高等教育质量的最重要利益相关者，学生的关注点、学习体验、学习成效是当前许多国家与地区高等教育质量评估中的重点考察项目。英国的大学社会评价十分重视学生的诉求，重视学生的需要和体验。英国的大学生满意度调查十分普及，是大学排行的重要内容，在审核评估中也受到特别重视。QAA 明确规定，董事会成员必须有 1 名学生代表，便于学生参与机构的运行以及审核评估的决策。2018 年，QAA 发布的《英国高等教育质量规范修订版》也明确提出“以学生为中心”，特别强调将保护公众和学生利益作为高等教育质量保障的重点。[①]与英国相比，我国的高等教育评估较少关注学生的满意度、学习体验、学习成效，而更多地关注科研产出、资源配置和师资水平等，学生在整个高等教育评估中处于缺位状态，他们没有发言权、参与权、建议权，更别提决策权了。我国的大学生满意度调查还远没有成为一种常态化的管理手段。借鉴英国“以学生为中心”的评价理念，我们应高度重视学生的学习体验、学生发展、学习成效，关注学生诉求，提升学生在质量评估中的参与度。

第四，充分发挥社会力量在高等教育质量保障中的作用。社会公众广泛参与到高等教育质量保障中是英国高等教育的一个特色。大学生满意度调查受到普遍重视，雇主评价和声誉调查开展广泛，成为大学排行的重要指标，社会力量积极参与院校审核，QAA 的董事会成员主要由高等教育机构、高等教育基金委员会、工商界或其他专业领域以及学生代表构成。这种高等教育利益相关者、专业机构、社会中介组织、企业单位等社会力量共同参与的高等教育评估，已成为提高评估专业性、科学性、客观性和公信力的有效途径。然而，我国的高等教育认证评估机构大多数隶属于政府部门，标准制定主要体现了政府的意志，高等教育其他利益相关者的需求常常容易被忽略。英国的经验给我们以启示，我们需要完善高等教育治理的社会参与机制，充分调动社会力量在高等教育质量保障中的作用，形成共同参与、责任分担、边界明确、合作推进的治理体系和评价体系。

第三节　日本大学社会评价的经验及启示

进入 21 世纪以来，日本政府对高等教育界进行了一系列有益探索和改革，促使日本高等教育由自我评估向第三者评估转变，最终形成了以自我评估为基础、以第三者评估为主体的多元化评估体系，有效保障了日本大学的办学质量。目前，

① UKSCQA. Review of the UK Quality Code for HE[EB/OL]. https://ukscqa.org.uk/what-we-do/consultation-on-the-uk-quality/. [2019-12-10].

日本大学社会评价最显著的特点是形成了政府和民间相结合的、完整的第三者评价制度，这对于建立健全我国大学社会评价体系、实现高等教育内涵式发展具有重要的借鉴意义。

一、日本大学第三者评价制度的发展及现状

（一）发展沿革

日本高等教育多元评价体系的形成经历了一个长期的发展过程。第二次世界大战以后，日本经济迅速腾飞，为了提供大批优质的劳动力资源，日本私立高校迅速扩张。20 世纪 60 年代，日本高等教育进入大众化阶段，高等教育规模和质量之间的矛盾日益凸显，为此，日本政府加强了对高等教育的监控和评估。20 世纪 90 年代，文部科学省修订了《大学设置基准》，大学自此进入了实施自我检查、自我评估，建立自我评估制度的“评估时代”。2002 年，《关于构筑大学质量保证的新体系》规定，所有大学有义务接受由文部科学省认证的评估机构进行的第三方评估，至此，日本大学第三者评价制度正式确立。具体来说，日本大学第三者评价制度的形成经历了以下三个阶段。

1. 酝酿阶段（第二次世界大战结束至 1991 年）

日本大学的评价制度始于第二次世界大战后。第二次世界大战后，日本政府颁布了《学校教育法》《教育基本法》，对高等教育体制进行了改革，改革中最引人注目的便是对第二次世界大战前的高等教育机构进行合并重组，形成了新制大学。在新制大学建立后，受到美国评价制度的影响，日本建立了自主型认证评价制度，即由大学自己组织成立大学基准协会。大学基准协会通过一定的标准对大学进行评价，来决定大学是否有资格成为协会成员，因此，大学的教育教学质量在一定程度上得到了保障。1986 年，《关于教育改革的第二次答申》提出，为了促进高等教育的发展，应设置多种类型和具有特色的高等教育机构。[①]为了建立更科学、更完善的大学评价制度，日本政府提出，大学应同时开展自我评价和外部评价。1991 年 6 月修订的《大学设置基准》中明确规定，所有大学必须定期开展自我评价，自我评价以法律形式被纳入整个大学的评价体系中。自此，日本大学进入自我评价和外部评价相结合的时代。大学基准协会作为独立的第三者评

① 臨時教育審議会. 教育改革に関する第二次答申. 1986[EB/OL]. http://www.mext.go.jp/b_menu/hakusho/html/others/detail/1318297.htm. [2020-04-23].

价机构，承担了当时日本大学主要的外部评价。同时，日本大学评价制度的变化，促使作为外部评价机构的大学基准协会也相应地对自身进行了改革。

2. 启动阶段（1991—2002 年）

20 世纪 90 年代后期，随着世界各国进行的大学评价改革，日本政府意识到，只有引入新的大学评价方式，才能在世界高等教育竞争中占有优势，便一改之前的以自我评价制度为核心的大学评价方式，引入第三者评价制度。1998 年 10 月，《21 世纪的大学与今后的改革方针——竞争环境中个性闪耀的大学（答申）》[①]提出，要进一步推进高等教育改革，构建新的高等教育体系，建立多元评价体系，在加强大学自我评价的基础上，通过引入第三者评价体系来发挥大学的个性，改善教育研究的内容和方法。同时，大学作为社会实体，负有向社会公示其活动情况的责任，设立专门的第三者评价机构对于促进大学信息的提供和收集、实现高度透明且有效的评价具有十分重要的意义。文部科学省随即于 1999 年成立了大学评价机构准备委员会，对设立第三者评价机构的多项细则进行了商讨和决议，最终形成的报告成为日后引入第三者评价制度的基础性文件。

2002 年 8 月，《大学质量保障新系统的构建》报告提出，随着社会、经济等各方面发展的全球化，各国之间相互依存、相互合作的趋势愈加明显，竞争也变得愈发激烈。在这种情势下，各国均开始充实和完善各自的教育建设，通过教育水平的提升来增强国际竞争力。其中，很多国家都将大学评价作为改革的主题。考虑到大学的独立性和自主性，建立一种政府干预度低的评价制度是十分必要的。2002 年 11 月，关于引入第三者评价的相关问题在《学校教育法修正案》中得到探讨并通过决议。根据 2003 年 3 月新修订的《学校教育法》，所有类型的大学（国立、公立、私立）必须定期接受经文部科学省认证的评价机构的评价，标志着日本大学第三者评价制度的正式形成。可见，在日本第三者评价制度的形成过程中，政府发挥了重要作用。一方面，政府逐步放宽了对大学建立之初的事前管控以及事后审查的质量保证政策；另一方面，政府推出了大学评估和认证（certified evaluation and accreditation）体系，规定所有高等院校必须接受由文部科学省所认证机构的评估。在政府的强力干预和作为下，日本第三者评价制度迅速建立起来。

3. 深化阶段（2002 年至今）

私立大学是日本高等教育的重要组成部分，由于无法得到足够的财政资源支撑，很多学校都面临着办学困难的局面。相比之下，国立大学及公立大学占比小，

① 21 世紀の大学像と今後の改革方策について—競争的環境の中で個性が輝く大学—（答申）[EB/OL]. http://www.mext.go.jp/b_menu/shingi/old_chukyo/old_daigaku_index/toushin/1315932.htm. [2020-05-23].

却可以得到来自国家充足的财政支持。因此，日本社会逐渐意识到政府在对私立大学与国立大学、公立大学的教育资源分配方面存在严重的不均衡现象，并对高等教育的公平性产生怀疑。此外，政府每年投入大量教育资源和财政资源来建设的国立大学并没有提供符合公众期待的高水平教育，加重了社会对教育公平的质疑。公众要求国立大学做出改革，改善教育投入严重失衡的现象，履行必要的社会责任。

由于上述原因，政府不得不引进新的评价制度来改善整个大学评价现状。文部科学省试图建立由专门的大学评价机构来对大学进行评价，通过形成统一的评价标准，将评价结果向社会公众公示来达到相对公平的目的。国立大学作为日本大学的重点建设大学，为了提高其在新时期的竞争力和办学自主性，日本政府决定对国立大学进行改革，于 2003 年颁布了《国立大学法人法》，并于 2004 年 4 月正式实施。与此同时，大学评价与学位授予机构成为独立的行政法人。至此，日本大学第三者评价制度不仅包括经过文部科学省认证的评价机构面向所有大学、大学法人实施的认证评价，也包括只针对国立大学法人实施的国立大学法人评价，这标志着日本第三者评价制度进入多元化发展的新阶段。

（二）现状分析

新时期的日本大学第三者评价制度主要表现为经过文部科学省认证的评价机构面向所有大学实施的认证评价。认证评价是为了保证日本高等教育办学质量和水平，由通过政府认证的评估机构开展针对高校办学质量和水平的评估。根据日本《学校教育法》的规定，日本国立大学、公立大学和私立大学均有义务每七年接受一次来自经文部科学省认证的评价机构实施的第三者评价。其目的在于通过第三者评价机构对大学的评价，促使大学不断提高教育质量。

在评价主体方面，作为实施第三者评价的主体，评价机构在得到文部科学省的认证后才具备评价资格，评价机构需要按照相关法律的要求配备完善的评价体制。目前经过认证的评价机构有很多，但具有对四年制大学进行评价资格的只有三个，分别为公益财团法人的大学基准协会、独立行政法人的大学改革支援与学位授予机构，以及公益财团法人的日本高等教育评价机构。大学基准协会参照美国认证评价模式，于 1947 年成立，其目的在于通过成员的自愿努力和互助促进日本大学的质量提高。大学改革支援与学位授予机构是 2016 年 4 月由日本原大学评价与学位授予机构和原国立大学财务与经营中心统合而成的。该机构旨在提高教育研究质量和支援大学活动，向社会提供值得期待与信赖的高等教育。日本高等教育评价机构于2004年以日本私立大学协会为基础设立，其宗旨一直是站在私立大学的角度对大学评价体系的具体建立方式进行研究。

在评价标准方面，评价机构主要是针对大学的教育研究情况、组织运营以及设施设备等实施评价，日本法律规定，大学每七年必须接受一次评价。在文部科学省颁布的评价机构认证细则中规定，各机构的评价标准应以促进大学开展有特色的教育研究为依据，制定评价指标。三大评价机构的评价标准都是在总目标的指导下制定的，各有侧重，大学基准协会和大学改革支援与学位授予机构的评价重点是高校内部质量的保障，日本高等教育评价机构则针对具有不同特色的大学，设定符合其发展特色的评价标准和评价内容（表8-5）。

表8-5　日本三大机构认证评价基准

机构	大学基准协会	大学改革支援与学位授予机构	日本高等教育评价机构
评价基准	以《大学评价基准》为依据	以《大学评价基准》为依据	以《大学评价基准》为依据
	10个基准	6个领域	6个基准
具体的基准内容	基准1：理念目的	领域1：教育研究基本组织相关的标准	基准1：使命目的
	基准2：内部质量保障	领域2：内部质量保障相关的标准	基准2：学生
	基准3：教育研究组织	领域3：财务运营、管理运营及信息公开相关的标准	基准3：教育课程
	基准4：教育课程及学习成果	领域4：设施设备及学生支援相关的标准	基准4：教师、职员
	基准5：学生的准入	领域5：学生准入相关的标准	基准5：经营管理和财务
	基准6：教师及教师组织	领域6：教育课程及学习成果相关的标准	基准6：内部质量保障
	基准7：学生支援		
	基准8：教育研究环境		
	基准9：社会合作及社会贡献		
	基准10：大学运营及财务		

资料来源：「大学基準」及びその解説[EB/OL]. https://www.juaa.or.jp/images/aAccreditationpdf/handbook/.university/2017/shiryou_01.pdf. [2020-04-23]；大学機関別認証評価. 大学評価基準[EB/OL]. https://www.niad.ac.jp/media/006/201806/no6_1_1_daigakukijun31.pdf. [2020-04-12]；大学機関別認証評価. 実施大綱[EB/OL]. http://www.jihee.or.jp/achievement/college/pdf/jisshitaiko1704.pdf. [2020-04-17].

在评价程序方面，目前通过文部科学省认证的三大评价机构都依照相关规定制定了实施评价的基本过程，整个过程大致包括大学自我评价、评价机构评价和形成评价结果三个阶段。

首先，大学自我评价。评价机构对大学进行的第三者评价是以大学自我评价为前提的，提出评价申请的大学需要按照相应机构的评价标准进行自我评价，并形成自我评价报告书。例如，大学基准协会要求申请大学在 4 月底前向大学基准协会提交自我评价报告书和相关的数据资料，自我评价报告书必须以大学基准协会制定的评价指标为依据制定。自我评价报告书由序章、本章和终章三部分构成。序章是本章的导入部分，主要记述针对上次的评价结果，大学是如何进行改善的。本章是自我评价报告书的中心部分，主要记述大学目前的具体现状，包括现状说明、特色、问题点以及全体总结四个部分。终章包括自我评价报告书的总结部分和对未来的展望。①

其次，评价机构评价。在接受大学的评价申请后，评价机构将对大学实施评价，评价方法包括书面调查和实地考察两种。以大学基准协会为例，大学基准协会接收到大学提交的资料后，评价分科会在 5—9 月对大学进行书面评价，针对书面资料中出现的问题，大学可提交必要的追加资料。书面评价结束后，随即在 9—10 月进行实地考察，评价分科会的评价人员通过对包括大学校长、教师、学生以及职员在内的与大学有关的人进行访问调查，确认大学研究以及质量保障的实际状况，力图通过实地考察以保证评价的客观性和准确性。

最后，形成评价结果。以大学改革支援与学位授予机构为例，大学改革支援与学位授予机构通过书面评价和实地考察形成“大学评价（案）”。“大学评价（案）”包括对大学整体的判定以及对大学有效的内部质量保障情况的描述。大学改革支援与学位授予机构在 1 月将结果通知大学，大学可在 2 月提出异议和建议，经过评价委员会对大学异议的审议后，大学改革支援与学位授予机构于 3 月正式形成大学评价结果，并予以公示。自评价结束第二年后的 6 月，大学可向大学改革支援与学位授予机构提交改善报告书。

二、日本大学第三者评价制度的经验

日本大学第三者评价制度经过长期的发展与完善，在大学自我评价的基础上，成为一项具有其独特优点的评价制度，在日本高等教育质量保障中发挥着重要作

---

① 大学による対応[EB/OL]. https://www.juaa.or.jp/images/accreditation/pdf/handbook/university/2017/h_honbun_02.pdf. [2020-03-16].

用。具体来说，日本大学第三者评价制度的经验体现在以下四个方面。

第一，政府完善教育立法，实现制度法治化。日本大学第三者评价制度的实施是在一系列比较完备的法律体系的保障下进行的，从评价的实施者到被评价的对象，均有法律进行了明确的规定。多部法律一起为第三者评价制度提供了全面且强有力的制度保障。首先，《学校教育法》明确规定，所有大学必须接受第三者评价机构的认证评价，同时规定了认证机构必须在获得文部科学省的认可后才能获得评价资格。其次，《国立大学法人法》中也明确规定了国立大学作为独立法人，必须每七年接受一次国立大学法人评价。最后，《独立行政法人大学改革支援与学位授予机构法》规定，大学改革支援与学位授予机构受到国立大学法人评价委员会的委托，对国立大学在完成中期目标期间的教育研究状况进行评价，并将结果报告国立大学法人评价委员会和向社会公示。法律既规范了文部科学省设置评价机构的活动，又规范了评价机构的评价活动，同时提高了评价结果的可信度。完善的法律法规的保障，使得评价活动得以正常有序进行。

同时，日本政府在第三者评价制度中很好地实现了职能的转变，为第三者评价制度的实施创造了良好的环境，主要表现为对第三者评价机构拥有认证准入权，却不参与指导评价工作。这一做法既在一定程度上保证了评价活动的科学性，又保证了评价的独立性和客观性，有利于评价事业的健康有序发展。政府不直接插手大学的评价事业，只是通过对第三者评价机构的监督来规范大学的评价行为。此外，法律规定，评价机构需要将各大学的评价结果向文部科学省上报，这样一来，政府不亲自评价大学便可以得到大学办学的相关信息，实现对大学的间接管理。政府通过职能转变，既实现了对大学的有效管理，又使大学获得了较高的自主权，为第三者评价制度的实施创造了良好的环境。由此可见，政府的服务职能是第三者评价制度得以顺利开展的重要因素。

第二，大学积极配合，提供制度实施基础。日本大学在第三者评价制度中展现出足够的积极主动性。首先，日本所有类型的大学均需要接受来自第三者评价机构的评价。其次，第三者评价制度是在大学进行自我检查与评价的基础上，由第三者评价机构进行的外部评价，是内外部评价相结合的评价制度。内部评价通过大学自我评价及时反省自身存在的不足，同时积极主动地改进大学教育教学和研究质量。由于大学数量多，评价机构无法对每个大学的各个方面进行全面的调查与了解，大学的自我检查和评价可以在一定程度上减少第三者评价机构的工作量，相对简化评价程序，便于评价机构有重点地对大学进行评价。无论是针对公立大学和私立大学进行的认证评价，还是针对国立大学法人进行的国立大学法人评价，都是在大学自我评价的基础上进行的。各大学均设有专门的评价部门按时对自身办学情况进行检查和评价，因此，大学的积极参与是日本大学第三者评价制度实施的基础。

第三，评价机构专业，保证制度顺利实施。日本大学第三者评价机构具有高度的专业性。首先，评价组织具有专业性。日本的评价机构均设置了专门负责评价的部门，在接收到大学的评价申请后，还会成立针对不同大学评价的评价小组，在各机构依照各自的评价标准进行评价的过程中，大学可对评价结果提出异议，评价机构设有专门部门对异议进行审议与调查，由此防止不恰当的评价结果的出现。其次，评价人员具有专业性。机构的评价人员均是大学校长和专门从事研究或教育的人员，以及具有社会、经济、文化和其他领域学术经验的专家，不同领域的专家评价避免了在对大学进行评价时出现“一刀切”的现象，有效保障了评价的客观性和科学性。最后，评价方法具有专业性。为了使大学评价结果准确、客观，三大机构均采取了实地考察的评价方法。在实地考察过程中，机构不仅会对学校的教育教学设备及研究环境等硬性条件进行考察，也会对包括大学校长、教职工、在校学生，甚至包括已毕业的学生进行访问，综合考虑多方与大学有关人士的意见，最终形成对大学的评价。

第四，内外结合，多元评估。日本大学引入第三者评价的目的在于，期望大学在日趋激烈的竞争环境中发挥各自的特色，全面提高办学质量，办出个性鲜明、富有活力的现代大学。因此，第三者评价制度在实施过程中很重视发挥各大学的特色和长处。从评估主体上看，单一的自我评估可能由于本位主义思想或缺乏专业指导使评估结果在科学性、公正性方面有所欠缺，从而导致结果失去参考价值。以内部自我评估和外部第三者评估相结合的方式，则可弥补这一不足，第三者评估的导入可使评估机构从外部视角针对高校的整体情况提出专业、科学、公正的评估意见，还有利于推动高校积极开展内部治理。日本的大学第三者评估不仅是全方位的综合性评估，其指标体系也考虑到了不同类型高校的实际差异。

三、对我国的启示

中日两国一衣带水，比邻而居，在文化传统、教育体制等方面有许多相似之处，日本大学第三者评价制度建设的有益经验能够给予我国一定的借鉴和启示。

第一，转变政府职能，建设服务型政府。大学第三者评价一方面有效保障和提高了大学的教育教学质量和科学研究水平，另一方面向社会公开了大学的办学状况，在一定程度上缓解了公众与大学之间信息不对称的矛盾，也有利于政府的教育管理。我国《教育部关于深入推进教育管办评分离 促进政府职能转变的若干意见》中明确指出，新时期需要加大政府简政放权的力度，同时需要转变政府职能，为教育的管办评分离改革创造良好条件。尽管在我国大学评价制度尚不完善的当下，把大学评价的权利和责任完全交由社会评价组织并不现实，但转变政府的管理职能、建设服务型政府却是我国改革发展的基本大势，是我国高等教育质量保障的必然走向。政府应依法引导大学评价的有序进行，为大学评价制定相应的法律法规。日本大学评价的一系列改革离不开相关法律法规的保障，尤其是在20世纪90年代后期，日本大学引入第三者评价时，政府相继颁发了《学校教育法》《国立大学法人法》等一系列法律政策文件，保证了第三者评价制度的顺利进行。我国要尽快出台教育评价方面的法律法规，为社会中介组织主导高等教育评价创造外部环境，同时规范社会中介机构的评价活动，提高评价结果的可信度和公信力。

第二，尊重大学特色，注重分类评价。大学评价的落脚点在于保障和提高大学的教育教学质量和科学研究水平，需要制定科学合理的评价标准对大学进行评价。然而，不同类型的大学有各自不同的办学定位和办学理念，因此在评价标准的制定上不宜一概而论，在对大学进行评价时也应该充分考虑到不同学校的自身特色。日本目前存在国立、公立和私立三种不同类型的大学，各评价机构也针对不同性质的大学设定了各自的评价标准。大学改革支援与学位授予机构既对所有大学实施认证评价，又对国立大学法人实施法人评价，评价的侧重点各有不同。此外，各评价机构的评价大纲里都明确说明了，评价工作是在充分尊重大学的办学特色的基础上进行的。我国目前的大学评价存在单一质量标准的问题，对不同层次、不同类型的大学差异性的考虑不够，虽然这在一定程度上提高了评价实施的效率，但也阻碍了大学的特色发展和个性发展。例如，综合类大学、理工类大学、师范类大学的发展定位不同，理应用不同的标准来评价。此外，由于各大学的办学历史和文化底蕴等不同，在评价时除了应考虑硬性的科研成果外，也应综合考虑大学的软实力，如学校文化和社会声誉等。

第三，保证评价机构资质，提高评价的权威性和公信力。大学评价主要应该由独立于政府和大学的第三方评价机构来实施，但前提是实施大学评价的第三方机构具有评价的基本资质和专业水平。日本大学第三者评价制度由第三者评价机构来组织实施，政府不直接插手大学的评价事务，只是通过对第三者评价机构的监督来规范大学的评价行为。日本大学第三者评价具有高度的专业性，突出体现在评价组织、评价人员和评价方法的专业性等方面。目前，我国开展第三者评价的机构虽然有很多，但评价机构的正规性、客观性和公信力均有待提高，我国目前尚未对第三者评价机构的设立、评价的开展、评价结果的运用等做出具体的规定与约束，这不利于第三者评价活动的顺利开展。

第四，增强自评意识，建立大学自评体系。日本大学第三者评价的根本目的在于保障和提高大学的教育教学质量和科学研究水平，最终落脚点仍在大学自身。第三者评价的基础在于自我评价，大学对照自身的办学定位、办学理念和目标，对自身的行政组织、教育教学状况、科研状况、教职工状况、财务状况及人事制度等方面的内容进行自我检查和评价，及时发现自身存在的问题和不足之处，在提高自身的同时，也为外部的第三者评价提供必要的数据材料。日本大学自《大学设置基准》修订后便有了履行自我评价的义务，并需要将自我评价结果通过网络向社会公示。即便在第三者评价制度确立之后，大学自我评价也是整个评价中不可或缺的一环。我国《教育部关于深入推进教育管办评分离 促进政府职能转变的若干意见》中指出，大学应定期开展教学与科研、人才培养质量等监测评估，努力形成自主发展、特色发展、可持续发展的良性机制。但是目前，大学内部的这种良性机制还没有真正建立起来，通过自我检查和评价，发现自身存在的问题并加以改善，进而提升办学水平的评估文化也还没有形成，对于来自外部的合格评估和审核评估多是“被动迎评”的态度。因此，完善我国的大学评价制度，必须提高大学自评意识，建立大学自评体系，进而构建内外结合的高等教育质量保障体系。

第四节　中国台湾地区大学社会评价的经验及启示

中国台湾地区的高等教育保障从借鉴美国的“认可制”过渡到本土化的“品质保证制”，已经进入规范化、专业化的轨道。我国台湾地区的高等教育评鉴制度在保障高等教育质量、促进高等教育发展方面发挥了重要作用。借鉴我国台湾地区高等教育评鉴制度的先进经验，可以为我国大陆地区高等教育质量保障和大学社会评价体系建设提供有益的启示。

一、中国台湾地区高等教育评鉴制度的发展与现状

（一）发展沿革

中国台湾地区高等教育评鉴制度源自高等教育发展过程中对教育品质的持续关注，并在社会经济、人口结构、教育状况等因素的综合作用下形成、发展和成熟。依据各方评鉴主体在不同时期参与度的不同，可将中国台湾地区高等教育评鉴制度的产生、发展及完善划分为四个阶段。

1. 探索期：教育主管部门实施评鉴（1975—1990 年）

中国台湾地区较为正式的高等教育评鉴始于教育主管部门 1975 年的学门评鉴。在此后的 15 年里，外部西方绩效问责思潮的冲击和影响，以及内部高等教育机构快速成长的需求，要求加强对高等教育评鉴工作的重视。这一时期，中国台湾地区高等教育评鉴制度具有以下特征：第一，行政力量占据绝对控制权。1975—1990 年，中国台湾地区的高等教育评鉴由教育主管部门在内部需求与外部影响的作用下，通过直接组成评鉴小组负责具体的组织与实施，高等教育机构在评鉴中属于被动参与。第二，重在强调绩效责任。该时期高等教育评鉴的目的主要是为了解公私立大学各学系、研究所的教育水准及问题，作为辅导学校改进、奖助及核准学校各类申请案件和教育决策的依据，高等教育评鉴引入了“奖优汰劣”的市场竞争机制。第三，积极学习国外的先进经验。在高等教育评鉴过程中，通过国际学术研讨交流等形式有意识了解自身制度的缺失，并特别组建考察学习小组以学习先进国家的制度经验，《大学教育评鉴手册》的拟订可以被视为评鉴制度走上规范化的第一步。第四，重视系所自评。在中国台湾地区高等教育评鉴制度建设的初期，主要是建立了系所评鉴，包含“系所自评”“追踪评鉴”。也就是说，中国台湾地区高等教育评鉴制度在初创时期就具备了高校自我评鉴的雏形，只是该时期的自我评鉴和“追踪评鉴”尚未开始制度化的探索。

2. 推展期：教育主管部门直接主导评鉴（1991—2004 年）

为了更好地发挥评鉴的效能，中国台湾地区教育主管部门在 1991 年开始逐渐重视专业性社会学术团体的力量在评鉴工作中的渗入。1991—2004 年，中国台湾地区教育主管部门主导开展的评鉴主要包括委托专业学术团体办理学门评鉴和公私立大学校务发展计划访评。这一时期，中国台湾地区高等教育评鉴制度具有以下特点：第一，强化政策支持。中国台湾地区高等教育评鉴制度在建设初期，在行政力量的主导下，围绕高等教育发布了一系列相关规定，从而明确了评鉴的主

体及其权责。第二，专业学术评价团体出现。基于教育主管部门直接实施评鉴的弊病，该时期教育主管部门开始委托专业的学术评价团体来实施评鉴工作，这表明教育主管部门开始逐步释放对高等教育评鉴的绝对主导权和掌控权。第三，探索自我评鉴机制。2001 年，中国台湾地区教育主管部门发布《大学校院实施自我评鉴计划补助申请要点》，通函各大学提出自我评鉴计划申请，以提供申请经费补助，其目的在于鼓励公私立大学积极建立自我品质管制的机制。①

3. 成长期：教育主管部门间接主导评鉴（2005—2011 年）

中国台湾地区教育主管部门于 2005 年初组建了"大学评鉴指导委员会",2005 年 12 月，具备独立法人地位的评鉴中心正式挂牌。②评鉴中心的成立顺应了中国台湾地区高等教育评鉴制度成长成熟的需要，也是中国台湾地区高等教育评鉴制度形成的标志。这一时期，中国台湾地区高等教育评鉴制度的特征主要有以下三点：第一，专责评鉴机构正式成立。综观过去的所有评鉴，均由中国台湾地区教育主管部门组织评鉴委员会直接进行评鉴或委托相关学会、评鉴协会进行评鉴，尚无专责机构负责整体规划及执行工作，直到大学方面的相关规定赋予了相对独立的评鉴中心享有专责办理高等教育评鉴的权利。第二，自我评鉴机制逐步确立。2009—2010 年，中国台湾地区教育主管部门相继发布了《"教育主管部门"试办认定科技校院自我评鉴结果审查作业原则》等，希望大学明确自身定位与办学特色，建立良好的自我评鉴机制，依循适切的评鉴指标帮助学校持续改进与永续发展。第三，多元评鉴机制初现雏形。评鉴中心的成立代表着社会力量开始参与高等教育评鉴，为进一步扩大社会评鉴机构的参与度，中国台湾地区教育主管部门又于 2009 年发布了相关规定，明确了对各专业评鉴机构的认可细则，并在 2010—2011 年分别认可社团法人台湾评鉴协会等为专业评鉴机构。至此，中国台湾地区高等教育的多元评鉴机制初现雏形。

4. 成熟期：教育主管部门督导评鉴（2012 年至今）

中国台湾地区高等教育评鉴制度在 2012 年以后进入稳定发展的成熟期。评鉴中心虽然在高等教育评鉴中始终占据重要地位，但并不是唯一的社会专责评鉴机构，学校可以自由选择评鉴机构，逐渐消解了一元化的评鉴模式。③中国台湾地区教育主管部门不断地向外输出平衡权利结构的信号，评鉴中心在新的制度环境

① 吴青山. 高等教育评鉴议题研究[M]. 台北：高等教育出版社，2010：37.

② 杨莹. 中国高等教育评鉴制度[M]. 台北：财团法人高等教育评鉴中心基金会，2010：111.

③ 池俊吉. 台湾高等教育品质保证制度发展现况与趋势[M]. 台北：高等教育评鉴中心基金会，2015：287.

下不断探索新的角色定位，逐步成长为相对独立的专业性社会评鉴机构，高等教育机构的自我评鉴意识和能力也在这一时期进一步增强。这一时期，中国台湾地区高等教育评鉴制度具有以下特征：第一，专业评鉴机构更具独立性和多样性。评鉴中心在这一时期的高等教育评鉴中发挥了更积极、更主动的作用，中国台湾地区教育主管部门进一步完成角色转变，通过相关规定的发布，为高等教育机构自办外部评鉴或委托其他专业机构评鉴创造了良好的制度环境。第二，高等教育机构自我评鉴的制度环境进一步宽松。2012 年，中国台湾地区教育主管部门正式发布《“教育主管部门”试办认定大学校院自我评鉴结果审查作业原则》，再次放宽授权办理自我评鉴学校的资格，鼓励大学院校建立完善的自我评鉴机制。第三，强调高等教育评鉴的“发展改进”。新的《大学评鉴办法》宣布评鉴结果不再直接与教育经费相关联后，“发展改进”的目的得以进一步明确。对“发展改进”评鉴目的前所未有的重视继而上升为对高等教育品质的重视，并在评鉴制度的演进过程中逐渐走向制度化。

（二）现状分析

中国台湾地区高等教育评鉴制度的发展与完善得益于良好的制度环境，《顶尖大学计划》《奖励大学卓越计划》《高等教育深耕计划》等一系列有关高等教育的规定所营造的环境以及《大学评鉴办法》等一整套完整的措施，为中国台湾地区高等教育评鉴制度的成长与成熟创造了良好的外部条件。同时，台湾当局、社会专业评鉴机构及高校共同参与评鉴并不断寻求各方力量之间的动态平衡，绩效责任和“发展改进”在作为寻求这种平衡的手段的同时，也在逐步实现自身的平衡。完整的中国台湾地区高等教育评鉴制度包括校务评鉴与系所评鉴。本书主要以校务评鉴制度为例，分析中国台湾地区高等教育评鉴制度的现状并介绍其经验。

校务评鉴是对学校整体事务的评鉴，具体来讲，是以学校为主体，对学校发展计划的规划、执行与结果等各项事务以系统化的方式搜集与分析资料，依据客观的标准，透过学校内部自评、外部访评等方式进行客观分析与描述，并依据一定的建议加以改进，以此衡量学校办学成效、决策参考并支持学校持续改善办学品质的过程。[①]校务评鉴制度则是常态化、规范化考量学校上述各项事务形成的一整套程序规则。评鉴中心自第一周期校务评鉴完成后，不断为这一整套规则注入新的内涵，并受教育主管部门委托，于 2017 年开始办理第二周期包括 71 所一

① 吴青山，林天佑. 教育小辞书[M]. 台北：五南图书出版公司，2009：70.

般大学院校为期两年的校务评鉴。

1. 评鉴目的

第二周期校务评鉴的目的在于借用外部品质评鉴过程，引导学校持续不断改进，以不断优化能保证内部品质的结构，通过内部自我评鉴与外部评鉴小组的实地访评，确认攸关校务运作品质的各项作为能有助于达成学校设立的各项宗旨与目标，并展现高等教育机构办学成效与善尽社会公民的责任。同时，借由对评鉴结果的综合分析，为高等教育相关规定的拟订、优化等提供参考。具体而言，第二周期校务评鉴的目的包括以下几个方面：第一，评估办学成效，从校务治理与经营、教学、研究、服务、学生学习成效等方面，评定学校的办学成效；第二，落实自我定位与展现特色，学校应依据自身定位，拟订校务发展计划，适时借由自我评鉴，持续调整并积极落实相应计划，进而展现办学特色与达成教育目标；第三，展现社会责任，展现大学教育与研发对社会的正向影响；第四，提供参考意见，综合评鉴结果，提出高等教育发展意见，以为相关单位提供参考和依据。

2. 评鉴标准

在 2011 年第一周期的校务评鉴中，评鉴中心对一般大学院校的校务评鉴主要包括 5 个评鉴项目、48 项参考效标、170 个子要素，且每个项目指标下都标明内涵、最佳实务以及建议准备的佐证资料，周详之至也反衬出大学院校在校务评鉴面前面临的巨大压力。第二周期的评鉴内容在项目设计上已大幅删减，四大评鉴项目下设 14 项核心指标（表 8-6）[①]，并在评鉴计划书的核心指标附表中扩展出 28 项检核重点以备参考。评鉴中心特别注明，各大学院校可以依据自身的办学特色，在计划核心指标外“自订特色指标呈现特色”，从这一点看，第二周期的校务评鉴是想在特色定位、成效展现与自我发展方面给予高校相当大的自主发挥空间。此外，评鉴中心也明确了第二周期校务评鉴中与《大学教学卓越计划》《迈向顶尖大学计划》中的审查标准相同的项目内容，以减轻受评学校的负担。

表 8-6 中国台湾地区第二周期校务评鉴项目一览表

项目类别	核心指标
校务治理与经营	①学校自我定位下的校务发展计划与特色规划
	②学校确保校务治理品质的机制与做法
	③学校依自我定位下的产官学合作关系
	④学校确保教育机会均等与展现社会责任的做法

① 财团法人高等教育评鉴中心基金会官方网站[EB/OL]. http://www.heeact.edu.tw. [2020-03-21].

续表

项目类别	核心指标
校务资源与支持系统	①学校落实校务发展计划的资源规划 ②学校确保教师教学与学术生涯发展的机制与做法 ③学校确保学生学习成效的机制与做法
办学成效	①学校依自我定位下的办学成效 ②学校的学生学习成效 ③学校向互动关系人公开成效
自我改善与永续发展	①学校内外部评鉴结果的使用、检讨及改善做法 ②学校创新作为与永续发展的规划与做法 ③学校维护教职员及学生权益的做法 ④学校确保财务永续机制的做法

3. 评价程序

在评鉴中心公示评鉴计划书及各个时期的受评学校名单后，第二周期的校务评鉴正式开始实施，受评学校在评鉴项目指标的引导下在受评时期内准备相应的材料，经评鉴中心的评鉴小组实地访评后得出认可结果。第二周期校务评鉴具体的实施程序包含前置作业、自我评鉴、实地访评、结果决定、后续追踪五个阶段。前置作业阶段即评鉴中心对评鉴计划书的研拟和评鉴对象的确定。自我评鉴阶段即上述一般大学院校依据评鉴计划书的项目指标，制定出符合学校自身发展定位的自我评鉴机制，并用质性描述或量化图表的方式予以呈现，在所规定的评鉴期间按要求在实地访评前1—2个月上传自我评鉴报告作为评鉴小组的访评参考。实地访评即评鉴中心组织的评鉴小组到受评学校进行实地考察。结果决定是评鉴小组成员在完成对受评学校正式的实地访评报告后，综合受评学校各项评鉴指标提出相应的认可结果与建议，并传达给受评学校，受评学校可就报告书暂定的认可结果进行申复。后续追踪是指，校务评鉴的认可结果分为“通过”“有条件通过”“未通过”，无论认可的结果是哪一种，受评学校都要根据评鉴小组的实地访评报告提出“自我改善的计划与执行成果”，不同的是，“有条件通过”的学校意味着尚未通过而有可能通过，在追踪评鉴阶段要根据评鉴小组在访评报告中所提出的问题进行改进，而“未通过”的学校要依照完整的评鉴程序重新接受评鉴。

4. 评鉴结果

受评学校可就访评报告书中各个项目的认可结果提出质询。一般而言，前一个学年校务评鉴结果的详细分析报告都会在评鉴中心的网站上公示以备核查，评鉴中心的研究员也会就每一学年受评学校的具体评鉴结果进行系统、详细的解读，总结通过率较低的项目、出现问题的原因，后一学年的受评学校亦可根据前一学年公示的评鉴结果，检视自身在相应项目中是否存在同样的不足，及时予以改善。结合受评学校的申复意见以及各评鉴项目最终的认可结果，评鉴小组也会对受评学校明确列出学校各项指标中有待完善的事项以及对学校未来发展的参考建议。例如，2018 年上半年未获得全部通过的玄奘大学，在“自我改善与永续发展”项目中的认可结果为“有条件通过”，评鉴小组的待改善事项就会在“学校中长期财务计划、学校内部稽核机制，以及内部品质保证机制完善”等方面给出参考建议。

二、中国台湾地区高等教育评鉴制度的经验

中国台湾地区高等教育评鉴制度自 1975 年探索发展至今，从制度建设初期教育主管部门直接控制实施到现阶段社会专责机构、高校主体的参与，从最初片面强调“绩效责任”到当下“以绩效责任促发展改进”，总体以“循序渐进、边做边改”的方式逐步建立并日趋完善。具体而言，中国台湾地区高等教育评鉴制度的经验主要体现在以下几个方面。

1. 地方法规建构制度体系

与高等教育评鉴相关的规定几乎贯穿中国台湾地区高等教育评鉴制度体系建构的整个历程。1975—2005 年，不管是最初的学门评鉴，还是之后逐渐扩大的学院乃至校务综合评鉴，均以教育主管部门为评鉴主体和核心。因此，1994 年发布的大学相关规定适时保障了教育主管部门“管教育”的权力，这一时期的高等教育评鉴也更强调绩效责任，地方政府的最重要目的就是“问责”。2005 年评鉴中心的成立，意味着社会力量开始参与到高等教育评鉴工作中来。随着中国台湾地区高等教育评鉴制度向品质保证的转型，评鉴的目的由“绩效责任”转向“发展改进”，同样需要相关规定的保证。2015—2016 年，《大学评鉴办法》相继删除“评鉴结果以作经费参考”的相关规定，2018 年正式实施“高教深耕”计划。一系列措施在中国台湾地区高等教育评鉴制度的体系建构与完善中发挥着不可或缺的作用，中国台湾地区教育主管部门适时运用相应手段为高等教育评鉴制度的实施与完善“扫清障碍”。

2. 专责机构推进制度实施

2005 年，评鉴中心作为独立的社会法人机构成立，开始在教育主管部门的主导下承担起办理大学院校校务、系所、方案等评鉴作业的专责，中国台湾地区大

规模、周期性、常态化的高等教育评鉴也随之渐成规制。评鉴中心将成立的宗旨定位为“公正、专业、迈向卓越”，在其宗旨、理念的指导下，致力于推进中国台湾地区高等教育评鉴专业化，在完善中国台湾地区高等教育评鉴制度、促进高等教育品质保证机制建立等方面都发挥了至关重要的作用。评鉴中心创办的学术刊物——《评鉴》更是架起教育主管部门、评鉴中心与大学院校之间沟通互动的桥梁，成为社会了解各项评鉴活动的“视窗”，评鉴中心的研究员会借助该刊物传达每次评鉴作业的计划、实施要点、如何准备、评鉴结果、问题分析、策略指导等，也会通过该刊物学习和借鉴其他国家、其他地区先进的评鉴理念、政策、品质保证机制等。此外，评鉴中心作为独立的社会专责机构办理高等教育评鉴，也意味着教育主管部门由以往“控制者”“直接主导者”的角色，开始逐渐转变为规范者及督导者。综上，评鉴中心作为社会评鉴的专责机构，为大学之间、社会与大学、大学与台湾当局之间提供了一个良好的沟通平台，中国台湾地区高等教育评鉴制度因此平台得以顺利运行和实施，高等教育品质也因此平台得以不断注入国际化的新鲜血液。

3. 自评机制促进制度优化

大学院校是高等教育评鉴最直接的利益相关者，当自我评鉴有效时，高校的自我改进就较易发生，高校自我评鉴始终是中国台湾地区高等教育评鉴制度实施的基础。如前所述，中国台湾地区高等教育评鉴制度在建设初期就已具备了高校自我评鉴的雏形，不管是接受教育主管部门、专业学术团体的评估，还是接受评鉴中心的实地访评，受评单位都要通过自我评鉴先行进行“自我反思”。受评单位在接受外部评鉴机构实地访评的自我评鉴阶段，准备过程固然烦琐，准备时间也比较长，但这个过程在一定程度上凝聚了团体所有成员的共识，在不断省思自身优势与劣势、问题与困难的同时，也不断缩小与目标、愿景之间的差距，建立品质文化建设所需要的团体成员的“共享价值、信念、期望和责任”。就此而言，自我评鉴本身不是目的，更像是一面“镜子”，借用这面“镜子”，受评单位可以进一步看清自己，如果“干干净净”，就要继续保持；如果有“灰尘”，就要及时擦去。外部评鉴当然也不是目的，而更多是一种工具和手段，旨在协助受评机构不断完善自我评鉴机制，实现持续改进与品质提升的终极目标。

三、对我国大陆地区的启示

与台湾地区相比,我国大陆地区的高等教育评估制度建设发展还有一定距离。

台湾地区相对完善的高等教育评鉴制度的成功经验，对于促进我国大陆地区高等教育评估制度的完善、提升高等教育质量、推进“双一流”建设具有重要意义。

1. 完善高等教育评估的制度环境

通过建立良好的制度环境以确保高等教育评估工作的顺利推行是当今世界的普遍做法，我国台湾地区高等教育评鉴制度的建立与完善依赖一系列相关措施提供的环境。就我国大陆地区而言，自 1977 年高考制度恢复以来，高等教育发展的制度建设在不断探索和实践中渐趋成熟。1985 年，《国家教委关于开展高等工程教育评估研究和试点工作的通知》印发，标志着我国大陆地区高等教育质量评估工作的探索起步。1990 年《普通高等学校教育评估暂行规定》的颁布是高等教育评估制度形成的标志，1998 年《中华人民共和国高等教育法》的颁布为高等教育评估奠定了法律基础，2011 年印发的《教育部关于普通高等学校本科教学评估工作的意见》从政策上确立了包括学校自我评估、院校评估、专业认证及评估、教学基本状态数据常态检测、国际评估在内的“五位一体”本科教学评估制度的建立。上述法规为我国大陆地区高等教育评估的发展与完善发挥了重要作用。但总体来看，我国大陆地区高等教育评价方面的法规建设仍然相对滞后，至今尚未制定专门针对教育评估机构设置、性质、人员构成、准入条件等的统筹性文件，仅有一些教育政策文本对其略有涉及但语焉不详，如在《普通高等学校教育评估暂行规定》《中国教育改革与发展纲要》等文件中，大多是原则性提法，操作性不强。由此可见，我国规范教育评估机构运行的法律仍然相对较少。法律地位不清不仅影响到我国教育评价中介机构的独立性、专业性和规范性，也直接影响到这些机构参与大学社会评价的积极性。

2. 推进社会第三方专业评估机构的成长

评鉴中心作为一个相对独立的社会法人专责评鉴机构，在我国台湾地区高等教育评鉴制度的形成与演进过程中，在“绩效责任”与“发展改进”的平衡中发挥着重要作用。在我国大陆地区，经过这些年的发展，社会第三方教育评价中介机构在高等教育评估中发挥了越来越重要的作用，但我国大陆地区的教育评价中介机构多是在政府的推动或主导下建立的，带有官方或半官方的色彩。因此，要想真正落实“管办评分离”的要求，政府需要切实做好“放管服”改革，进一步转变职能，尊重社会力量参与大学评价的权利，通过制定相关法律和政策，鼓励、支持教育评价中介机构的设置与发展，将评价职能逐渐转移给教育评价中介机构，努力使教育评价中介机构真正成为高等教育多元评价主体中的重要组成部分，成为具有独立身份地位、能够独立行使评价权利的教育评价实体，这是目前大学社会评价体系建设中的当务之急。

3. 优化高校内部自我评估与改进机制

我国台湾地区高等教育评鉴制度自起步阶段就将自我评鉴机制纳入完整的评鉴程序中，秉持着自动自发、自我改进、自我管理、自我发展和自我研究的原则来建构与落实高校自评机制，由内而外地充实与完善高等教育品质保证系统。当前，我国大陆地区高等教育评估主要集中于教育主管部门实施的外部监测，在这种情况下，很难寄望于“以评促建”来彰显大学百花齐放的办学特色，进而打造卓越的一流大学、一流学科。只有当质量评估的外部力量与被评估大学的内部动力相互作用时，高等教育评估促进发展改进的积极影响才会彰显出来。因此，我们不应该仅仅关注外部质量评估模型及其外部绩效功能，更应该进一步研究外部质量保障体系及模式实施未能对高等教育机构发展带来预期改善成效的原因，着力利用外部质量评估体系推动改进内部质量保证的实施计划，进一步凸显自我评估的意义和作用，让高等教育机构建立起一种类似于进行“体检”一样的自觉意识。“健康检查”永远只有在自己想了解“身体状况”的情况下才会有效，如果透过评估的过程，可以让大学能够诚实地面对自身的“健康问题”，仔细地查找“病因”，思考该如何保持健康，进而依据自己的“身体状况”打造一套与众不同的“健康检核表”，那么大学特色、大学文化才会有确切的保证，大学的质量建设才会具有内生性成长的可能。

结语：构建大学社会评价体系，完善大学社会评价机制

改革开放以来，随着我国高等教育的不断发展和社会力量的日益壮大，大学社会评价迅速发展，在高等教育质量保障中发挥着越来越重要的作用。从体系和机制入手，对“管办评分离”背景下的大学社会评价进行系统研究，有利于引导民众对大学社会评价进行正确认知，推进大学社会评价活动的健康发展，提高大学办学的质量和效益，这是教育治理体系和治理能力现代化建设的重要一环，是落实立德树人根本任务、办人民满意的高等教育和实现国家高等教育强国战略的迫切需要。

1. 大学社会评价是除政府和高校之外的社会力量对高校的人才培养、科学研究与社会服务等满足社会需要的程度做出价值判断的活动

大学社会评价在本质上是一种价值判断，实施评价的主体是除政府和高校之外的社会力量，评价的对象是大学组织，是大学活动的条件、过程及成效，涉及大学教育的方方面面。大学社会评价主要以满足社会需要为目的，评价者不论是社会的代表机构、公众还是个人，他们在评价大学时，主要以社会的价值标准为准绳，或站在社会整体的立场上进行评价，或依据社会个体的需要进行价值判断。准确理解大学社会评价这一概念，需要区分以下三种错误认知：一是将大学社会评价等同于大学排行。大学排行是大学社会评价中比较常见且为公众熟知的一种表现形式，除了大学排行之外，大学社会评价还包括大学认证、审核、评估、评议等，大学排行只是大学社会评价的一种形式。二是将大学社会评价等同于第三方评价。第三方评价是政府、高校之外的社会中介组织的专业性评价，而大学社会评价并不局限于专业性的社会中介组织的评价，还包括非专业的民众评议。三是将大学社会评价等同于外部评价。大学评价有来自大学内部和外部两个方面的评价。来自大学内部的评价是大学自我评价，来自大学外部的评价既有政府评价，也有非政府的大学社会评价，大学社会评价是大学外部评价的一种。与政府评价和大学自我评价相比，大学社会评价具有主体的多元性、

目标的多样性、标准的差异性、内容和过程的复杂性等特点。大学社会评价的形式多种多样，民众对大学的街谈巷议、媒体舆论、用人单位的评价、满意度调查、排行排名，以及教育评价中介机构的合格评价、审核评价和优选评价等都是大学社会评价的表现形态。评价主体、评价客体、评价标准和评价方式是构成大学社会评价的基本要素。在高等教育质量保障中引入大学社会评价意义重大，它在完善政府宏观质量管理、推进高校质量发展和引导质量保障全社会动员等方面发挥着重要作用。如果说，在未来我国大学评价中，政府主要行使主导功能，学校发挥基础作用，则社会评价必将发挥越来越重要的核心功能和作用。

2. 大学社会评价涉及的核心要素引申出大学社会评价的理念、主体、标准三大基本理论问题

大学社会评价理念是指人们通过大学社会评价实践逐步形成的对大学社会评价活动的理性认识、理想追求及所秉持的价值观的集合。在大学社会评价中，由政府、高校、社会三大主体的需求而衍生出三大主要评价理念：教育理念、管理理念和服务理念。三大利益主体基于不同的利益诉求而产生理念上的分歧与冲突，主要表现有三：管理理念与教育理念之间的冲突、教育理念与服务理念之间的冲突、服务理念与管理理念之间的冲突。要协调好这三对理念之间的冲突，必须从优化社会环境、重塑大学角色和创新评估制度做起。大学社会评价的主体来源广泛，如校友、家长、社会人士、用人单位、慈善机构、社会中介组织、新闻媒体、学会协会等。根据多主体参与理论、组织学理论以及大学社会评价的现实情况，可将大学社会评价的主体划分为个体、群体和教育评价中介机构三类。个体的社会评价是一种普遍的个人评价，如学生、家长、校友、捐赠人等对大学的评价，具有零散性、主观性和基础性等特点。群体是相对于个体而言的，是除专业性的教育评价中介机构之外的其他社会群体和组织，如用人单位、新闻媒体、行业协会、慈善组织等，它们对大学的评价属于群体的社会评价。与个体的社会评价比较，群体的社会评价具有交互性、集合性、导向性等特点。教育评价中介机构的社会评价一般是指社会上专业的教育评价中介机构实施的评价。作为大学社会评价中最为规范、最为成熟的评价形式，教育评价中介机构的社会评价具有独立性、中介性、专业性和公正性等特点。大学社会评价的标准是社会力量在对大学进行价值判断时，从哪些方面去衡量大学活动的价值，以及衡量大学活动价值高低的尺度。大学社会评价主体的多元性、目标的多样性决定了评价标准的复杂性，应从满足社会需求与追求人的发展的兼顾、多元标准与一元要求的统一、定性分析与定量分析的结合等方面，对大学社会评价标准的确立进行原则性考量。

3. 在我国，应努力构建以评议为基础、排行为特色、认证为中坚的中国特色的大学社会评价体系

随着我国高等教育事业的蓬勃发展以及社会对大学关注度的提升，包括民众街议、媒体舆论、社会声誉、满意度调查、第三方质量报告、排行排名、合格评估、审核评估等在内的大学社会评价活动表现十分活跃，已然成为高等教育评价领域一道独特的风景线。但总体来看，当前的大学社会评价零散而不成系统，有时甚至相互矛盾和冲突，大学社会评价体系的建构既必要又可能。从必要性来看，大学社会评价体系的建构是进行教育体制改革、完善大学评价和提升教育质量的需要；从可行性来看，社会评价理论的发展是其理论支撑，国内大学社会评价活动的蓬勃发展是其现实基础，国外大学社会评价的成功经验为其提供启示与借鉴。依据社会评价主体、客体、标准及程序上的差异，可以把构成要素纷繁复杂的大学社会评价主要划分为三种基本类型：评议、排行和认证。大学社会评价的这三种类型既相互区别，又彼此关联，呈现出逐步专业化、理性化和规范化的趋势。在我国，应努力构建以评议为基础、排行为特色、认证为中坚的中国特色的大学社会评价体系。大学社会评价的复杂性决定了体系建构是一个十分复杂的过程，从体系建构的原则来看，需要遵循系统整体、协调有序和动态反馈等基本原则；从体系建构的方法来看，必须明晰体系建构的基本目标定位，有效整合自生秩序和人为建构两种方式，协调处理好政府、社会和高校三者之间的关系。

4. 大学评议是高等教育系统之外非官方的个人、群体或组织根据自身的立场、经验和价值观对大学质量做出价值判断的活动

在大学社会评价中，评议属于普遍的个人评价，是个别的、分散的大学社会评价，是高等教育系统之外非官方的个人、群体或组织根据自身的立场、经验和价值观对高等教育做出的价值判断。评议的对象涉及大学教育的诸方面，它没有严格规定的评价标准和明确规范的评价程序，是社会评价中最为随意的一种评价机制，是社会成员关于大学质量优劣的自我看法和自由表达，具有评价主体多元性、标准多样性、方式灵活性和结果参考性等特点。由于大学评议随意而零散，不够规范、系统和权威，常常不为人们所注意，但它在质量保障中的作用并非可有可无。相反，大学评议能够比较感性、直观地反映现象的社会价值，因而是理性化和规范化的大学社会评价的感性材料来源，是大学社会评价不可缺少的基础环节和最迅速表达。大学评议普遍存在于世界各国的大学评价活动中，在我国，其主要表现形式包括街谈巷议、媒体舆论、民众满意度、社会声誉、第三方质量报告等，其中尤以媒体舆论、民众满意度等最为活跃，它们在高等教育质量评价和监督中发挥着重要作用。当然，作为大学社会评价的初级表现形式，大学评议也还存在着诸多问题与不足。为充分发挥大学评议在高等教育质量保障中的作用，当前需要营造多主体参与大学评价的良好氛围、建立新闻媒体行业自律机制、规范大学评议过程以及加强对评价结果的利用等。

5. 大学排行是民间机构将大学的人才培养、科学研究和社会服务等信息整理成可比的数量指标，最后加权汇总后形成的排序

改革开放以来，随着我国高等教育的发展及社会力量的不断壮大，社会参与高等教育评价的形式日益多样，大学排行作为大学社会评价的一种有效形式也开始出现。以高等教育改革发展的标志性事件为依据，可将我国大学排行的发展主要分为四个阶段：萌芽起步阶段（1985—1991 年）、探索发展阶段（1992—1998 年）、快速扩张阶段（1999—2005 年）和差异化竞争阶段（2006 年至今）。不同阶段的大学排行在排行主体、对象、标准、方法、发布方式等方面呈现出不一样的特点。大学排行具有评价目的商业性、评价主体的民间性、评价标准的客观性和评价结果的导向性等特点。当前，各大学排行机构推出了类型多样的大学排行，既有院校排行，也有学科排行；既有综合排行，也有单项排行。目前国内影响较大的大学排行主要有广东管理科学研究院武书连课题组发布的武书连榜、中国校友会网发布的校友会榜、武汉大学中国科学评价研究中心发布的中评榜、上海软科发布的 ARWU 等。大学排行较大学评议更加规范，是大学社会评价的重要形式之一，颇具特色，是社会需求的产物。大学排行的出现，尽管满足了公众对高等教育的信息需求，在一定程度缓解了高等教育信息不对称的难题，对我国高等教育产生了重要影响。但我国大学排行在快速发展过程中也存在着诸多问题，如排行指标体系不完善、数据来源渠道单一、排行过程缺乏技术支撑以及排行治理环境不规范等。为进一步提高我国大学排行的科学性和公信力，发挥其在为学生及其家长挑选大学和专业提供参考、引导高校合理竞争、为政府教育决策提供科学依据等方面的积极作用，减少大学排行可能带来的消极影响，当前需要从构建差异化指标体系、拓宽排行数据的来源渠道、优化排行方法与技术以及营造有序的外部环境等方面来完善我国的大学排行活动。

6. 大学认证是经认可或授权的第三方机构依据科学的标准和规范的程序，认定被认证院校或专业是否达到最基本的标准要求的评价活动

大学认证以大学自我评价为基础，以满足公众问责和提高教育质量为目的，以自愿参与为原则，是最为规范的大学社会评价形式，是大学社会评价的中坚力量。相对于大学评议和大学排行，大学认证具有主体的独立性、标准的科学性、过程的规范性和结果的权威性等特点。大学认证是目前世界各国最主要的质量保障手段，但由于每个国家的政治经济体制、文化传统及教育管理制度不同，大学认证在不同国家有着不同的表现。在我国，大学认证突出表现在本科教学评估制度的建立和完善上。1990 年《普通高等学校教育评估暂行规定》的出台以及合格评估、优秀评估和随机评估的实施，标志着我国高等教育认证评估制度的初步建立。2002 年 6 月，教育部颁布了《普通高等学校本科教学工作水平评估方案（试行）》，将以前实施的三项教学评估合并为一个整体的评估方案。在全面总结以往教学评估工作经验的基础上，2011 年 10 月，教育部发布《教育部关于普通高等学校本科教学评估工作的意见》，明确提出建立中国特色“五位一体”的本科教学评估制度体系，即“以学校自我评估为基础，以院校评估、专业认证及评估、国际评估和教学基本状态数据常态监测为主要内容”。其中的“院校评估”和“专业认证及评估”就是指具有认证评估性质的大学评价。尽管这些评价是由政府主导的，但具体组织实施的教育部高等教育教学评估中心是一个半官方性质的专业评估机构，它受政府的委托来开展评价，体现了高等教育认证的中国特色。随着本科认证评估制度的建立和完善，我国研究生教育、高职高专教育以及其他层次、其他类别的高等教育认证评估制度也相继建立和发展起来。当前，我国大学认证存在着行政色彩较浓、元认证制度缺失、高校被动迎评、信息化建设落后等问题。完善我国的大学认证制度，当前需要转变政府职能，强化认证机构的评估职责；重视元认证，提高认证机构的资质水平；增强高校主体意识，做好自评与整改；完善信息数据建设，提高利益相关者的参与度等。

7. 大学社会评价的实现机制主要由运行机制、动力机制和约束机制三个部分组成

运行机制是大学社会评价机制的主体，是大学社会评价机制中负责运行的部分，主要包括三部分：运行主体——社会力量；运行目标——评价指向；运行基础——信息系统。当前我国大学社会评价的运行存在运行主体独立性和专业性不强、运行目标以满足外部需求为主、对内在价值关注不够，以及在运行基础上的信息资料建设滞后等问题。完善大学社会评价的运行机制，应着力培育教育评价中介机构，加强多元社会评价主体建设，在评价目标上体现教育的价值，强调持续改进，完善高等教育信息收集、整理及公开发布制度等。动力机制是为大学社会评价活动提供动力的部分，是调动与维持大学社会评价活动持续开展的力量。大学社会评价活动的动力来源主要有三：一是评价主体实施社会评价的积极程度；二是社会大众对大学社会评价的关注程度；三是高校对大学社会评价的参与程度。

教育评价中介机构地位不明、高校参与大学社会评价的积极性不高、大学社会评价的外部环境不佳等是当前我国大学社会评价动力不足的主要表现。完善大学社会评价的动力机制，需要明晰教育评价中介机构的法律地位，强化对大学社会评价结果的有效利用，营造有利于大学社会评价的良好环境和氛围等。约束机制是对大学社会评价活动进行监督与制约，使其符合评价规范和活动目标的机制。按来源的不同，大学社会评价的约束机制由两部分构成：一是自我约束；二是外在约束。随着大学社会评价在我国的兴起和发展，维持其有序运行的约束机制正在逐步形成。但总体来看，当前大学社会评价的约束乏力十分明显，突出表现在外在约束缺位和自我约束不够两方面，这也是影响我国大学社会评价公信力和权威性的根本原因。强化大学社会评价的约束机制，宏观层面主要是完善政府的宏观管理；中观层面主要是要建立行业自律机制；微观层面主要是加强评价机构内部建设，提升专业水平和道德自觉。

8. 境外的大学社会评价各具特色，富于启示

在美国，联邦政府没有管理各州教育的权力，州政府在法律范围内行使管理权责，社会力量和市场机制广泛介入高等教育事务，行使高等教育质量保障和监管之责，包括利益相关者的大学评议、新闻媒体等的大学排行以及社会中介组织的大学认证等在大学评价中发挥重要作用。特别是由社会中介组织主导的高等教育认证制度，体系完备、机制健全，在高等教育质量保障中发挥主要作用。美国的经验启示我们：转变政府职能，完善高等教育认证制度；加强教育法治建设，培育教育评价中介机构；完善高校自我评价机制；引导利益相关者积极参与高等教育评价等。英国的高等教育在世界享有盛誉，重视教育问责是英国高等教育质量保障的特色。在英国，除了以雇主评价、满意度调查以及 THE 和 QS 的大学排行等为主要形式的市场问责外，半官方性质的 QAA 开展的院校审核十分完备和成熟，也最具特色和影响力。英国的经验对我国的启示有：增强绩效问责，将评估结果与大学经费拨款挂钩；尊重大学办学自主权，注重高校内部质量保障体系的构建；关注学生诉求，重视学生体验；充分发挥社会力量在高等教育质量保障中的作用。进入 21 世纪以来，日本政府对高等教育进行了一系列有益探索和改革，促使日本高等教育由自我评估向第三方评估转变，最终形成了以自我评估为基础、以第三者评估为主体的多元化评估体系，有效保障了日本大学的办学质量。目前，日本大学社会评价最显著的特点是形成了政府和民间相结合的、完整的第三者评价制度。日本大学第三者评价制度的经验启示我们：转变政府职能，建设服务型政府；尊重大学特色，注重分类评价；保证评价机构资质，提高评价的权威性和公信力；增强自评意识，建立大学自评体系。我国台湾地区高等教育评鉴制度自1975年探索发展至今，从制度建设初期教育主管部门直接控制到现阶段由社会专责机构实施，从最初片面强调“绩效责任”到当下“以绩效责任促发展改进”，以“循序渐进、边做边改”的方式逐步建立并日趋完善。我国台湾地区的经验对大陆地区的启示包括：完善高等教育评估的制度环境；推进社会第三方专业评估机构的成长；优化高校内部自我评估与改进机制；等等。

后　记

本专著是我主持承担的国家社会科学基金项目（管理学）“管办评分离背景下大学社会评价体系和机制研究”（课题编号：16BGL172）的研究成果。全书由我整体设计方案，由我与陆启越共同完成。我承担了导论，以及第一、二、三、七章和结语的撰写任务；陆启越承担了第四、五、六、八章及全书的撰写任务，全书最后由我负责统稿。范玉鹏、刘潇华、张亮亮等帮助进行了大量的材料收集整理和文字校核等工作。

在课题研究过程中，我得到了许多人的帮助和支持。这些年来，湖南大学教育科学研究院的诸位同人与我一道，以高等教育质量与评价为研究主攻方向，逐步形成了三大特色品牌：一是组织主办了六届“高等教育质量与评价高层论坛”，每届均邀请 20 多位国内外顶级知名学者来湖南大学围绕高等教育质量评价主题进行专题研讨，受到了学界的广泛关注。二是共同编辑了“高等教育质量与评价丛书”八部，全套丛书均已由湖南大学出版社出版发行，被中国国家图书馆及清华大学、北京大学等校的图书馆收藏。三是在《大学教育科学》杂志上开辟了“高等教育质量与评价”专栏，先后刊登了一系列教育质量与评价方面的高质量论文，成为该杂志的特色栏目。我的学生或以教育质量与评价为学位论文的选题方向，或参与本人组织的周末学术沙龙，或跟随本人一道参加各种相关学术会议，都为课题研究和本专著的出版付出了辛勤的劳动。此外，在研究过程中，我们也广泛参阅和学习了诸位学界同人的研究成果。在这里，我谨向所有为课题研究和本专著的出版做出了贡献的人们致以深深的谢意！

大学社会评价是一个全新的研究领域，由于笔者能力、水平所限，本专著难免存在不足之处，还有许多问题有待未来的研究做进一步的深入挖掘。

余小波

2020年4月28日于长沙